"CONOCIENDO A DIOS A TRAVÉS DE LA CIENCIA"

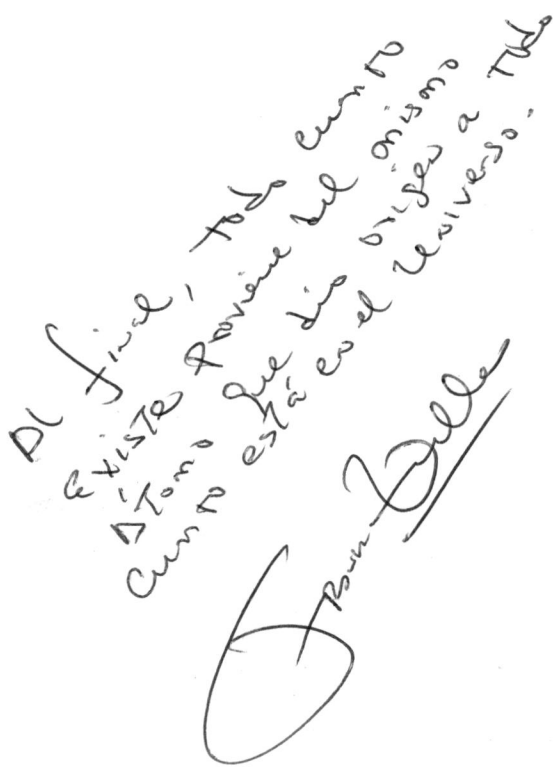

Al final, todo cuanto existe proviene del origen o ¡Tomo! que dio origen a Todo cuanto está en el universo.

"CONOCIENDO A DIOS A TRAVÉS DE LA CIENCIA"

"Realidades que debes saber"

Frank Zorrilla

Número de Control de la Biblioteca del Congreso de los EE. UU.:   2011912800
ISBN: Tapa Dura   978-1-4633-0093-7
                    Tapa Blanda   978-1-4633-0091-3
                    Libro Electrónico   978-1-4633-0092-0

Este Libro fue impreso en los Estados Unidos de América.

Fecha de revisión: 27/09/2013

Para realizar pedidos de este libro, contacte con:
Palibrio LLC
1663 Liberty Drive
Suite 200
Bloomington, IN 47403
Gratis desde EE. UU. al 877.407.5847
Gratis desde México al 01.800.288.2243
Gratis desde España al 900.866.949
Desde otro país al +1.812.671.9757
Fax: 01.812.355.1576
ventas@palibrio.com
348629

ÍNDICE DE CAPÍTULOS

AGRADECIMIENTOS

MI SINCERO AGRADECIMIENTO a todas las personas que de una forma u otra colaboraron en la realización de este proyecto sirviendo de revisores del documento base; especialmente a mi querido amigo Pastor Teófilo Alcántara, quien con su sapiencia y amplio conocimiento de las Sagradas Escrituras contribuyó aportando ideas y opiniones.

La formación de una persona, está estrechamente ligada con sus primeros años de vida hasta llegar a ser un hombre consiente; por consiguiente, dependemos en gran manera, de la formación que recibimos en el hogar; y sobre todo, de los padres, quienes vienen a hacer los protagonistas, mentores o guías en nuestras vidas. En mi caso, esa formación se la debo a mis padres ya fallecidos en la paz del señor Ramón Zorrilla Alburquerque y Lucía Recio Terrero.

Es importante mencionar que este trabajo no hubiese podido llevarse a cabo sino es por la participación directa de personas que conviven y que influyen diariamente en mi formación intelectual, social, y sobre todo en lo que representa el aspecto espiritual a través del razonamiento, no tanto racional, sino más bien subjetivo; tomando como estandarte el valor intrínseco de la familia. Dentro de ese grupo de personas se encuentran mi esposa, María Zorrilla y mis dos hijos, Yuliodys Zorrilla y Andrickson Zorrilla, a quienes les dedico esta obra de todo corazón.

Muy Agradecido,

Frank Zorrilla

PRÓLOGO

INELUDIBLEMENTE, LA AVANZADA de la ciencia en nuestros días es extraordinaria. Este avance, ha permitido un desarrollo industrial y tecnológico que supera todos los siglos o períodos pasados. Definitivamente, el hombre ha revolucionado todos los ámbitos de la ciencia. Estamos en la era de la nanotecnología y somos dueños de los espacios cibernéticos o medios electrónicos de comunicación en masa. La ciencia médica a través de modernos equipos electrónicos ha podido avanzar a un nivel gigantesco, encontrando la cura de enfermedades que en siglos pasados se consideraban incurables. En la parte social, el uso de modernas computadoras nos mantienen al tanto de cualquier evento, noticia o información en cuestión de segundos; ya sea que estemos en nuestros hogares, en los lugares de esparcimiento social, o en nuestros lugares de trabajo. Todo al alcance, usando un simple teclado. La creación de redes sociales en el espacio cibernético han dado lugar a la comunicación universal o comunicación a nivel global en el planeta. *¡Sí, el avance es impresionante!*

Siempre ha sido el deseo del hombre emanciparse; romper cualquier tipo de canon que pueda interferir o estorbar el propósito de ser dueño absoluto de su existencia y las riendas de su destino. Este tipo de pensamiento individualista ha sido quizás, causa probable del deterioro de la relación entre Dios y el hombre a través del tiempo. El hombre se ha desligado de Dios y de todos sus principios, dando mayor importancia a la conciencia formada a través de la realidad física en que vive más que a su espiritualidad.

El hombre al erigirse **"Soberano"**, quiere ser independiente de cualquier principio o ley que lo regule; y al tomar esa actitud, se salió de lo que en esencia, contribuye al orden del universo; el cual también se regula por leyes que se han mantenido vigentes desde el día que se creó todo. El hombre ha querido hacer las cosas a su manera, pero esa autonomía está destruyendo y solapando todos los recursos naturales que sirven de sostén para su propia existencia; contaminando de esta forma su propio hábitat. El hombre con su acción, es responsable de todos los males que le aqueja, y el universo es testigo del deterioro y destrucción que él causa en el planeta.

A pesar de los avances tecnológicos en el área de la comunicación, hoy en día los problemas sociales son más evidentes y profundos. Y aquí la pregunta. **¿Para qué tanta tecnología si a medida que adquirimos más conocimientos, esos conocimientos lo usamos contra nosotros mismos?** Los problemas sociales comenzaron a existir desde el mismo instante en que el hombre quiso ser igual al Creador de todas las cosas. Desde ahí en adelante, poseemos una maldad congénita que nos ha venido corrompiendo a través de los siglos. La igualdad social siempre se ha considerado una utopía; porque el hombre, aunque tiene características creadoras, también tiene capacidad para destruir; y los sistemas que crea son deficientes y carecen de la igualdad que él mismo pregona.

Existe un viejo adagio que dice: **"Divides y vencerás".** Sin lugar a dudas, en el planeta Tierra existe una energía negativa que interactúa e influye en todo cuanto existe. Esa energía negativa afecta la conciencia del hombre de forma tal, que bloquea o inhibe la tendencia del mismo, a tratar por igual a sus semejantes; creando desigualdad, indiferencia, contienda y por consiguiente, su propia destrucción. Es tanto así, que nos tratamos como si fuésemos extraños, y a nadie le importa el dolor ajeno. Usamos la tecnología tanto para beneficio, como para destrucción de nosotros mismos; fabricando potentes armas de destrucción masiva o exterminio masivo para fomentar miedo y adquirir poder; utilizando el avance de la comunicación para pregonar el odio racial, para explotar y expandir los sentimientos más bajos.

El hombre al querer ser dueño absoluto de su destino y querer depender sólo en la ciencia, está cavando su propia tumba. Bien lo dice el proverbio bíblico: **"El que añade ciencia añade dolor".** Aunque irónicamente, la ciencia puede servir de instrumento para que el hombre entienda de que tanto él, como todo lo que existe en el universo, no se creó por casualidad o a través de una evolución progresiva; más confirma que todos somos parte del mismo átomo que dio origen a todo cuanto existe. *¡La ciencia le da la razón a Dios!*, *pero el hombre como necio, se niega a creer en la existencia de alguien superior a él para no acatar sus leyes; acudiendo y clamando a ese ser Supremo, cuando* no encuentra respuesta a través de la ciencia o cuando sus necesidades son extremas o para pedir explicación del porqué de los acontecimientos.

Mientras más nos alejemos de ese Ser poderoso que dio origen a lo que existe en el universo, más grande será la brecha del puente que une al hombre con su Creador y por ende, más problemas sociales existirán. Las futuras generaciones se verán mucho más afectadas en la medida en que nosotros, (*los que tenemos la responsabilidad de transmitir a nuestros hijos y a los que comparten nuestro entorno; los valores espirituales, morales y éticos que aprendimos de nuestros antepasados*) fracasemos en tomar iniciativas que sirvan de enseñanza para la continuación y seguimiento de esos valores.

A medida que avancen los años y esos valores espirituales se queden rezagados en los recuerdos, veremos desaparecer las filosofías religiosas, y la teología será cosa del pasado; esto debido a que la nueva generación sólo creerá en lo que le dicte su conciencia. Quizás apegada a afecto de concupiscencia producto de un mundo corrompido por la avaricia y placeres banales.

Desde niño, siempre vi la necesidad de aprender y comprender incidentes que ocurrían en mi entorno, y a los que no encontraba una explicación lógica o al menos que satisficiese mi inquietud. Lamentablemente, el apoyo escolar y las personas que formaban parte de mi evolución como ser autónomo carecían de los conocimientos necesarios para explicar las dudas que florecen como producto de una doble educación: una basada en **la ciencia**, (*instrucción recibida en los planteles escolares*), y la otra basada en **doctrina religiosa**, (*recibida en el seno de un hogar cristiano*); que por cierto, es importante mencionar, que en ese entonces, muchos educadores consideraban que esos dos tipos de educación eran visiones distintas del saber y por ende, vertientes paralelas que no tenían un punto en común.

Hoy, ya siendo adulto, veo las mismas necesidades reflejadas en las acciones y comportamiento no sólo de los jóvenes, pero también de adultos que quieren entender el mundo en que viven y la relación que existe entre la ciencia y la teología. El interés que persigo detrás de esta obra, es poner en perspectiva evidencias inequívocas del origen del ser humano; su inteligencia, y desarrollo en la sociedad. Y dicho sea de paso, su convivencia en la misma. Las inquietudes y problemas que lo aquejan, y su proyección en el futuro usando como guía, las enseñanzas de las Sagradas Escrituras en corroboración de la ciencia. Además, dilucidar secretos que han estado expuestos a la vista de todos, pero que sólo ahora, los avances de la ciencia moderna están ayudando a entender que al final: ***¡La ciencia sólo comprueba la existencia de Dios!***

No es mi intención cambiar la mentalidad o manera de pensar de ninguna persona que lea esta obra; más bien, sacar a la luz información que para muchos, era hasta ahora desconocida. *¡Usted analice el contenido y fórjese su propia opinión!*

Deseo vehementemente que llegue aquel día en que nosotros los seres humanos actuemos con un alto sentido de la razón; y donde el amor, la compasión y los buenos sentimientos hacia los demás, sea una prioridad. Donde nos tratemos como buenos hermanos y con un alto grado de civismo y tolerancia.

Espero que llegue aquel día en que acatemos las enseñanzas del gran maestro de galilea, **Jesús Nazareno** cuando dijo: **"Ama a tu prójimo como a ti mismo"**. Cuando llegue ese día en que el hombre acate y adopte esa enseñanza, todos los males sociales que afrontamos hoy serán cosas del pasado, porque ya no importará el idioma, el color de la piel, la estatura, el físico, la región o lugar de nacimiento. *¡Al final somos habitantes de un pequeño planeta el cual es parte de un universo infinito y ese universo infinito pertenece al mismo átomo que dio origen a todo cuanto existe!*

CAPÍTULO 1

LAS SAGRADAS ESCRITURAS-
"LA VERACIDAD DE SUS ESCRITOS"

M E IMAGINO QUE a lo largo de tus días en esta Tierra, has escuchado de un libro muy antiguo considerado por algunos como: *"La recopilación histórica de un pueblo en la antigüedad y para otros; una narración de hechos acaecidos en el pasado, que rige nuestras vidas en el presente y que nos muestra la trayectoria de nuestro futuro".* Al libro al que me refiero se llama en nuestros días: **"La Biblia"** o la **"Palabra inspirada de Dios"**. Pero, *¿Quién escribió este libro?, ¿Acaso sólo narra la historia del pueblo Judío?, ¿Qué tan confiables son los escritos y las fuentes de donde fueron tomados?, ¿son las historias narradas en él, fábulas inventadas por sus autores?, ¿Se hicieron realidad los vaticinios o profecías que los autores predijeron?, ¿Ha cambiado el mensaje o sus textos a través de los años? ¿Cuál es el verdadero propósito de este libro?, ¿Para qué me sirve en mi vida personal?* Esas y muchas otras preguntas podrían venir a nuestras mentes, por lo que vale la pena escudriñarlo, estudiarlo y analizarlo para poder tener nuestro propio criterio.

Existen evidencias y datos científicos irrefutables que comprueban la legitimidad de documentos bíblicos antiquísimos cuyo contenido son casi exactos (*Esto debido al factor de algunos errores de traducción y de copia*) a los encontrados en la Biblia actual.

Ahora la pregunta, *¿De dónde proviene la palabra: "Biblia"?* Proviene del griego τα βιβλία, ta biblía, *"Los libros"*. Conjunto de libros canónicos del **judaísmo** (*religión, creencias o cultura del pueblo Judío*) y el **cristianismo** (*basado en el reconocimiento de Jesús de Nazaret como figura central*) o *"Antiguo Testamento y Nuevo Testamento"*. Se cree que el nombre nació como diminutivo de la ciudad de **"Biblos"** (*ciudad del Líbano situada en la costa Norte del país*), importante mercado de papiros en la antigüedad.

Al principio se utilizaba el nombre (*Biblia*), para referirse a los escritos hebreos o Antiguo Testamento. Muchos años después, empezó a ser utilizada por los cristianos para referirse al conjunto de libros que forman no sólo los del Antiguo Testamento, sino también los evangelios que narran la historia de **Jesús,** al igual que las cartas apostólicas.

La Biblia que actualmente conocemos consta de 66 libros (*39 libros en el Antiguo Testamento que datan aproximadamente entre los años 1500 a 400 Antes del nacimiento de Jesús y escritos por 40 autores, y 27 libros en el Nuevo Testamento que datan entre los años 40 al 90 Después del nacimiento de Jesús*). El Antiguo Testamento fue escrito en el idioma hebreo y parte en arameo, mientras que el Nuevo Testamento fue escrito en griego.

El Antiguo Testamento, es una recopilación histórica del pueblo judío; escritos a través de los siglos en rollos de piel y tablas cuneiformes. Entre sus autores se incluyen: reyes, pastores, profetas y otros líderes inspirados por Dios. En el 250 AC la Biblia hebrea o **Tanaj** (*conjunto de 24 libros que comprenden: el Pentateuco o los 5 libros escritos por Moisés, los libros de los profetas y los escritos del rey David, Salomón, Daniel y otros.*) fue traducida al griego por estudiosos judíos en Alejandría, Egipto. Esta traducción fue conocida como la: **"Septuaginta"** (*Setenta en latín, y se le llamó así al texto traducido por esos 70 traductores*). En esa oportunidad, los libros hebreos fueron organizados por tema, incluyendo historias, poesías y profecías. *¿Qué tan fiables son los textos que encontramos en la Biblia actual en comparación con los textos bíblicos de la antigüedad?* A pesar de que las Escrituras Judías fueron copiadas a mano, ellos fueron extremadamente cuidadosos en el proceso de copiado y desarrollaron un sistema estrictamente riguroso que consistía en contar las letras, palabras y párrafos para asegurarse de que no existiera el más mínimo error. De hecho, este mismo método fue utilizado hasta la invención de la imprenta en 1455. No obstante, el descubrimiento de 870 rollos (*en su gran mayoría de: pieles de animales, papiro; incluyendo uno de cobre*) en once cuevas a lo largo de la costa Noroeste del Mar Muerto (*región árida, 21 Km. al Este de Jerusalén y 397 metros debajo del nivel del mar*) entre 1947 y 1956, representados por 40,000 fragmentos, conteniendo textos bíblicos, vino a hacer uno de los descubrimientos más notables e importante del siglo; comprobando la autenticidad y el carácter divino de las Sagradas Escrituras, su confiabilidad y su incambiable contenido a través de los años. Es tanta la fiabilidad de la Biblia actual, que cuando se hizo la comparación entre los textos del Antiguo Testamento de nuestra Biblia actual con los textos encontrados en las cuevas del Mar Muerto, estos eran palabra por palabra idénticos en el 95% de los textos. El 5% de variación consistió en errores de desliz de la pluma utilizada y deletreo de algunas palabras. Por lo tanto, estamos 100% seguros de que el texto bíblico del Antiguo Testamento que leemos hoy en día, es el mismo que se leía antes de Jesucristo nacer, sin variaciones, ni alteraciones.

¿A quién pertenecían estos rollos encontrados en el Mar Muerto?, ¿Cuál es el contenido de estos? Y ¿Qué tan verás es su autenticidad? Según los estudiosos, pertenecían a los **Esenianos** (*Comunidad judía*) que vivían en **"Qumran"** (*gradas desoladas entre los picos del desierto de Judea y las planicies del Mar Muerto de Israel*). Ellos enterraron estos rollos cuando su comunidad fue destruida por los romanos durante la guerra Judía-Romana (*66-70 AD. * El término "AD" se utiliza para identificar el día del Señor o el día del nacimiento de Cristo*).

El contenido de estos documentos pueden ser divididos en dos categorías: **"bíblicos y no bíblicos"**. En los rollos con contenido bíblico, se encontraron fragmentos de cada libro del Antiguo Testamento en hebreo, excepto el ***libro de Ester***. Entre los que se encuentran: 19 fragmentos del libro de Isaías, 25 fragmentos del libro de Deuteronomio y 30 fragmentos del libro de los Salmos. Los expertos notaron que el rollo del libro de Isaías contiene algunas de las más dramáticas profecías Mesiánicas; profecías referente a **Jesús de Nazaret**.

La veracidad de los fragmentos encontrados en las cuevas del Mar Muerto fueron comprobados a través de medios y análisis científicos incluyendo el uso de **carbono 14** (*técnica que se utiliza para conocer la edad de muestras* orgánicas), **paleografía** (*ciencia que estudia las escrituras o manuscritos antiguos de cualquier lengua*) y **escribas** (*personas expertas en copias a mano*).

¿Qué podemos decir del Nuevo Testamento?, ¿Qué tan viejos son esos manuscritos?, ¿Se pueden comparar con otros escritos de la antigüedad?, ¿Existen pruebas fehacientes para determinar que los hechos que narra de Jesús son creíbles o es solo ficción?, ¿Qué se puede decir de sus autores?

De todos los manuscritos escritos en la antigüedad y que todavía existen en la actualidad, los manuscritos del Nuevo Testamento representan la mayor cantidad de documentos que se han preservado intactos a través del tiempo, con una cantidad de 5,300 manuscritos griegos; superando a la famosa obra **"La Ilíada"** (*epopeya griega y poema más antiguo de la literatura occidental escrita por Homero*) con sólo 700 manuscritos encontrados. No obstante, los libros del Nuevo Testamento fueron traducidos en otros idiomas, algo que no sucedió con las obras de otros escritores griegos y latinos. Lo que significa la importancia de estos manuscritos y a la vez, la continuidad y veracidad entre copiado ya que en todos los idiomas traducidos, el mensaje ha permanecido intacto y sin cambios. Es tanto así, que Charles H. Welsh en su libro: *"La verdad desde el principio"* dice lo siguiente: *"Los argumentos son tan fuertes, que, si negamos la autenticidad de los escritos del Nuevo Testamento podremos rechazar mil veces con mayor propiedad otros escritos en el mundo".*

Existen un sin número de fuentes creíbles de escritores cristianos que datan del año 115 de la era cristiana y del año 95 de la era cristiana que hacen alusiones a pasajes del Nuevo Testamento en sus escritos (*estos escritos están conservados en el museo británico*). Finalmente, existen evidencias fiables de los **"Leccionarios"** (*lecciones de lectura en servicios religiosos públicos en el siglo VI*). Lo sorprendente de esto, es que no existen variaciones entre los escritos actuales y los leccionarios aun siendo de tiempos tan distantes entre uno y otro. Frederick Kenyon, ex-director del museo británico y una de las autoridades en libros antiguos declara en su libro: *"Nuestra Biblia y los manuscritos antiguos"* lo siguiente: *El número de manuscritos del Nuevo Testamento, o traducciones anteriores que se han hecho de éste por viejos escritores de la iglesia, son tan enormes, que es prácticamente cierto, que la lectura de cualquier pasaje bíblico que tenga aspecto dudoso es preservado en uno u otros de estas autoridades antiguas. No se puede decir lo mismo de otros libros antiguos que existen en el mundo".*

En cuanto a la edad o fecha de los manuscritos del Nuevo Testamento, las evidencias encontradas son impresionantes. Los mejores y más importantes manuscritos datan del año 350 de la era cristiana, siendo los más importantes: **"El Códice Vaticanus"** (*uno de los más viejos manuscritos de la Biblia griega y nombrado así por residir en el Vaticano, lugar donde ha estado por los últimos 15 siglos*) y el muy conocido: **"Códice Sinaiticus"** (*copias a mano de los manuscritos de la Biblia griega escritos en el siglo IV y descubierto por el noble y erudito alemán Count Tischendorf, en el monasterio de Santa Catalina en la península de Sinaí a mediados del siglo XIX*). Existen otros Códices como el **"Códice de Alejandría"** (*manuscritos del Nuevo Testamento del siglo V y que se encuentran en el museo británico*) y el **"Códice de Bezae"** (*manuscritos del Nuevo Testamento escritos en latín y en griego que datan del siglo V y VI. Estos se encuentran en la biblioteca de la universidad de Cambridge*). Es importante señalar que los textos de los manuscritos del Nuevo Testamento son más auténticos que cualquier otro documento antiguo que haya existido, y esto incluye a los documentos antiguos como: **"Los Vedas"** (*Libros sagrados del hinduismo*), **"Los Gita"** (*escrituras sagradas del hinduismo*), y del **"Corán"** (*Libro sagrado del Islam*). Prueba inconfundible de que los manuscritos del **Nuevo Testamento,** tienen una fiabilidad e integridad inigualable.

En cuanto al contenido y la confiabilidad de los datos históricos que narra sobre **Jesús**, los arqueólogos e historiadores empiezan con los libros escritos por **San Lucas** (*escritor de uno de los evangelios que lleva su nombre y el libro de los Hechos*) esto debido a la gran cantidad de información que él aporta en el Nuevo Testamento.

LOS ESCRITOS DE SAN LUCAS

¿Qué se puede decir de los libros o manuscritos de Lucas? 150 años atrás, expertos europeos rechazaron los relatos históricos de San Lucas debido, según ellos, a la carencia de evidencias o datos históricos que sostuvieran sus afirmaciones sobre lugares geográficos y líderes que él menciona en sus escritos, pero más adelante, uno de los arqueólogos más grandes de todos los tiempos, Sir William Ramsay escéptico en creer que el Nuevo Testamento fuera un libro histórico basado en hechos reales, fue a Asia Menor para encontrar evidencias físicas para desafiar y refutar el relato bíblico de San Lucas. Después de años de estudios, Ramsay revirtió completamente su visión acerca de los escritos de Lucas diciendo lo siguiente: ***Lucas es un historiador de primera clase, no solamente son sus afirmaciones confiables, él poseía***

el verdadero sentido histórico. En resumen este autor debe ser colocado entre los grandes historiadores. "

La exactitud de Lucas es demostrada por el hecho de que nombra figuras históricas claves en la secuencia correcta de tiempo al igual que títulos de gobernadores de turno y lugares geográficos. Existen pruebas irrefutables y convincentes que la información provista por Lucas en el Nuevo Testamento, es fiable; por lo tanto, los historiadores han certificado que en verdad estaban equivocados.

A continuación una exposición de algunos tópicos controversiales que llevaron a geólogos e historiadores a pensar que los escritos de Lucas no eran fehacientes.

- En el libro de **Lucas 3:1-2**, él habla del ministerio de **Jesús** y da referencia de **"Lisanias, tetrarca de Abilinia"**. Para los expertos historiadores, el único *Lisanias* conocido por siglos fue un líder de Calcis quien gobernó del 40 al 36 Antes de **Jesucristo**. Pero más tarde se encontró una inscripción que data del tiempo de **Tiberio Cesar Augusto** (*emperador de roma desde el 14 DC-37 DC*), relata la dedicación de un templo, mencionando a *Lisanias* como el **"Tetrarca de Abila"** (*Abilinias cerca de Damasco*). Esto concordó en un 100% con los relatos de Lucas en el Nuevo Testamento y dejó atónitos a los historiadores.
- Por otra parte en el libro de **Los Hechos 18:12** (*Nuevo Testamento escrito por Lucas*), él narra que Pablo fue llevado frente a Galión, el procónsul de Acaya. De nuevo, la arqueología confirma este relato. En **Delfos** (*moderna ciudad de Grecia, sitio arqueológico declarado Patrimonio de la Humanidad por la UNESCO*) fue descubierta una inscripción del emperador Claudio que dice: *"Lucius Junios Galión, mi amigo, y el procónsul de Acaya. "* Historiadores datan la inscripción del 52 DC, lo cual coincide con el tiempo de la visita de Pablo allá, en el 51 DC.
- En el mismo libro de **Los Hechos 19:22**, Lucas menciona que *Erasto*, era un colaborador de Pablo. Luego en la epístola a los Romanos, Pablo menciona que **Erasto** era *"tesorero de Corinto"*. En 1928, arqueólogos excavaron un teatro de Corintio y descubrieron una inscripción que dice: *"Erasto, en agradecimiento por su edilidad, puso el pavimento con su propio dinero "*. El pavimento según historiadores

fue puesto en el 50 DC, y el término **"edil"** se refiere a la designación de un tesorero.

- En otro pasaje del libro de **Los Hechos 28:1-7,** Lucas le da a **Publio,** el jefe de la isla de Malta, el título de *"hombre principal de la isla"* Expertos cuestionaron este extraño título y lo declararon no histórico. Recientemente, inscripciones han sido descubiertas en la isla de Malta que verdaderamente dan a **Publio** el título de *"hombre principal."*

- En el Libro de **Los Hechos 17:11,** Lucas usa el término griego **"poliarcas"** (*gobernadores de la ciudad*) para referirse a los líderes en Tesalónica. Aunque suena intrascendente, éste fue otro golpe contra la credibilidad de Lucas por siglos, porque ninguna otra literatura griega usó este término de liderazgo. Sin embargo, aproximadamente 20 inscripciones han sido ahora descubiertas que usan el término **"poliarca"**, incluyendo cinco hallazgos que específicamente se refieren al liderazgo antiguo en Tesalónica.

- *¿Qué se puede decir de la historia de la Navidad, que Lucas describe en Lucas 2:1-7 en donde habla del empadronamiento?* **"Y aconteció que en aquellos días, se promulgó un edicto de parte de Augusto César, que todo el mundo fuese empadronado. Este primer censo se hizo siendo Cirenio gobernador de Siria. E iban todos para ser empadronados, cada uno a su ciudad"**. En este pasaje del evangelio de Lucas, leemos de un edicto de Augusto César, en el que todos debían pagar impuestos, y regresar a sus ciudades de nacimiento para un censo formal. También leemos que este concepto de registro y pago de impuestos fue decretado por primera vez cuando Cirenio *(también conocido como Quirinio)* gobernaba Siria

Por siglos, este texto entero fue considerado una invención, ya que no existía ningún registro secular de tal censo romano o de que la gente había tenido que regresar a sus ciudades de origen. También, el único registro de Cirenio (*Quirinio*) como **"gobernador"** de Siria fue del 6 al 7 D.C., demasiado tarde para coincidir con el registro bíblico.

Descubrimientos recientes revelan que los romanos, sí tenían un registro regular de pago de impuestos, y mantenían un censo formal cada 14 años, comenzando en el reinado de Augusto César. Adicionalmente, una inscripción y otras evidencias arqueológicas revelan que Cirenio *"gobernaba"* realmente en Siria alrededor del 7 A.C. (*Aunque no con el título oficial de "gobernador", él era el líder militar en el territorio*). Finalmente, un papiro descubierto en Egipto discute generalmente el sistema de los impuestos romanos, declarando lo siguiente: ***"Debido al próximo censo es necesario que todos aquellos que residan por alguna causa lejos de sus ciudades, deben de inmediato prepararse para regresar a sus gobiernos originales para que puedan completar el registro familiar del empadronamiento"***.

- Como un ejemplo final: San Lucas en el Libro de **Los Hechos 14:1**, llama: *"Iconio"* a una ciudad en **Frigia**. Esta afirmación aunque usted no lo crea, fue un gran punto de fricción en contra de la credibilidad de Lucas por siglos. Los expertos, regresándose hasta escritos de historiadores como Cicerón, mantenían que la ciudad de **Iconio** estaba en **Laconia**, no en **Frigia**; por lo tanto, los expertos declararon que todo el Libro de los Hechos, no era fidedigno. En 1910, Ramsay estaba buscando evidencia que soportara su afirmación largamente sostenida contra Lucas y descubrió un monumento de piedra que declaraba que *"Iconio"* era en realidad una ciudad en **Frigia**. No obstante, muchos descubrimientos arqueológicos desde 1910 han confirmado lo siguiente: ***¡Los datos históricos y geográficos expuestos por Lucas en sus escritos son confiables e íntegros!***

Al revisar la investigación y escritos de San Lucas, el famoso historiador A.N. Sherwin-White declara: ***"En total, Lucas menciona treinta y dos países, cincuenta y cuatro ciudades, y nueve islas, sin error. Para los hechos, la confirmación de historicidad es abrumadora... Cualquier intento de rechazar su historicidad básica debe parecer absurdo."***

LOS ESCRITOS DE SAN JUAN

¿Qué podemos decir de los manuscritos escritos por Juan?, ¿Existen evidencias científicas que prueban su veracidad?

A Juan se le adjudica los escritos del evangelio del Nuevo Testamento que lleva su nombre al igual que otras cartas y el polémico y muchas veces mal interpretado libro del Apocalipsis.

Descubrimientos recientes vienen a comprobar la veracidad que expone en los temas que ventila en sus cartas. A continuación, una síntesis de la comprobación científica.

- En el evangelio de ***Juan 5:1-15***, encontramos que **Jesús** sana a un hombre en el ***Estanque de Betesda***. Juan describe que el estanque tenía cinco pórticos. Hasta recientemente, este lugar era un punto de escepticismo por parte de los expertos. Entonces, a poco más de doce metros debajo de la tierra, los arqueólogos descubrieron un estanque con cinco pórticos, y un área alrededor que coincide perfectamente con la descripción de Juan.
- ***Juan 9:6-7*** describe el ***Estanque de Siloé***, otro lugar de contención por cientos de años. Arqueólogos descubrieron este estanque en 1897.
- ***Juan 19:13*** describe a Poncio Pilato hablando con **Jesús**, desde su silla de juicio, en un lugar llamado *"el Pavimento"* (*"Gabbatha" en hebreo*). Por cientos de años, expertos habían rechazado el relato de Juan acerca de **Jesús** y el juicio de Pilato, porque no existía ningún registro histórico de una corte llamada ***Gabbatha o "el Pavimento"*** en Jerusalén. Sin embargo, el famoso arqueólogo William Albright reveló que ese lugar fue, de hecho, la ***corte de la Torre de Antonia***, destruida por los romanos entre el 66 y 70 D.C. Permaneció enterrada cuando Jerusalén fue reconstruida en los tiempos de Adrián, pero fue recientemente descubierta durante excavaciones allí.
- ***Juan 19:10*** nos habla de la autoridad de Pilato en Judea. ***¿Fue Pilato gobernador de Judea en ese tiempo?*** En 1961, arqueólogos descubrieron un fragmento de una placa en Caesarea, una ciudad romana a lo largo de la costa mediterránea de Israel. La placa fue escrita en latín e incrustada en una sección de escalones que conducen al Anfiteatro de Caesarea. La inscripción incluye lo siguiente: ***"Poncio Pilato, Prefecto de Judea ha dedicado al pueblo de Caesarea un templo en honor de Tiberio."*** El emperador Tiberio reinó desde el 14 al 37 D.C., coincidiendo perfectamente con el relato del Nuevo Testamento que escribe que Poncio Pilato se desempeñó como procurador de la provincia romana de Judea desde el 26 al 36 D.C.

Existen otras reseñas históricas sumamente importantes fuera de la Biblia y que viene a enfatizar los escritos del Nuevo Testamento. Entre ellos se encuentran los escritos de ***Cornelio Tácito***, un reconocido historiador romano del primer siglo, quien hace mención de Poncio Pilato diciendo lo siguiente: ***"Cristo, de quien se originó el nombre, sufrió la pena máxima durante el reino de Tiberio a manos de uno de sus procuradores, Poncio***

Pilato…" Aquí no estamos leyendo un escrito de un teólogo o de un fanático religioso; se trata de un historiador romano que narra eventos históricos de roma, por tanto, podemos afirmar sin temor a equivocarnos que: *¡El Juicio de Jesús fue un hecho histórico y no un mito como muchos piensan; algo real que aconteció y forma parte de los anales de la historia!*

PROFECÍAS DE LA BIBLIA

¿Es la Biblia un libro profético?, ¿Qué dicen los hechos históricos al respecto?

En la Biblia encontramos una cantidad inmensa de profecías cumplidas en un 100%, tanto en el Antiguo Testamento, como en el Nuevo Testamento. No estoy hablando de un 0.99999% de error, sino más bien, de 0%. Esto es algo que escapa a la realidad dimensional en que vivimos, inclusive a toda ley de la lógica del pensamiento formulada por Aristóteles en su famosa: *"Ley de la no contradicción"* en donde propone lo siguiente: *"Una proposición verdadera no puede ser falsa y una proposición falsa no puede ser verdadera. Ninguna proposición, por lo tanto, puede ser los dos a la vez".* En otras palabras: *" No puede ser de día y de noche al mismo tiempo, en el mismo lugar".* Pues bien, hechos históricos han venido a comprobar las profecías expuestas, tanto en el Antiguo Testamento, como en los manuscritos del Nuevo Testamento; por lo que estamos a un hecho sin precedentes en la historia de la humanidad.

Profecías que encontramos en el Antiguo Testamento, como la de los Profetas Ezequiel, Oseas, Miqueas han sido corroboradas por los historiadores. Es tanto así, que el poder de la profecía, es ilustrado en el libro clásico: **"Science Speaks"**. En él, Peter W. Stoner examina algunas de las profecías históricas del Antiguo Testamento, incluyendo Babilonia, Tiro, Samaria, Gaza-Ashkelon, Jerusalén, Palestina, Moab-Ammon, y Petra-Edom Él utiliza análisis matemático revisado por colegas y principios de probabilidad para concluir: *"Ningún ser humano, ha hecho jamás, predicciones que se comparen con estas que hemos considerado, y que se hayan cumplido con exactitud. El lapso de tiempo entre la escritura de estas profecías y su cumplimiento es tan grande, que los más severos críticos no pueden alegar que las predicciones fueron hechas después de que los eventos ocurrieron".*

PROFECÍAS DE JESÚS

¿Qué se puede decir de las profecías de Jesús?, ¿Se cumplieron a cabalidad?

Es sumamente impresionante la inmensa cantidad de profecías que narra el Antiguo Testamento sobre las *"Profecías Mesiánicas"* las cuales comprenden una colección de más de 300 predicciones en las Escrituras judías acerca del futuro **Mesías** (*Salvador*) del pueblo judío y del mundo. Estas predicciones fueron escritas por múltiples autores, en numerosos libros, a lo largo de aproximadamente 1,000 años. A continuación una breve recopilación de profecías referentes al **Mesías**.

- *Nacería de una virgen* (*Isaías 7:14 / Mateo 1:21-23; Lucas 1:26-35*).
- *Nacería en Belén* (*Miqueas 5:2 / Mateo 2:1; Lucas 2:4-7*).
- *Sería anunciado por un mensajero de Dios* (*Juan el Bautista*) (*Isaías 40:3-5; Malaquías 3:1 / Mateo 3:1-3; 11:10; Marcos 1:2-3; Lucas 7:27*).
- *Haría milagros* (*Isaías 35:5-6; Mateo 9:35, y en todos los evangelios*).
- *Anunciaría las buenas nuevas* (*Isaías 61:1-2 / Lucas 4:14-21*).
- *Se presentaría primero como rey, 173,880 días después del decreto para reconstruir Jerusalén* (*Daniel 9:25 / Mateo 21:4-9; Marcos 11:1-10; Lucas 19:29-38*).
- *Entraría a Jerusalén como un rey, montado sobre un asno* (*Zacarías 9:9 / Mateo 21:4-9; Marcos 11:1-10; Lucas 19:29-38*).
- *Sufriría una muerte dolorosa y humillante* (*Salmo 22; Isaías 53 / Mateo 27; Marcos 15; Lucas 23; Juan19*).
- *Sus manos y pies serían horadados* (*Salmo 22:16: / Relatos de la crucifixión de Mateo 27; Marcos 15; Lucas 23; Juan 19*).
- *Sus ejecutores echarían suerte sobre sus vestidos* (*Salmo 22:18; Juan 19:23-24*).
- *No romperían ninguno de sus huesos durante su ejecución* (*Salmo 34:20; Juan 19:32-36*).
- *Sería herido en el costado* (*Zacarías 12:10; Juan 19:34-37*).
- *Moriría con los impíos y sería sepultado en la tumba de un hombre rico* (*Isaías 53:9; Mateo 27:57-60*).

El profesor ***Peter W. Stoner*** (*1888-1980*) fue presidente de los departamentos de Matemáticas y Astronomía de la Universidad de la Ciudad de Pasadena hasta 1953, y presidente de la división de Ciencias de la Universidad de Westmont desde 1953 a 1957. Este profesor, calculó la probabilidad de cumplimiento de sólo un puñado de más de 300 profecías mesiánicas por un solo hombre, y en 1944 publicó los resultados de su investigación en su libro titulado: **"La ciencia habla: Pruebas científicas de la certezas proféticas de la Biblia"** en donde hizo un análisis de la probabilidad que existía para que se cumpla 1 profecía en una persona. He aquí los resultados:

- La probabilidad de que se cumplan *8 profecías* es de *una en 10 x 17 oportunidades* o 10 seguido de 17 ceros.
- La probabilidad de que se cumplan *48 profecías* es de, *una en 10 x 157 oportunidades* o 10 seguidos de 157 ceros. ¡*Una cantidad que estadísticamente es imposible*!

¿Sabías que la probabilidad de que una persona acierte los 6 números de la lotería de Nueva York es de 1 en 13,983,816? Es más fácil ganarse la lotería que cumplirse solo 3 profecías.

La Afiliación Científica Americana le dio su sello de aprobación al trabajo de Stoner opinando lo siguiente: *"El manuscrito de "Science Speaks" escrito por Stoner ha sido revisado cuidadosamente por un comité de miembros de esta Afiliación Científica y por el Consejo Ejecutivo del mismo grupo, y han encontrado, en general, que es acertado y digno de confianza en lo referente al material científico presentado. El análisis matemático incluido está basado en principios de probabilidad, los cuales son completamente sólidos, y el profesor Stoner ha aplicado esos principios de una manera apropiada y convincente".*

Estamos frente a datos tan sorprendentes que revisando el Antiguo Testamento, nos encontramos con profecías tan extraordinariamente increíbles como: las del *libro de Daniel* que fue escrito 500 años antes del nacimiento de **Jesús**. En el capítulo 9 versículo 25, Daniel predice el día exacto que el Mesías habría de entrar a Jerusalén y presentarse como rey por primera vez. La profecía dice: **"69 semanas de años (69 x 7 = 483 años) transcurrirían desde el decreto de reconstruir Jerusalén hasta la venida del Mesías"**. Debido a que el libro de Daniel fue escrito en Babilonia, durante la cautividad judía, después de la caída de Jerusalén, esta profecía estaba basada en el calendario babilónico de 360 días. De esta manera, *483 años x 360 días = 173,880 días.*

¿Quieren leer algo sorprendente? De acuerdo con registros encontrados en el *Palacio de Shushan* (*Susa, Irán*), y confirmados en **Nehemías 2:1**, el decreto de reconstruir Jerusalén fue proclamado por el rey persa, Asuero Longimanus, el 5 de marzo del 444 A.C. Extraordinariamente, *173,880 días* después (*ajustando por los años bisiestos*), *el 30 de marzo del 33 D.C., Jesús entró a Jerusalén montado en un asno* (*cumpliendo la profecía de Zacarías 9:9*) y leemos: **"Alégrate mucho, hija de Sión; da voces de júbilo, hija de Jerusalén; he aquí tu rey vendrá a ti, justo y salvador, humilde, y cabalgando sobre un asno, sobre un pollino hijo de asna".** Cinco días después, **Jesús** fue crucificado en una cruz romana en las afueras de Jerusalén. (*En realidad, la manera de su ejecución y hasta sus últimas palabras fueron predichas cientos de años con anterioridad en el Salmo 22.*). Y leemos en los versículos 16,17 y 18 lo siguiente: **"Porque perros me han rodeado; me ha cercado cuadrilla de malignos; horadaron mis manos y mis pies"**, **"Repartieron entre sí mis vestidos, Y sobre mi ropa echaron suertes"**, **"Dios mío, Dios mío, ¿por qué me has desamparado?".** Tres días después, los relatos del Nuevo Testamento declaran que **Jesús,** resucitó de entre los muertos, el domingo de Pascua, cumpliendo otras grandes profecías del tan esperado **Mesías.**

ESCRITOS DE HISTORIADORES ROMANOS

Existen muchas fuentes no-cristianas, fuera de los textos bíblicos, que corroboran los eventos del Nuevo Testamento. De hecho, existe una variedad de fuentes extra-bíblicas que mencionan directamente a **Jesucristo** y el surgimiento del **cristianismo**. Entre estos se encuentran: *Cornelio Tácito* (*DC. 55—120 D.C.*) fue considerado un gran historiador de la antigua Roma. Su obra maestra, *"Anales"*, consiste en un juego de dos volúmenes (*capítulos 1-6, con un manuscrito conservado; y capítulos 11-16, conocidos como Historiae, con 32 manuscritos conservados*), *Flavio Josefo* (*37—100 D.C.*), un general judío y miembro de la aristocracia sacerdotal de los judíos, se puso de lado del imperio romano en la gran revuelta judía del 66 al 70 D.C. Josefo pasó el resto de su vida en Roma o sus alrededores como consejero e historiador de tres emperadores: Vespasiano, Tito y Domiciano. Por siglos, los trabajos de Josefo fueron más ampliamente leídos en Europa que cualquier otro libro, exceptuando la Biblia. Son fuentes invaluables de testimonios de testigos oculares del desarrollo de la civilización occidental, incluyendo la fundación y el crecimiento del cristianismo en el primer siglo., *Plinio el Joven* (*D.C. 62—c. 113 D.C.*) fue el gobernador romano de **Bitinia** (*en el*

Noroeste de la moderna Turquía), **Suetonio** fue secretario e historiador de Adrián, emperador de Roma, del 117 al 138 D.C., **Luciano de Samosata** fue un filósofo griego del segundo siglo.

Comencemos con los **Escritos de Cornelio Tácito-**

Como antecedente, el 19 de julio del 64 D.C., comenzó un incendio en Roma que ardió por nueve días, destruyendo finalmente casi tres cuartos de la ciudad. De acuerdo con Tácito, corrieron rumores de que el incendio fue planeado por el mismo maligno e inestable emperador Nerón. En respuesta, Nerón creó una distracción ordenando la tortura y ejecución de los cristianos.

"Consecuentemente, para deshacerse del reporte, Nerón adjudicó la culpa e infligió las torturas más refinadas en una clase odiada por sus abominaciones, llamados **cristianos** *por el populacho.* **Cristo,** *de quien se originó el nombre, sufrió la pena capital durante el reinado de Tiberio a manos de uno de sus procuradores, Poncio Pilatos, y una superstición muy maliciosa, de esta forma reprimida por el momento, de nuevo surgió no sólo en Judea, la primera fuente de maldad, sino hasta en Roma, en donde todas las cosas abominables y vergonzosas de todos los lugares del mundo encuentran su centro y se popularizan. Consecuentemente, primeramente fueron arrestados todos aquellos que se confesaron culpables; luego, gracias a la información de éstos, fue condenada una multitud inmensa, no tanto por el crimen de prender fuego a la ciudad, sino por el de odio contra la humanidad. Toda suerte de burlas fue añadida a sus muertes. Cubiertos con pieles de animales, fueron despedazados por perros y perecieron, o fueron clavados en cruces, o condenados a las llamas y quemados para servir como iluminación nocturna cuando la luz del día se había extinguido. Nerón prestó sus jardines para el espectáculo, y exhibió un espectáculo en el circo, mientras que se mezclaba entre la gente vestido de conductor de carros (auriga) o permanecía de pie en un carro. Debido a esto, hasta por criminales que merecían el castigo extremo y ejemplar, surgió un sentimiento de compasión; porque no era, como parecía, que estaban siendo destruidos por el bien de la gente, sino por los excesos de crueldad de un hombre".*

Escritos de Flavio Josefo-

Extraordinariamente, Flavio Josefo menciona eventos y gente del Nuevo Testamento en algunos de sus trabajos.

*"En este tiempo había un hombre sabio llamado **Jesús**. Y su conducta era buena, y era tenido como virtuoso. Y mucha gente entre los judíos y otras naciones se hicieron sus discípulos. Pilatos lo condenó a ser crucificado y a morir. Y aquellos que habían sido sus discípulos no abandonaron su discipulado. Informaron que se les había aparecido tres días después de su crucifixión y de que estaba vivo;* **consecuentemente, él fue, tal vez, el Mesías de quien los profetas habían relatado maravillas.**

En otro de los escritos de **Flavio** encontramos:

*"Después de la muerte del procurador Festo, cuando Albino iba a sucederle, el sumo sacerdote Ananías consideró ésta una oportunidad favorable para convocar el Sanedrín. Por lo tanto, hizo que Santiago, hermano de **Jesús**, quien era llamado **Cristo,** y algunos otros, comparecieran ante ese concilio convocado apresuradamente, y pronunció sobre ellos la sentencia de ser apedreados hasta morir. Todos los hombre sabios y estrictos observadores de la ley que estaban en Jerusalén expresaron su desaprobación por este acto… Algunos hasta acudieron al mismo Albino, quien había partido a Alejandría, para hacerle notar esta violación de la ley, y para informarle que Ananías había actuado ilegalmente al convocar al Sanedrín sin la autorización de Roma".*

Carta de Plinio el Joven, gobernador romano al emperador Marcus Ulpius Trajanus (Trajan) de Roma, pidiéndole consejo sobre cómo tratar con los cristianos.

*"Es una regla, Señor, la cual observo inviolablemente, el dirigirme a usted con todas mis dudas; porque, ¿quién es más capaz de guiar mis incertidumbres o educar mi ignorancia? No habiendo jamás estado presente en ningún juicio de los **cristianos**, no me encuentro familiarizado con el método y límites a ser observados, ya sea al examinarlos o al castigarlos. Si alguna diferencia ha de permitirse entre el más joven y el adulto; si el arrepentimiento permite un perdón, o si no le sirve de nada retractarse a un hombre que ha sido **cristiano** alguna vez; si la simple profesión del cristianismo, aunque sin crímenes, o sólo los crímenes asociados con el son penados—en todos estos puntos tengo muchísimas dudas.*

*Mientras tanto, el método que he observado con aquellos que han sido denunciados ante mí como **cristianos** es éste: Les he preguntado si son **cristianos**; si lo confiesan, repito la pregunta dos veces más, añadiendo la amenaza del castigo capital; si todavía persisten, ordeno que los ejecuten. Porque cualquiera que sea* *la naturaleza de su credo, al menos no tengo ninguna duda de que la rebeldía y la terquedad inflexible merecen castigo. Había otros procesados también por el mismo encaprichamiento, pero, siendo ciudadanos romanos, ordené que los llevaran allá*

*Estas acusaciones se extienden (como usualmente es el caso) más allá de la investigación del simple hecho en cuestión, y surgen a la luz diferentes tipos de delitos. Una pancarta fue colocada, sin ninguna firma, acusando a un gran número de personas por sus nombres. Aquellos que negaron que eran, o que alguna vez hayan sido **cristianos**; que repitieron después de mí una invocación a los dioses, y ofrecieron adoración con vino e incienso a tu imagen, la cual había ordenado que trajeran con este propósito, junto con aquellas de los dioses; y quienes finalmente maldijeron a **Cristo**—Ninguno de estos actos pareciendo actuación—a estos pensé que era apropiado dejar en libertad. Otros que fueron nombrados por ese informante, al principio se confesaron **cristianos** y luego lo negaron; en verdad habían pertenecido a esa creencia pero la habían dejado, algunos hacía tres años, otros hacía muchos años, y unos pocos hacía hasta veinticinco años. Todos adoraron tu estatua y las imágenes de los dioses, y maldijeron a **Cristo**.*

*Afirmaron, sin embargo, que toda su culpa, o su error, era que tenían el hábito de reunirse en un día determinado antes de que amaneciera, cuando cantaban un himno a **Cristo** en versos alternados, como a un dios, y se comprometieron con solemne juramento, a ningún acto malvado, sino a jamás cometer ningún fraude, robo, o adulterio, a nunca falsear sus palabras, ni traicionar una confidencia cuando les fuese requerido el hacerlo; después de lo cual era su costumbre el separase, y luego juntarse de nuevo para comer—pero comida de tipo ordinario e inocente. Hasta esta práctica, sin embargo, habían abandonado después de la publicación de mi edicto, por medio del cual, de acuerdo a vuestras órdenes, prohibí las reuniones políticas. Juzgué mucho más necesario el extraer toda la verdad de dos mujeres esclavas, con la ayuda de torturas, quienes fueron proclamadas diaconisas. Pero no pude descubrir nada más que superstición excesiva y depravada.*

Por lo tanto, suspendí los procedimientos, y me remití de inmediato a vuestro consejo. Porque el asunto me parece bastante digno de ser referido a usted, especialmente considerando los números afectados. Personas de todas las categorías y edades, y de ambos sexos están, y estarán, involucrados en el proceso. Porque esta superstición contagiosa no está confinada solamente a las ciudades, sino que se ha extendido a las aldeas y distritos rurales; sin embargo, parece posible controlarla y curarla".

Escrito de Suetonio-

"Como los judíos estaban efectuando disturbios constantemente instigados por **Chrestus** [Cristo], él [Claudio] los expulsó de Roma".

Más tarde, Suetonio escribió acerca del gran incendio de Roma en el 64 D.C.

"El castigo de Nerón fue impuesto sobre los **cristianos**, una clase de hombres dados a una nueva y maliciosa superstición".

Escrito de Luciano de Samosata-

"Los **cristianos**, tú sabes, adoran a un hombre hasta la fecha—el distinguido personaje que introdujo sus novedosos ritos, y fue crucificado por ello… Mira, estas equivocadas criaturas comenzaron con la convicción general de que eran inmortales por toda la eternidad, lo cual explica su desdén a la muerte y la auto-devoción voluntaria que son tan comunes entre ellos; y luego fueron convencidos por su propio dador de la ley de que todos son hermanos desde el momento en que se convierten, y de negar los dioses de Grecia, y de adorar al sabio crucificado, y de vivir por sus leyes. Todo esto lo hacen por fe, como resultado desprecian todos los bienes materiales por igual, estimándolos simplemente como propiedad comunitaria".

En resumen, el hallazgo de estos fragmentos bíblicos en las cuevas del Mar Muerto, debería ser para toda la humanidad, el descubrimiento más importante en la historia moderna y al mismo tiempo, viene a ser un acontecimiento, que traza una pauta para que entendamos el significado intrínseco que Dios quiere revelar en nuestros días. No cabe la menor duda, de que estamos frente a un hecho profético que trasciende las barreras del tiempo y que repercute a través de los siglos sin mutaciones; porque el profeta Isaías lo profetizó cuando dijo: **"Sécase la hierba, marchítase la flor; más la palabra del Dios nuestro permanece para siempre"**. *(Isaías 40:8)*, luego el apóstol Pedro cientos de años más tarde, hace eco de esas mismas palabras cuando afirma: **"Más la palabra del Señor permanece para siempre. Y esta es la palabra que por el evangelio os ha sido anunciada"** (*1 Pedro 1:25*).

El mismo **Jesús** enfatiza y exhorta encarecidamente a toda la humanidad lo siguiente: **"No penséis que he venido para abrogar la ley o los profetas; no he venido para abrogar sino para cumplir. Porque de cierto os digo que hasta que pasen el cielo y la tierra, ni una jota ni una tilde pasara de la ley, hasta que todo se haya cumplido. De manera que cualquiera que quebrante uno de estos mandamientos muy pequeños, y así enseñe a los hombres, muy pequeño será llamado en el reino de los cielos; más cualquiera que los haga y los enseñe, éste será llamado grande en el reino de los cielos"**. (*Mateo 5:17-19*). Y por último, Juan (*discípulo de Jesús*) hace una advertencia sobre la palabra profetizada cuando dice: **"Yo testifico a todo aquel que oye las palabras de la profecía de este libro: Si alguno añadiere a estas cosas, Dios traerá sobre él las plagas que están escritas en este libro. Y si alguno quitare de las palabras del libro de esta profecía, Dios quitará su parte del libro de la vida, y de la santa ciudad y de las cosas que están escritas en este libro"** (*Apocalipsis 22:18-19*).

Existen un sin número de evidencias para confiar rotundamente en la integridad de la Biblia como palabra de Dios; la que se ha mantenido invariable a través de los años para enunciar un mensaje claro, invariable y persistente de los designios del Creador para con la humanidad. La corroboración de la ciencia en identificar y comprobar la veracidad de los escritos del Mar Muerto son pruebas suficientes para tomar los escritos de la Biblia como marco de estudio, de aprendizaje y como palabra de Dios para regir nuestras vidas. Por consiguiente, la Biblia representa: **" La palabra inspirada de Dios, útil para enseñar, para redargüir, para corregir y para instruir en justicia."**

Basaré los capítulos subsiguientes al análisis de la ciencia sobre diversos tópicos haciendo una comparación con lo expuesto en el libro de los libros, ***"La palabra divina dada a los hombres"***. Al final, y como mencioné en el prólogo: Analice los datos que expongo, digiéralos y fórmese su propia opinión.

CAPÍTULO 2

EL INICIO DE TODAS LAS COSAS

EN EL PRINCIPIO ya era la Palabra: y la Palabra era acerca de Dios, y Dios era la Palabra"** (*1 Juan 1:18*). Esta declaración fue emitida por un pescador de profesión, un hombre común y corriente. No fue formulada por un Escriba u hombre letrado de esa época, más sin embargo, este hombre tenía conocimiento pleno del origen del universo, de todo lo que fue creado y de su Creador. Dios formuló su creación a través del pensamiento y luego la palabra de Dios, dio origen a la existencia de todo el universo incluyendo la creación del hombre. **"¡Yo soy el Alfa y la Omega, el principio y el fin, el comienzo y el final!"**. (*Apocalipsis 22:13*) declaración que podemos encontrar en las ***Sagradas Escrituras***, dando evidencia de aquel que dio origen a todas las cosas que existen. No me estoy refiriendo a una evolución progresiva, sino más bien, a una creación en un espacio Isotrópico o de igual dimensión física (*la isotropía significa: que sin importar en qué dirección se esté observando, veremos las mismas propiedades en el universo*) y Homogéneo, es decir, de estructuras uniformes o que poseen las mismas características (*la homogeneidad quiere decir: que cualquier punto del universo luce igual y tiene las mismas propiedades que cualquier otro punto dado*). Esto es contrario a lo que piensan algunos científicos, quienes piensan que el universo, es producto de una expansión relativista. Me estoy refiriendo a que el universo, existe como producto de una creación de **¡Un Ser Creador!** Nada existe antes que Él, por tanto, Él dio origen a todo lo que es visible e invisible. *¡A todo lo que es:* **"Materia"**!

Si buscamos en las Sagradas Escrituras acerca del origen de todas las cosas, encontraremos en el primer capítulo de Génesis lo siguiente: **"En el principio creó Dios los cielos y la tierra, y la tierra estaba desordenada y vacía, y las tinieblas estaban sobre la faz del abismo, y el Espíritu de Dios se movía sobre la faz de las aguas"**. (*Génesis 1:1-2*). Esta afirmación acerca del origen del cielo y la Tierra nos indica claramente, que el mundo no existe desde siempre. Más bien, afirma, que hubo un principio, un momento temporal a partir del cual todo comenzó a ser lo que es. Contrariamente a la idea antigua y modernista, de que el universo es eterno, sin historia o una historia que se desarrolla cíclicamente. También se pone de manifiesto el hecho de que Dios se manifestó en otra forma de **"Materia"** (*según la Física Clásica,* **materia** *es: "todo aquello que pesa y ocupa un lugar en el espacio". *Esta versión cambiará cuando leamos el enunciado de la física cuántica*). Según la física clásica, la materia se manifiesta en diversas formas y elementos de la naturaleza como: Agua, aire, fuego y Tierra. Dios se manifestó en forma de **"Aire"** o viento, porque las aguas se movían.

La ciencia física, cuya misión es la de entender las propiedades, la estructura, organización de la materia y la interacción entre las partículas fundamentales, la define como: *"Cualquier tipo de entidad que es parte del universo observable, tiene energía y es capaz de interaccionar con los aparatos de medida, o es posible su medición"*.

Clásicamente se consideraba que la materia, tenía tres propiedades que la caracterizan: *1-Que ocupa un lugar en el espacio, 2-Que tiene masa y 3-Duración en el tiempo.*

Según la física, la materia posee energía. (*Esta misma ciencia define* **"Energía"***: todo aquello que puede realizar un trabajo*), por lo tanto, todas las formas en que ella se manifiesta, tiene asociada una energía cuantitativa, pero sólo algunas, tienen masa (*peso*).

La materia se presenta en el universo en diferentes estados: *sólido, liquido, gaseoso y plasma.* Cambiando de un estado a otro debido a la energía. Esa energía crea movimiento y permite transformarse.

*   *"La materia es la causa de la gravedad o gravitación, que consiste en la atracción que actúa siempre entre objetos materiales aunque estén separados por grandes distancias".* Esta ley es única y se cumple 100%.

Todo el universo está compuesto de materia y por consiguiente, de átomos (*unidad básica de la materia, que tiene existencia propia*). De ahí, la pregunta *¿Es posible que la ciencia acepte que el universo no existió; y de repente, de la nada, todo empezó a existir?*

Existe una respuesta a esa pregunta. Los científicos renuentes en pensar en la existencia de Dios, no han tenido otra alternativa más que dejar a un lado teorías vacías y aceptar como válida, la teoría formulada y demostrada a través de análisis matemáticos y físicos de un científico llamado: **Georges Le maître** (*Profesor de física y astronomía*). Teoría que desde el punto de vista científico, coincide con la ciencia y explica el origen de lo que se consideraba inexplicable. Esta hipótesis que concuerda con las teorías formuladas por Albert Einstein y la expansión del universo, revolucionó y transformó los libros de textos escritos años atrás. Hoy por hoy, esa teoría que algunos científicos quieren descartar, y al mismo tiempo, demostrar como no válida, es la que tiene mayor aceptación en el mundo de la **Cosmología** (*rama de la astronomía que estudia el origen del universo, su fundación y su evolución*). Lo tremendamente importante de esta teoría, es que coincide con el texto bíblico de Génesis y el origen de todas las cosas. La teoría a la que me refiero se le llama: **"La Gran Explosión"** (Big Bang). **"Un día sin un ayer".** Todo empezó de repente con un gran movimiento de energía (*explosión gigantesca*) que originó el universo y todo lo que existe en él. No a través de una evolución constante, como muchos pensaban. En palabras simples: **"el universo tuvo un comienzo, por lo tanto, tiene edad".** ¡Alguien o algo lo creó!

Llama la atención la coincidencia que existe entre la ciencia y la afirmación bíblica de **Génesis (1:1)** cuando ambas señalan que el universo **«tiene edad»,** es decir, que evoluciona y envejece. La ciencia incluso asegura que el tiempo que ha transcurrido desde la **«Gran Explosión»** (**Big Bang**) con la que el universo empezó su historia, tiene una edad de unos: "Quince millones de años." * *Es importante señalar, que antes de que la teoría de la gran explosión fuera aceptada por la comunidad científica, estos mismos señalaban que el universo era eterno (siempre existió), por lo que ellos no tuvieron otra alternativa que abandonar esa teoría una vez quedó demostrado* *a través de experimentos, que en efecto, era posible iniciar una gran explosión en un vacío atómico. Con esta prueba, la comunidad científica fue acorralada en su propio campo.*

Como podemos observar, la edad que los científicos le dan a la fundación del universo es diferente a la de las Sagradas Escrituras. Sus escritos nos dan a entender, que la edad del universo es de sólo 6,000 años. Esta discrepancia entre la comunidad científica y la teología estriba en el hecho de que los científicos basan sus cálculos en observaciones, hipótesis y análisis matemáticos y físicos. Aunque las matemáticas sean una ciencia exacta, existen errores de cálculo y observaciones incompletas y en ocasiones, estos mismos científicos manipulan los resultados y proveen información con propósitos no necesariamente fiables o apegados a la realidad. Muchos científicos utilizan su criterio y lógica, simple y llanamente para confundir y ser parte de la historia, pero al final, descubren que sus análisis de todos sus años de carrera se desploman por falta de coherencia con la realidad. Dios, ni las cosas hechas por Él se pueden analizar a través de la lógica porque la lógica puede ser abstracta y *¿Cómo le das explicación a lo que físicamente no tiene sentido?*

En realidad, la coincidencia entre lo religioso y lo científico es sólo formal, ya que la Biblia, no se maneja en términos científicos. Su fin no es enseñar la dinámica evolutiva del universo, sino más bien, indicar el fundamento último (*meta-físico*) del mismo.

La veracidad de la hipótesis "**Un día sin ayer**", ya era conocida y sabida por los antiguos hebreos, sin tener conocimiento alguno de ciencia y tecnología. Ellos conocían de la fundación del universo y quien lo fundó, por medio de la palabra dada a los profetas. Dios a través de su palabra creó el universo y todo cuanto existe en éste. Dios utilizó **"su voz"** y se hizo todo. Entonces Dios dijo:

> ➤ "**¡Que exista la luz!**". Y la luz existió.

> ➤ "**¡Que haya un firmamento en medio de las aguas, para que las separe las unas de las otras!**"

> ➤ "**¡Que se reúnan en un solo lugar las aguas que están bajo el cielo, y que aparezca el suelo firme!**". Y así sucedió.

- Entonces dijo: "**¡Que la tierra produzca vegetales, hierbas que den semilla y árboles frutales que den frutos de su misma especie con su semilla adentro!**". Y así sucedió.

- Dios dijo: "**¡Que haya astros en el firmamento del cielo para distinguir el día de la noche; que ellos señalen las fiestas, los días y los años y que estén como lámparas en el firmamento del cielo para iluminar la tierra!**". Y así sucedió.

- **Dios hizo los dos grande astros—el astro mayor para presidir el día y el menor para presidir la noche—y también las estrellas y los puso en el firmamento del cielo para iluminar la tierra.**

- Dios dijo: "**¡Que las aguas se llenen de una multitud de seres vivientes, y que vuelen pájaros por el firmamento del cielo!**". Dios creó los grandes monstruos marinos, las diversas clases de seres vivientes que llenan las aguas deslizándose en ellas, y todas las especies de animales con alas. *¡Y Dios vio que esto era bueno!*

- Dios dijo: "**¡Que la tierra produzca toda clase de seres vivientes: ganado, reptiles y animales salvajes de toda especie!**". Y así sucedió.

Así, cuando el libro del Génesis dice: que Dios hizo el mundo con su palabra, con sus manos y durante seis días, lo que está haciendo es nada más—y nada menos—que exaltar la magnificencia de la obra y el arte incomparable del Creador.

En la antigüedad, la aceptación de la creación divina no implicó mayores conflictos, debido a que el hombre se sentía parte de lo creado. Luego, la mezcla de diferentes culturas y dioses paganos, junto con el desarrollo de la ciencia, y el ateísmo, trajo consigo, creencias distintas. Creencias maquinadas y orquestadas por las fuerzas del mal, con el explícito propósito de frenar el plan redentor de Dios. Plan creado desde la caída del hombre debido a la desobediencia.

El ser humano es parte infinitamente pequeña de la creación divina en comparación con el vasto universo que existe; éste es infinito, no tiene fin. La

Tierra y todos los tipos de organismos que viven en ella, llámese: *"Orgánicos o Inorgánicos"*, poseen energía, esa misma energía que proviene del Creador.

Dios con su vasta sabiduría utilizó las matemáticas para darle proporción a su creación; creó todo con una proporcionalidad exacta, nada dejado a la casualidad. Esa proporción exacta es 1 a 1.618 (*1:1.618*), sinónimo de belleza, balance y armonía. En el campo de las matemáticas, 1.618 se representa con la letra griega "Phi". A esta proporcionalidad se le ha dado varios nombres: ***"Proporción divina"***, ***"Proporción de oro"***, etc. Ahora bien, *¿Cómo supo el hombre de esta proporcionalidad?* Esta fue descubierta por Leonardo Pisano, mejor conocido por: "Leonardo Fibonacci"(*1170-1250*) matemático italiano, considerado por algunos, como uno de los matemáticos más talentosos de la edad media. En su libro titulado: ***"Libro de Cálculo"***, Fibonacci, introduce una secuencia de números "Los números de Fibonacci" en la que cada número, es la suma de los dos números anteriores, por lo que esta sucesión de números se le llamó: ***"La serie de Fibonacci"***. Ver ejemplo: 1, 1, 2, 3, 5, 8, 13, 21, 34, 55, 89, 144, 233, 377, 610, 987, 1597, 2584, 4181,... (*Como podemos observar cada número es la suma de los dos previos*).

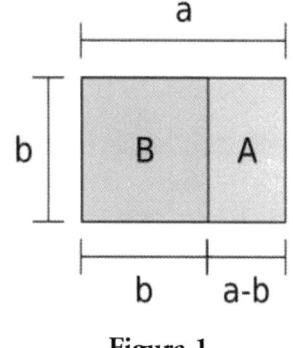

Figura 1

Ahora bien, *¿Qué tiene de interesante esta secuencia de números?*... Que a partir de 89 hacia adelante, cada vez que divides por el número anterior, el resultado siempre es igual a **1.1618**. Es una constante. *Y ¿Qué tiene de particular este número?* Que éste se encuentra, en todas partes de la naturaleza; desde las hojas de los árboles, a la formación o patrón de los pétalos de una flor, en las frutas, etc. Es tanto así, que la secuencia de los números de Fibonacci y la proporción divina es aplicable al crecimiento de: todo cuanto existe en este mundo, incluyendo una simple célula, un grano de trigo e inclusive a toda la humanidad.

En matemáticas y en las artes, dos cantidades se encuentran en la proporción divina o proporción de oro, cuando: *la proporción de la suma de dos cantidades comparada con la parte más larga, tiene la misma proporción de la parte más pequeña.* Muchos arquitectos y artistas han utilizado la divina proporción en sus trabajos tomando como referencia, una figura geométrica muy conocida por todos, **"El rectángulo".** Esto, debido a que esta figura, acata la proporcionalidad **1:1.618** (*se le llama el: "Rectángulo de oro"*). **Ver figura 1.**

Adolf Zeising (*Matemático y Físico*) escribió el siguiente artículo en 1854: *"La proporción divina, es una ley universal la cual contiene el principio fundamental de toda formación que simboliza o representa lo bello y lo estético en los reinos tanto de la naturaleza y del arte, y que impregna como un ideal espiritual supremo, todas las estructuras, formas y proporciones, tanto cósmica como individual, orgánica como inorgánica, acústica como óptica; la cual encuentra su realización completa en la forma humana".* Como ejemplo de esta proporción divina en la creación de Dios, se puede hacer mención a:

- Las moléculas del **ADN**, están basadas en la proporción divina. Estas miden 34 Angstroms (*1 × 10–10 Metros*) de largo por 21 Angstroms de ancho por cada ciclo completo de su doble espiral. Ambos números se encuentran en la secuencia de números de Fibonacci y se aproximan a **Phi (1.618)**.

- La distancia promedio entre dos planetas con relación al planeta anterior se aproxima a **Phi (1.618)**.

- Cada hueso de los dedos tienen una relación de **1:1.618** en longitud del hueso que precede.

- La distancia que existe entre el codo y la muñeca es **1.618** la distancia entre la muñeca y el dedo mayor.

- La distancia entre la cabeza y los pies, tiene una proporción **1:1618** comparada con la distancia entre el ombligo y los pies.

- La distancia entre el hombro y el dedo mayor de la mano, tiene una proporción **1:1.618** comparada con la distancia ente el codo y el dedo mayor de la mano.

- La distancia de los incisivos centrales (*dientes centrales*) y los incisivos laterales, tienen una proporción **1:1618** comparada con la distancia entre el incisivo lateral.

- El tamaño de la cabeza de un insecto tiene proporción *1:1.618* con el tórax.

- La distancia que existe entre los picos cardiovasculares sístoles y diástoles en un una imagen **ECG** (*eco-cardiograma*). En donde se puede medir la proporcionalidad de *1:1.618* entre los últimos picos y los primeros dos picos. **Figura 2.** En la Biblia encontramos varias medidas que se aproximan a la proporción divina. En **Génesis 6:15** (*Y de esta manera la harás: de trescientos codos la longitud del arca, de cincuenta codos su anchura, y de treinta codos su altura*). El Arca construida por Noé tenía una proporción **30:5:3** o 1.666 (*aproximado a la proporción divina*).

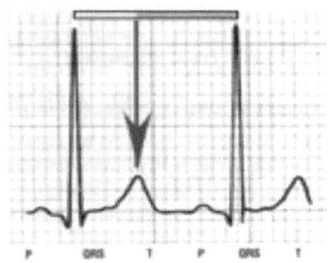

Figura 2

En **Éxodo 25:10** (*"Harán también un arca de madera de acacia, cuya longitud será de dos codos y medio, su anchura de codo y medio, y su altura de codo y medio"*). El Arca del tabernáculo fue construida con una proporcionalidad de **2.5** a **1.5** o lo que es igual a **1.666** (*aproximado a la proporción divina*).* *Las medidas del arca de Noé son proporcional a 10 arcas del tabernáculo colocadas una tras otra.*

- En **Génesis 26:1** (*"Harás el tabernáculo de diez cortinas de lino torcido, azul, púrpura y carmesí; y lo harás con querubines de obra primorosa"*). Entre los colores azul (*primario*), Púrpura (*Secundario*) y Carmesí existe una proporción **1:1.618** en la frecuencia y longitud de onda.

- El número **666** (*uno de los números más misteriosos que relata la Biblia*) en **Apocalipsis 13:18** (*"Aquí hay sabiduría. El que tiene entendimiento, cuente el número de la bestia, pues es número de hombre. Y su número es seiscientos sesenta y seis"*). Aunque no lo creas, el número **666**, está relacionado con la divina proporción o **Phi**. **Si tomamos la función trigonométrica Seno del ángulo 666, se obtiene -0.8090169944. Este número representa la mitad de Phi negativo o lo que es lo mismo: La parte contraria a Phi (1.618).* Es como si la unidad de la proporción divina se dividiera en dos, representando lo opuesto. Visto de otro punto, es como: **"Luz y Oscuridad"**, **"Dios y Satanás"**. Por lo que por inferencia, se puede decir que, si **Phi=Armonía y Balance**, lo opuesto sería: **Caos y Desorden**.

- Teológicamente hablando, si la ausencia de algo (*Vacío*) se representa como: 0 (*cero*) y Dios como:1 (*la unidad*), entonces por analogía: La combinación **0+1=Phi**. En **Juan 1:1** leemos (**"Y al principio era la palabra, y la palabra era con Dios, y la palabra era Dios"**).

Phi o la proporción **1:1.618** aparece a través de la creación y en cada proporción física del cuerpo humano; es tanto así, que el hombre la ha utilizado para su conveniencia, tanto en la arquitectura antigua, como en la moderna; en composiciones musicales, anuncios publicitarios; hasta en cirugía estética, ya que según los cirujanos estéticos la proporción más bella que un rostro puede tener es la proporción divina (*1:1.618*).

En resumen, la serie de Fibonacci, phi o divina proporción, es más que una curiosidad matemática. Esa secuencia de números que llevan consigo la relación de divina proporción o **1.618** son la secuencia de números más extraordinarios que el hombre haya conocido jamás, porque se encuentra en todas partes de la naturaleza. Ésta es la perfecta revelación, de que la creación, no es el resultado de un proceso casual o aleatorio. Es la manera perfecta para demostrar, no sólo que el universo fue diseñado con una proporcionalidad específica, sino también, que esa proporcionalidad representa su unidad.

Newton, quien fue un inminente hombre de ciencia, en su primera edición de su libro: *"Principios de Matemáticas"* explicó en detalles los principios mecánicos, la formación de las mareas, el movimiento planetario y el cálculo de los movimientos del sistema solar; aun así, él consideraba, que teníamos una idea muy vaga de concebir las cosas, y no descartaba la ignorancia o los conocimientos tan limitados que se tenía del universo. En repetidas ocasiones, mencionó que en su libro sólo ofrecía una mera descripción del universo en la forma como él lo concebía y que sólo exponía el tema muy superficialmente porque no se atrevía a hablar del verdadero significado o las razones que tuvo Dios en crear el universo.

En su segunda edición de *"Principios de Matemáticas"*, Newton escribió lo siguiente: *"Este hermoso sistema solar, planetas y cometas pudo solo proceder del asesoramiento y el dominio de un poderoso e inteligente Ser... Como un hombre ciego no tiene idea de los colores, así también nosotros no tenemos idea alguna en la manera en la que el gran sabio Dios percibe y entiende todas las cosas".*

FRANK ZORRILLA

CAPÍTULO 3

LA CREACIÓN DEL HOMBRE

E L HOMBRE HABIÉNDOSE descubierto en medio de un universo tan maravilloso y siendo él, el de mayor relevancia de las criaturas físicas, naturalmente, buscaría la forma de entender su origen, como el origen de todas las cosas existentes. Dado que la naturaleza no revela la creación del hombre y la tradición no sería una fuente digna de confianza en la información, es razonable esperar que Dios revelara los hechos esenciales acerca de la creación del hombre a través de profetas y estos a su vez, a través de manuscritos.

A causa de que el origen del hombre es un asunto natural para la investigación y especulación, aparte de las respuestas que provee las Sagradas Escrituras, los que han tratado de contestar la pregunta: *¿Cuál es el origen del hombre?*, sólo han provisto hipótesis y conjeturas especulativas. Esta realidad conflictiva demuestra, que el hombre, no tiene información exacta acerca de su origen. Y sólo en las Sagradas Escrituras encontramos un relato completo y exacto.

La Evolución del hombre según Darwin.

Uno de los puntos de vista más comunes que se han levantado en contradicción con la doctrina de la creación del hombre revelada en la Biblia es la: **"Teoría de la Evolución"**. Esta teoría proclama: que el hombre llegó a la existencia siendo una célula viviente y de esta célula viviente, el hombre evolucionó por un proceso de selección natural. De acuerdo a la teoría de la evolución, todas las plantas, animales y el mismo hombre, fueron formados por un proceso de pequeños cambios llevados a cabo por mutaciones. Sin embargo, las mutaciones no son beneficiosas, y nunca se han observado series de mutaciones que sean beneficiosas o que hayan producido una nueva especie. Sin embargo, el registro bíblico de Génesis, reconoce que puede haber variaciones dentro de las especies, porque declara que Dios creó los animales: **"Según su especie"**.

Lamentablemente, ciento cincuenta y cuatro años después de que el biólogo británico, Charles Darwin-(*1809-1882*) publicara en 1859 su tesis: **"La Evolución de las Especies"**, donde enunciaba su teoría evolucionista sobre: *la descendencia del hombre*; todavía siguen existiendo grupos recalcitrantes formando movimientos ateos con el sólo propósito, de contrarrestar el concepto bíblico de la creación.

Charles Darwin, no fue más que un joven con ideas llenas de sincretismo, ultra modernismo y secularismo. Él quiso iniciar un movimiento filosófico basado en la razón y la lógica. Un movimiento idealista desligado de cualquier creencia religiosa; aun perteneciendo o siendo parte de una congregación religiosa. Aunque claro está, él pertenecía a una esfera especial de creyentes profesionales de amplia cultura; de esos creyentes, que posiblemente, sólo acudían al templo, con la idea de contender con las enseñanzas de las Sagradas Escrituras. *Es importante señalar, que el **Sincretismo,** no es más que un intento de conciliar distintas doctrinas. Aunque es sabido que estas uniones entre diferentes doctrinas, no guardan una coherencia sustancial debido precisamente a desigualdades o conflictos entre ellas; por lo que Darwin, quiso dar un matiz de simetría entre la cultura y la religión para resaltar su carácter de fusión y asimilación de elementos diferentes.* A groso modo, lo que Darwin hizo, fue buscar explicación científica a la existencia del hombre a través de sus propias observaciones y análisis. Sin embargo, después de haber sido usado por el diablo como instrumento para confundir a la humanidad, tuvo el valor de arrepentirse y pedir perdón a sus seguidores, declarando que su teoría estaba equivocada y por consiguiente, se reconcilió con Dios en su lecho de muerte. (*Aunque algunos seguidores niegan que él se haya retractado*).

¿Pueden ustedes imaginar el desconcierto que experimentaron estos seguidores ingenuos que creyeron en la teoría errada de la evolución? ¡Toda esa gente ingenua se dejó guiar por un idealista errado y lleno de confusión que buscaba ser el protagonista de un guion, donde su papel principal, era la de un simple tramoyista! Solo puedo imaginar el grado de incertidumbre que experimentaron los seguidores de Darwin al escuchar a través de los noticiarios o leer en los periódicos que su líder ser retractaba y por ende pedía perdón a Dios por haber sido piedra de tropiezo para muchos incautos. Figuremos por un instante, el desaire y desánimo de esos creyentes al darse cuenta de que habían sido engañados e hipnotizados por una teoría llena de falsedad. ***¡Tremendo chasco para Darwin, sus colegas y sus seguidores!*** ¡Toda una vida tratando de demostrar una teoría que resulto ser un fiasco! Bien lo dijo el Señor **Jesucristo: "Un ciego no puede guiar a otro ciego porque pararían en la cañada"**.

Según las Sagradas Escrituras, la obra de Dios estaba casi completa, sólo faltaba el don de Dios hecho vida natural; con inteligencia, con movimiento sobre su cuerpo, con dominio y amor pleno de parte de Dios. Faltaba quien iba a disfrutar de todo lo creado en el universo. Faltaba, *"la creación del hombre"* para finiquitar la gran creación divina. Dios dijo: **"¡Hagamos al hombre a nuestra imagen, según nuestra semejanza. Que le estén sometidos los peces del mar y las aves del cielo, el ganado, las fieras de la tierra y todos los animales que se arrastran por el suelo!"** *(Génesis 1:26).* Dios Padre, se puso de acuerdo con el Hijo y el Espíritu Santo para hacer, formar y realizar la obra de la creación del primer hombre-(**Hish-Hebreo-Llamado: Adán-Adám**). Esta obra sería la coronación de gloria y alabanza del invisible y eterno Dios nuestro. Dios tomó polvo, tierra y ceniza y con esos elementos, hizo barro, lodo, limo, masa y comenzó a formar al hombre en forma completa, dándole: Inteligencia, visión, audición, olfato, tacto y gusto. A este proceso la ciencia le ha denominado como: *"Períodos Paleolítico-Mesolítico-Neolítico-Homo Habilis-Homo Erectus-Homo Sapiens"*.

Dios hizo al primer Adán (*primer hombre*) conforme a la imagen y semejanza espiritual de Dios-(**Alaha-Arameo**), para que esa semejanza espiritual fuese también, una semejanza física y natural completa, con conocimiento sobre lo bueno y lo malo. Dios le puso, lo colocó en señorío; le dio el señorío sobre todo lo creado en la Tierra y en los aires (*Atmósfera Terrestre),* sobre la flora y fauna de las aguas dulces y los mares, sobre la fauna que surcan los aires y los cielos y sobre todo animal que camina y se arrastra sobre la tierra. Y este ser creado llamado: **"Adán"**, le puso nombre a cada animal. Adán perdió ese señorío sobre la vida, sobre la naturaleza, sobre las fuerzas espirituales del mal cuando decidió desobedecer a Dios. *¡Señorío que sólo el hijo de Dios, Jesucristo, pudo recuperar venciendo y aplastando la cabeza de Satanás!*

La Santa Palabra de Dios nos dice: que el primer hombre fue inteligente desde el principio, pensante, expresivo y conversador; pues él tenía y mantenía una relación de amistad con Dios, de hijo (*Según la palabra:* **Ben**-*Hebreo*) a Padre (Según *la palabra:* **Leshaia-Abi**-*Mi Padre*). Ese vínculo fue así de fuerte hasta que el primer hombre, Adán desobedeció al Dios altísimo. Sin embargo, Charles Darwin en su teoría formulaba: que el hombre al descender del mono, heredó la habilidad de sobrevivir antes situaciones adversas, con la necesidad de cambiar su estilo de alimentación a base de carne, (*ya que según su teoría, el hombre no sabía sobre el cultivo de plantas*) comenzó a crecer, a desarrollarse y con el paso del tiempo se hizo inteligente.

La Biblia nos dice que el hombre de la creación, al igual que todo hombre o varón, es la gloria de Dios, es la alabanza, es la fragancia misma de Dios porque lo creó a su imagen y semejanza. En contraste con los animales, (*los cuales fueron creados primero*) el hombre fue creado con inteligencia y no existe ningún tipo de parentesco con los animales, como Darwin expuso en su hipótesis de *"la evolución de las especies"*. Los fósiles o vestigios encontrados a través de los descubrimientos paleontológicos no logran explicar el origen del hombre, ni tampoco han podido encontrar evidencias de parentesco con los animales. En efecto, **Los seguidores de la teoría de Darwin admiten que es sólo una teoría, ya que los fósiles que se han encontrado no revelan que haya existido una evolución sistemática de las formas más bajas de vida a las formas más altas;* por lo que la teoría evolucionista se constituye en la única explicación que el hombre ha sido capaz de ofrecer en contradicción a la doctrina bíblica de la creación. La hipótesis de la evolución, se basa en un concepto natural más que en el origen sobrenatural del hombre.

Existen otras teorías sobre el origen del hombre como lo es: la teoría de la **"Evolución Teísta"**, la que formula que: Dios usó la evolución como un método para ser sostenida, no dándole importancia al significado literal de la narración hecha por las Sagradas Escrituras acerca de la creación del hombre.

La doctrina de la creación del hombre está enseñada claramente en las Sagradas Escrituras en varios libros de la misma. Libros que fueron escritos en épocas distantes una de la otra (*Génesis. 1:1—2:25; Juan. 1:3; Colosenses. 1:16; Hebreos. 11:3*). El primer capítulo de Génesis se refiere a Dios como: el **"Creador"** alrededor de 17 veces, y se pueden encontrar cerca de 50 referencias más, en las Sagradas Escrituras. Algunas enseñan directamente sobre la creación, y otros pasajes bíblicos implican que Dios es*: "El Creador de Adán y Eva".*

"¡Entonces Jehová Dios formó al hombre del polvo de la tierra, sopló en su nariz aliento de vida y fue el hombre un ser viviente!" *(Génesis 2:7).* Por descabellada que pueda parecerte esta declaración, no te apresures a juzgarla sin antes saber lo opina la ciencia sobre los elementos que componen o forman el cuerpo de los seres humanos. Los elementos que forman parte de los seres vivos reciben el nombre de: **"Bioelementos o Elementos Biogenéticos".** Si analizamos la composición de los seres vivos, se pueden apreciar por lo menos unos 70 bioelementos, de los cuales, 20 son imprescindibles para la vida. Los bioelementos se clasifican en**: Bioelementos Primarios,** aquellos que se encuentran en proporción igual o superior al 1% del peso total del cuerpo. Pertenecen a este tipo: El Carbono(C), El Oxígeno (O), El Hidrógeno (H), El Nitrógeno (N), el Calcio (Ca) Y el Fósforo (P).

Bioelementos Secundarios, aquellos cuya concentración en las células está entre 0.05 y 1 %. También reciben el nombre de: **"Micro elementos".** Entre ellos se encuentran: El Sodio (Na), el Potasio (K), el Cloro (Cl), el Magnesio (Mg), y el Azufre (S) y también están los **"Oligoelementos",** aquellos que se encuentran representados por átomos cuya concentración celular es menor de 0.05 %. Entre ellos se encuentran: El Fierro (Fe), el Cobre (Cu), el Manganeso (Mn), el Flúor (F), el Zinc (Zn), el Molibdeno (Mb), el Boro (Bo), el Silicio (Si), el Cobalto (Co) el Yodo (I) y el Selenio (Se). Estos elementos son llamados también: **"Elementos trazas",** por la baja concentración en que se encuentran.

Todos estos elementos mencionados en los párrafos anteriores, se encuentran o forman parte del planeta Tierra donde vivimos, por lo tanto, la frase bíblica de Génesis 2:7 (**"Entonces Jehová Dios formó al hombre del polvo de la tierra"**), es científicamente comprobable y es rotundamente correcta. Por lo tanto, podemos decir: **¡Sin lugar a dudas, fuimos creados usando material de la tierra, como materia prima!**

CAPÍTULO 4

EL CUERPO HUMANO
DISEÑO PERFECTO

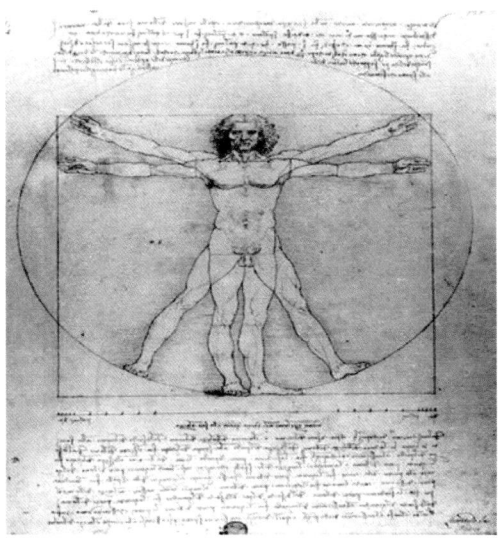

Figura 1

VIVIMOS EN UN mundo con asombroso diseño. La mayor de todas las creaciones es: "**El mismo hombre**", una máquina maravillosa, precisa y eficiente. El cuerpo humano tiene una estructura dinámica de huesos, músculos, nervios y cartílagos; todos entrelazados, sincronizados y coordinados magistralmente para ejercer una función en conjunto. Somos parte del vasto universo creado por Dios y somos su obra maestra porque somos semejantes a Él.

A principio de los tiempos, el conocimiento de cómo funcionaba nuestro cuerpo era un misterio. La ciencias naturales no habían florecido lo suficiente para entender el funcionamiento de los órganos, los tejidos y la estructura interna de nuestro cuerpo. Pero a medida que la ciencia empezó su desarrollo, muchos eruditos comenzaron a descubrir y a discernir grandes misterios, tanto de nuestro cuerpo, como la relación de éste con la naturaleza. Unos de estos hombres de ciencia fue: **Leonardo da Vinci**, quien con su obra artística dedicada a la memoria del arquitecto-Ingeniero Romano, *"Marcus Vitruvius Pollio"* enfatizó la relación entre la proporcionalidad geométrica del hombre tomando como referencia los conceptos de *"Vitruvius"*, quien consideraba o describía la figura humana como: *La fuente principal de proporción entre los estilos arquitectónicos de la época.*

En la pintura, *"El hombre en movimiento"* o *"El hombre Vitruviano"* como se le ha llamado a la obra del pintor **Leonardo da Vinci** (*Figura 1*), el artista trata de concebir al cuerpo humano, análogo con el universo y con una proporcionalidad geométrica definida. Da Vinci, al igual que otros genios de la antigüedad y eruditos de la época, utilizaron *"La divina proporción"* o *"Phi"* en todas o la mayoría de sus obras de arte. En esta obra en particular, se puede dividir la figura, en rectángulos de oro o siguiendo la secuencia de Fibonacci con la divina proporción.

El cuerpo humano en la adultez posee un total de 206 huesos (*aunque ese número varía entre una persona y otra dependiendo de algunos factores de fusión debido al crecimiento*), pero como veremos más adelante, estos mismos huesos tienen una proporción específica entre ellos que es absolutamente sorprendente. Es importante señalar que el esqueleto de un niño en el momento de nacer contiene un total de 300 huesos, 640 músculos (*este número puede variar debido a la diversidad de opinión entre los expertos*), además de 8 órganos esenciales para la vida de un total de 11. La flexibilidad del cuerpo es posible debido a las articulaciones y coyunturas que fueron hechas para que el esqueleto pueda mover sus partes, pero sin obviar la lubricación de las mismas para eliminar fricciones entre los huesos y evitar el deterioro de la estructura ósea.

Las máquinas hechas por hombres están lubricadas sólo por fuentes externas; pero el cuerpo se lubrica a sí mismo al fabricar una sustancia parecida a la jalea en proporción a su necesidad… Sí, el cuerpo es una máquina maravillosa a pesar de los defectos genéticos debido a **"mutaciones"** (*alteraciones producidas en la estructura genética de un organismo vivo*) que se han producido en el mismo, desde que el hombre desobedecido al Creador. El cuerpo tiene una planta química mucho más compleja que cualquier obra artificial que el hombre haya construido. Esta maquinaria transforma la comida que consumimos en tejido vivo, e induce el crecimiento de la carne, sangre, huesos y dientes; incluso repara el cuerpo cuando las partes son dañadas por accidentes o enfermedades. De este mismo proceso obtenemos la energía para trabajar y hacer cualquier otra actividad física.

Nuestro cuerpo está dotado de órganos que ejercen funciones entrelazadas para formar un sistema perfecto. Cada célula de este sistema tiene una misión y un objetivo; el fallo de una de ellas, pueden atrofiar el buen funcionamiento de otras formando una falla en cadena de órganos co-dependientes. En nuestro cuerpo nada es dejado al azar, cada mínimo tejido tiene una razón de ser y una labor que realizar. *¡Alrededor de 3 millones de células mueren diariamente y son remplazadas por 3 millones de células nuevas!* Por lo que podemos decir que, el proceso de sobrevivir se da entre perder células y fabricar más células remplazantes. Cuando somos jóvenes, nuestro sistema fabrica muchas más células que las que perdemos, contrario a lo que ocurre cuando alcanzamos edades avanzadas o cuando padecemos de enfermedades graves. Lo interesante, es que un gran número de las células en nuestro cuerpo son: **Células Sanguíneas** conocidas como: *"Eritrocitos y glóbulos rojos"*. Según los estudiosos del cuerpo humano, existen alrededor de 30 Trillones de este tipo de células con una expectativa de vida de sólo 120 días. Esto significa que cada 120 días se procesa al mismo tiempo la muerte de estas células, es decir, que en un momento dado de nuestro ciclo de vida, puedes tener la certeza de que hace 4 meses todos tus glóbulos rojos se eliminaron y fueron remplazados por nuevos.

Como ya había mencionado antes, el cuerpo humano está compuesto en su mayoría por cuatro tipos de átomos: Hidrógeno, Oxígeno, Carbono en un 99% y en una menor proporción o 1% de elementos trazas. Por lo tanto, una persona adulta de 70 kg. de peso, tendría alrededor de 7×10^{27} átomos (*esto es 7 seguido por 27 ceros*). De esto, 4.7×10^{27} serían átomos de Hidrógeno (*1 protón + 1 electrón*), 1.8×10^{27} de Oxígeno (*8 protones + 8 neutrones + 8 electrones*) y 7.0×10^{26} átomos de Carbono (*6 protones + 6 neutrones + 6 electrones*). O lo que es lo mismo: 2/3 H+ 1/4 O + 1/10 C= 99%. Estos átomos a su vez, tienen un ciclo de vida de 7 años, es decir, que nuevos átomos toman el lugar de los que existían. Este proceso es similar al de las células sanguíneas como vimos anteriormente, pero esto no significa que nuestro cuerpo sea milagrosamente reconstruido en los cumpleaños 7, 14, 21, 28, etc. Más bien y en un momento dado, la mayoría o la totalidad de los átomos que estaban en su cuerpo hace 7 años atrás se regeneran vía un ciclo de vida metabólico.

En el cuerpo humano existen unas células especiales que su función es evitar el envejecimiento celular; esto es como un tipo de detector para evitar el daño o deterioro de nuestro organismo. Otras en cambio, generan sustancias que sirven de fuente de energía para las demás. Una célula recibe entre 1000 y un millón de lesiones diarias en su **ADN** provocadas por los rayos **UV** y otros agentes mutagénicos. Para reparar este daño, las células disponen de proteínas altamente eficaces que pueden encontrar 1 error entre 15 millones de pares de bases en apenas unos segundos. Si lo ponemos a gran escala, sería como: recorrer unos 1000 Km. de autopista, para encontrar un tramo de línea discontinua de un metro. La tecnología que existe hoy en día, no ha fabricado un computador que pueda ejecutar esta operación con tanta precisión y rapidez.

Nuestro cuerpo es capaz de segregar una droga tan potente como la heroína: *La Beta-Endorfina.* Esta sustancia es responsable de modular el dolor e incentiva el placer y la euforia. *Un ejemplo* muy palpable de la perfección de nuestro cuerpo, es el hecho de que nuestro sistema inmunológico utiliza la subida de temperatura corporal (*Fiebre*) como un arma para defenderse de virus y elementos patógenos. La liberación de una hormona llamada: **"Prostaglandina E2"** desencadena una serie de eventos que al aumentar la temperatura de nuestro cuerpo, aumentan la movilidad y **"fagocitosis"** (*captura de partículas microscópicas con fines de defensa*) de los glóbulos blancos, la proliferación de **"células T"** (*células especiales responsables de coordinar la defensa contra los virus*) y la actividad de **interferón** (*evitar que los virus se multipliquen*), reduciendo la actividad de muchas toxinas.

Este cuerpo que poseemos es tan especial que es capaz de producir calor o enfriarse con las gotas de sudor que se derraman desde millones de pequeñas glándulas en la piel. Su termostato automático es el que se encarga tanto del sistema de enfriamiento como del sistema de calentamiento, manteniendo la temperatura corporal en aproximadamente 37 °C (*98.6°F*).

El cerebro, órgano que pesa solo 50 Onzas y en donde se generan o emanan los pensamientos, controlador de los órganos internos y centro motor donde se toman las decisiones, que luego se convertirán en acciones en el mundo exterior está formado por 100 billones de células nerviosas llamadas: **"Neuronas"** interconectadas a través de trillones de **"Sinapsis"** (*unión entre las células cerebrales*). Una neurona puede comunicarse con miles de neuronas casi simultáneamente formando de esta forma, la red de comunicación más grande o el sistema computarizado más complejo e inigualable. Computa y envía a través del cuerpo miles de millones de **bits** *(en informática, se le llama BIT a un digito de información o dato unitario)* de información, que controlan cada acción, en un abrir y cerrar de ojos. En la mayoría de los sistemas computarizados, la información es transportada por componentes semiconductores de electricidad y alambres de cobre; en el cuerpo no obstante, los nervios son los alambres que como redes complejas de comunicación transportan la información hacia y desde el **SNC** *(Sistema Nervioso Central)*. Este enlace de redes nerviosas es tan espectacular, que si estrechamos en una línea recta las arterias, las venas y otros capilares del sistema circulatorio de nuestro cuerpo mediríamos la enorme cantidad de 60,000 millas. Sólo en un cerebro humano hay probablemente más alambres, y más circuitos eléctricos, que en el sistema electrónico más complejo existente… *¡Sí, nuestro cerebro es algo maravilloso!*

De hecho, mientras miramos en este preciso momento, estamos mirando gracias al cerebro. Aunque claro está, el mensaje es procesado por otra estructura maravillosa llamada: **"El Ojo Humano"** el cual posee células foto sensitivas que nos permiten ver tanto BL/C *(Blanco y Negro como a Color)*. Se considera que la retina del ojo humano posee un total de 126 millones de células foto sensitivas *(120 millones de células Rod y 6 millones de células Cones)* que nos permiten distinguir 10 millones de colores. ¡Las cámaras modernas operan bajo los mismos principios básicos que nuestros ojos, pero nunca han podido igualarlo! El enfoque y la apertura automáticos son exquisitos.

El sonido que oímos se está tocando en un perfecto y pequeño instrumento musical ubicado en nuestro oído. La oreja externa o pabellón opera como un gran receptor o antena que define de donde vienen las señales de audio; esas ondas sonoras bajan por el canal auditivo y son transportadas por los huesos del oído intermedio hasta el caracol, el cual está enrollado como un pequeño caracol de mar; este caracol está lleno de líquido y ese líquido, responde al estímulo de las ondas sonoras cuando estimulan unos pelos especiales que son receptores mecánicos que responden a la presión del aire; por tanto, cuando las ondas estimulan a esos neuro-transmisores estos a su vez, responden transfiriendo estímulos nerviosos al cerebro. Es importante señalar, que transferir ondas de aire a líquido es uno de los problemas más difíciles para la ciencia. Tres pequeños huesecillos son adecuados justamente para la labor que nos permite oír. *¡Es interesante mencionar que el tamaño de estos pequeños huesos, no cambian desde que nacemos!*

El corazón es una bomba muscular que late 72 veces por minuto haciendo circular la sangre a todo el cuerpo a través de cientos de miles de vasos sanguíneos. El corazón bombea un promedio de seis litros (*1.59 galones*) de sangre cada minuto, y en un día bombea suficiente sangre para llenar más de cuarenta cilindros de 200 litros (*53.83 galones*). Y qué decir de los pulmones los cuales contienen entre 300 a 500 millones de **"alveolos"** (*orificios para respirar*) que si lo pones en línea recta seria aproximadamente 620 millas de estos pequeños orificios.

¡Sí, el cuerpo humano es una máquina maravillosa! El hecho de que cualquiera de estos aparatos existan, demuestra que este cuerpo es producto del trabajo de un diseñador inteligente y talentoso, el mismo Dios Creador. La materia prima o los elementos básicos en nuestro cuerpo pueden ser hallados en el *"polvo de la tierra"*. Sin embargo, estos químicos no se pueden ordenar a sí mismos en tejidos celulares, órganos y sistemas. Esto solo puede ocurrir dictado por una inteligencia que el ser humano es incapaz de entender. *¡Somos más que sustancias que forman nuestro cuerpo. Somos una creación especial de Dios. El hombre es la obra maestra de Dios, la obra de sus manos, la corona de la creación!*

Sin lugar a dudas, el cuerpo humano es el sistema de procesamiento de información más complejo. Si juntamos todos los procesos humanos de información, **los conscientes** (*lenguaje, información controlada, movimientos voluntarios deliberados*) y los **inconscientes** (*funciones controladas por información de los órganos, sistema hormonal*), involucraríamos el procesamiento de 1024 bits de información diariamente. Esta figura astronómica es mayor en un factor de 1, 000,000 (*esto es, un millón de veces mayor*) que el total de conocimiento humano; el cual se considera que corresponde a la cantidad de 1018 bits de información o lo que es lo mismo que, la cantidad de información almacenada en todas las bibliotecas del mundo. *¡Impresionante verdad!*

El aliento divino *(Energía)* es lo que pone en movimiento este sistema químico, llamado*: "Cuerpo"*. Obedeciendo rigurosamente los balances químicos exactos para la conservación del mismo. *¡Somos materia en función de un cuerpo!* Poseemos energía y esa energía interactúa con la energía del sistema universal. *¡Somos parte de un plan divino!*

Me he referido en varias ocasiones a **"Sistema"** y quiero tener la oportunidad de explicarlo claramente. *¿Qué es un sistema?* Es un conjunto de elementos independientemente constituidos en forma propia, pero que trabajan unísonos *(como un solo)* para hacer o llevar a cabo una función determinada; donde un elemento afecta el funcionamiento del otro. Cada elemento tiene su base de procesamiento individual, pero se organizan concatenados *(uno detrás del otro)* para ejercer una función conjunta. *Ejemplo:* **El Sistema de Digestivo del ser humano**, está formado por órganos independientes para ejercer la función de digerir los alimentos que comemos. Si esos órganos no trabajan en conjunto, la función de uno, no servirá para la función del siguiente y por consiguiente, no se procesarían los alimentos para que el cuerpo se nutra de ellos. Ver *figura* **2.1.**

Dibujo representando El Sistema Digestivo

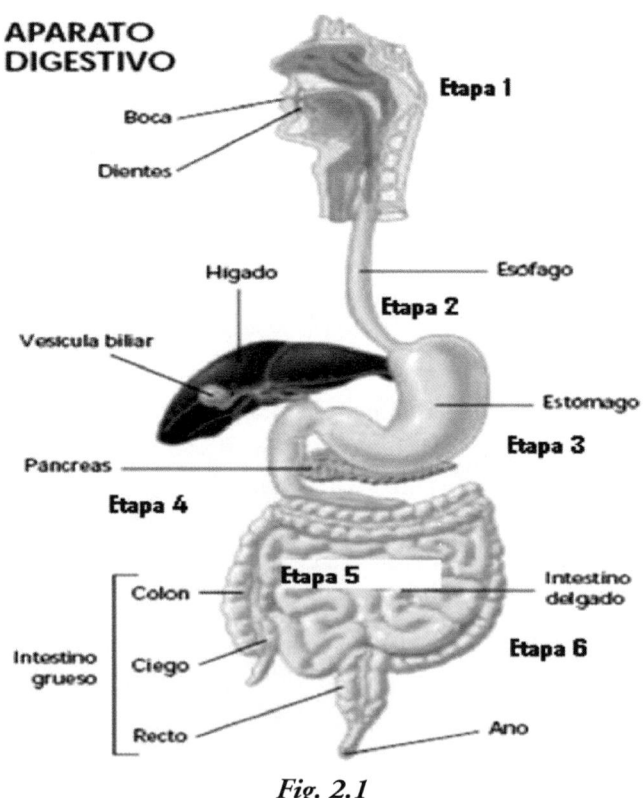

Fig. 2.1

Como podemos apreciar por la *Fig. 2.1*, el Sistema Digestivo empieza con la **Etapa 1a—Con la boca**, donde los dientes trituran los alimentos, **1b**—Las **Glándulas Salivares** segregan la Saliva, **1c**—La **Lengua** ayuda en todo ese proceso para formar el *"Bolo Alimenticio"*. Ese bolo alimenticio pasa a la **Etapa 2a**-donde la lengua pasa el bolo alimenticio a la **Faringe**, **2b**—Este pasa a la **Epiglotis**, **2c**-de la Epiglotis pasa al **Esófago** donde éste conduce el bolo alimenticio al **Estomago**, donde empieza la **Etapa 3a**- donde se mezclan los alimentos con los jugos gástricos que se encuentran ahí, **3b**-Se comienza la absorción de Proteínas, **3c**-Se forma el **Quilo**. Empieza la **Etapa 4a**- donde el Quilo pasa al **Píloro**, **4b**- del Píloro esa mezcla grasosa llamada Quilo pasa al Intestino delgado. Empieza la **Etapa 5a**- donde la **Vesícula Biliar** situada en el Hígado vierte la Bilis al intestino delgado para favorecer la digestión de las grasas, **5b**- El **Páncreas** vierte el Jugo Pancreático para ayudar a seguir descomponiendo las grasas y las proteínas en el intestino, **5c**- El **Intestino Delgado** termina de absorber las sustancias nutritivas a través de unos pelos que se encuentran allí. Y seguimos con la **Etapa 6a**- donde pasa al **Intestino Grueso** donde se absorben parte del agua y líquidos y por último la **Etapa 7** donde se expulsan del cuerpo las **Heces Fecales**.

Como pudimos observar, cada órgano aporta con una función específica e independiente al proceso de digestión y al estar entrelazados en función de otros, forman el sistema digestivo.

En la *Figura 2.2* sin embargo, podemos apreciar que la localización de los órganos es diferente a la **Fig. 2.1** por lo tanto, no podemos decir que tenemos un "Sistema Digestivo" ya que el proceso de digestión no se llevará a cabo aunque cada órgano ejecute su función independientemente.

¡Este mismo principio se puede utilizar para entender cualquier tipo de sistema que exista!

Dibujo representando Órganos independientes
"no formando el Sistema digestivo"

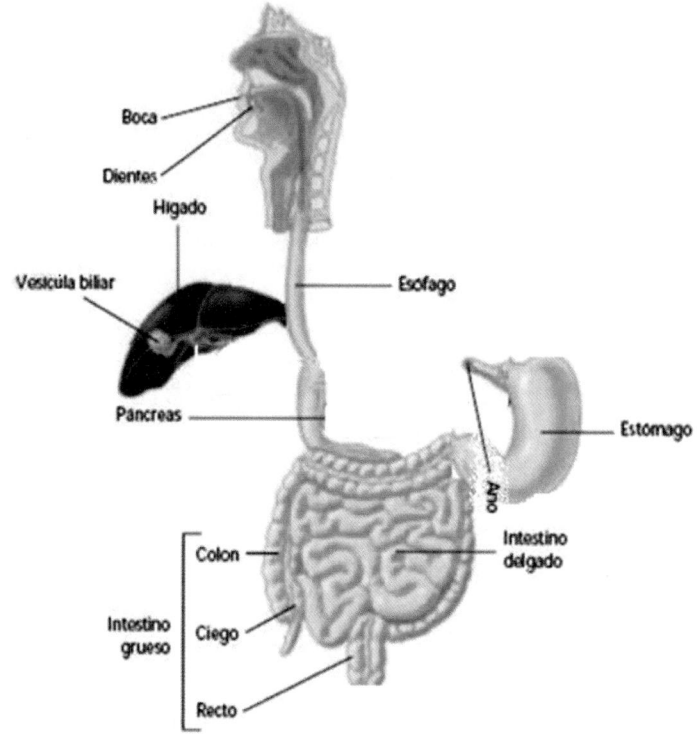

Fig2.2

Después de un ligero recorrido de nuestro cuerpo, no cabe la menor duda que detrás de esa obra de arte, existe un Ser poderoso y omnisciente que no dejó nada a la casualidad. Es tanto así, que el hombre a medida que estudia y analiza las funciones como trabaja nuestro cuerpo, utiliza esos conocimientos para fabricar sistemas computarizados con características y funciones similares.

CAPÍTULO 5

LAS LEYES FÍSICAS Y SU INTERACCIÓN CON EL HOMBRE

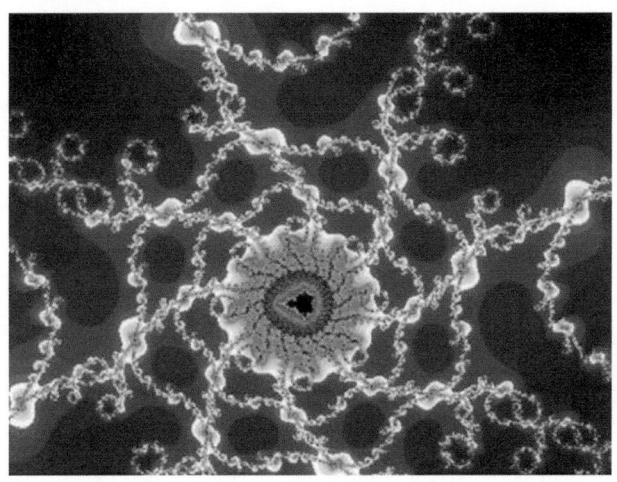

LAS LEYES FÍSICAS y su interacción con los seres que habitan este planeta son conocidas desde tiempos ancestrales. Los primeros pobladores del planeta no conocían de ciencia, pero tenían ciertos conocimientos que le ayudaban a entender esa interacción con la naturaleza. Desde el inicio de la historia de la humanidad, el hombre siempre ha tratado de obtener poder por medio del conocimiento. Escudriñando, observando, experimentando a través de los tiempos; haciendo análisis y formulando teorías con el fin de entender los fenómenos que afectan su existencia en el planeta.

Una vez el hombre se interesó en buscar la explicación de ciertas situaciones, *¿El Porqué de lo acontecido?*, Despertó ese afán de discernir, observar y buscar respuesta a lo inexplicable *¡El hombre es curioso por naturaleza!* De ahí ese interés en algunos, de estudiar ciertos fenómenos que ocurrían con frecuencia, anotando o documentando lo ocurrido, analizando sus ciclos o períodos y formulando teorías por medio de los episodios acontecidos. Esto dio lugar al desarrollo del conocimiento como tal. Conocimiento de **"Causa y Efecto"**. Estos **"eruditos"** *(personas con conocimiento amplio de una materia)* se convirtieron en personas valiosas debido a sus conocimientos y sabiduría; manipulando a su antojo a aquellos carentes de esos conocimientos y por tanto, dando lugar a la subyugación *(dominación)* o embelesamiento de los que dependían de información. *"¡El conocimiento concede poder a quien lo posee, subyugando a quien carece de él!"*.

Los fenómenos o leyes que rigen nuestra existencia han existido desde la creación del mundo. Todo fue establecido desde la creación en un orden perfecto, por un Ser perfecto. *Ese Ser perfecto es compuesto: ¡La divina trinidad! (Ver Comportamiento de los Fractales). Ahora bien, para entender la interacción que existe entre el hombre y el ambiente físico en que vive, primero debemos entender que es en sí el ambiente físico; por lo que para esto necesitamos saber que es el vacío atómico.*

El Vacío Atómico

Aunque ya los filósofos griegos especularon con su existencia, el *"átomo"* es una realidad científica desde principios de siglo **XX**. La física atómica dio paso a la *"Teoría de la Relatividad"* y de ahí, a la física cuántica. En las escuelas de todo el mundo se enseña hoy día que el átomo está compuesto de partículas de signo positivo *(protones)* y neutras *(neutrones)* en su núcleo y de signo negativo *(electrones)* girando a su alrededor.

Lo que la mayoría de nosotros desconocía, es el hecho de que *¡la materia de la que se componen los átomos, es prácticamente inexistente!* En palabras de William Tyler, profesor emérito de ingeniería y ciencia de la materia de la *Universidad de Stanford,* *"La materia no es estática y predecible. Dentro de los átomos y moléculas, las partículas ocupan un lugar insignificante: el resto es vacío".* Lo que significa: *¡El átomo no es una realidad terminada sino mucho más maleable de lo que pensábamos!*

*Werner Heinsenberg, e*l co-descubridor de la mecánica cuántica, fue muy claro al respecto cuando dijo: *"Los átomos no son cosas, son* **TENDENCIAS.** *Así que, en lugar de pensar en átomos como cosas, tienes que pensar en posibilidades de la consciencia".*

Si la física cuántica, sólo calcula posibilidades, entonces, *¿Quién elige de entre esas posibilidades para que se produzca mi experiencia actual?* La respuesta de la física cuántica es rotunda: *¡La conciencia está envuelta, "el* *observador" no puede ser ignorado!...* No es hasta recientemente cuando los científicos se han dado cuenta de que toda la materia se mantiene unida por atracción (*fuerza de cohesión*) y por energía; por **¡*Cosas que no se ven!*** La ciencia cada día descompone más y más el átomo y la tendencia luce presentar el dilema de que en realidad *¡nada es físico o tangible, sino energía!* la palabra divina dice lo siguiente: **"no mirando nosotros las cosas que se ven, sino las que no se ven; pues las cosas que se ven son temporales, pero las que no se ven son eternas"**. POR FAVOR CONSIDERE LAS ESCRITURAS BÍBLICAS:

"¡Cristo es la imagen visible de Dios, que es invisible; es su Hijo primogénito, anterior a todo lo creado. En él (Cristo) Dios creó todo lo que hay en el cielo y en la tierra, tanto lo visible como lo invisible, así como los seres espirituales que tienen dominio, autoridad y poder. Todo fue creado por medio de él y para él. Cristo existe antes que todas las cosas, y por él se mantiene todo en orden!". *(Colosenses 1:16).*

"Por tanto, al Rey de los Siglos, Inmortal, invisible, al único y Sabio Dios, sea honor y gloria por los siglos de los siglos, Amén" *(1era de Timoteo 1:17)*

CAPÍTULO 6

EL CEREBRO HUMANO Y SU FUNCIONAMIENTO

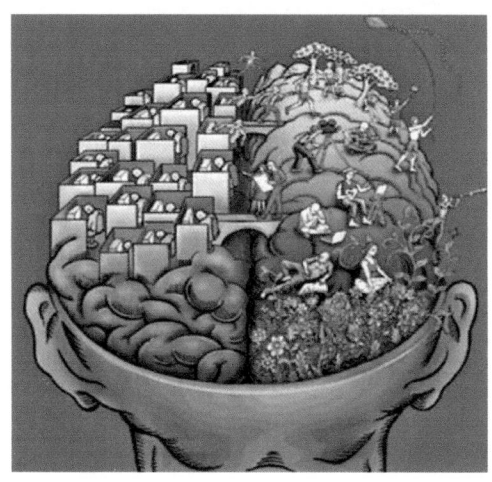

EN UN PEQUEÑA parte del cerebro se encuentra una región llamada: **"Hipotálamo"** en donde se fabrican las respuestas emocionales. Allí, en nuestro cerebro se encuentra la mayor farmacia que existe, donde se crean unas partículas llamadas: **"Péptidos"**, pequeñas secuencias de aminoácidos **"hormonas"**que combinadas, crean las neuro-hormonas o neuropéptido **"neurotransmisores"**. Ellas son las responsables de las emociones que sentimos diariamente. Según John Hagelin (*Profesor de física y Director del Instituto para la Ciencia, la Tecnología y la Política Pública de la Universidad Maharishi*), y persona dedicada al desarrollo de teorías del ***Campo Unificado Cuántico***: *"¡Existe química para la rabia, para la felicidad, para el sufrimiento, la envidia!…"* En el momento en que sentimos una determinada emoción, el hipotálamo descarga esos péptidos a la **"Glándula Pituitaria"** (*llamada también 'glándula maestra' del sistema endócrino*) y desde la Pituitaria al corriente sanguíneo. ***La función del sistema endócrino es la de producir y secretar hormonas al torrente sanguíneo.***

El cerebro actúa como una tormenta que descarga los pensamientos a través de la fisura sináptica. *¡Nadie ha visto nunca un pensamiento!*, ni siquiera en los más avanzados laboratorios, pero lo que sí se ve, es la tormenta eléctrica que provoca cada mentalismo, conectando las neuronas a través de las *"Fisuras Sinápticas"* nombre que se le da al espacio entre una neurona (*célula cerebral*) a otra. Cada célula tiene miles de receptores rodeando su superficie, como abriéndose a esas experiencias emocionales. La Dra. Candance Pert, poseedora de patentes sobre péptidos modificados, y Profesora en la Universidad de Medicina de Georgetown, lo explica así: *"Cada célula es un pequeño hogar de conciencia. Una entrada de un neuropéptido en una célula, equivale a una descarga de bioquímicos que pueden llegar a modificar el núcleo de la célula"*.

Nuestro cerebro crea estos neuropéptidos y nuestras células son las que se acostumbran a recibir cada una de las emociones: ira, angustia, alegría, envidia, generosidad, pesimismo, optimismo, etc. Al acostumbrarse a ellas, se crean hábitos de pensamiento. A través de los millones de terminaciones sinápticas, nuestro cerebro está continuamente recreándose; un pensamiento o emoción crea una nueva conexión, que se refuerza cuando pensamos o sentimos algo en repetidas ocasiones. Así es como una persona asocia una determinada situación con una emoción: una mala experiencia en un ascensor, como quedarse encerrado, puede hacer que el objeto "ascensor" se asocie al temor a quedarse encerrado. Si no se interrumpe esa asociación, nuestro cerebro podría relacionar ese pensamiento (objeto) con esa emoción y reforzar esa conexión, conocida en el ámbito de la psicología como: **"fobia o miedo"**.

Todos los hábitos y adicciones operan con la misma mecánica. El miedo (*a no dormir, a hablar en público, a enamorarse*) puede hacer que recurramos a una pastilla, una droga o un tipo de pensamiento nocivo por lo que para poder eliminar estos malos hábitos o adicciones los psicólogos utilizan técnicas con el objetivo de "engañar" a nuestras células con otra emoción diferente; generalmente algo que nos excite y que nos distraiga del miedo. Detrás de cada adicción (*drogas, alcohol, juegos de asar, sexo, etc.*) hay pues un miedo insertado en la memoria celular. La buena noticia es que, en cuanto rompemos ese círculo vicioso, en cuanto quebramos esa conexión, el cerebro crea otro puente entre neuronas que es el "pasaje a la liberación".

El cerebro humano consta de dos hemisferios, el hemisferio izquierdo donde se desarrolla o toma lugar las cosas **tangibles** (*que se pueden tocar*) y las **racionales** (*usando la lógica*). De ahí que el hemisferio izquierdo es apto para la lógica, detalles, hechos, patrones de conducta, ciencia y matemáticas. Mientras que el hemisferio derecho está enfocado a los sentimientos, intuición, símbolos, filosofía, religión, figuras y números. Lo importante aquí es señalar, que desde que somos niños, se nos adiestra para usar **"la parte izquierda de nuestro cerebro"**, usando la repetición basada principalmente en la lógica del pensamiento y no el pensamiento holístico, o el uso de los dos hemisferios cerebrales. Ese acto repetitivo se acepta inconscientemente al principio, pero se convierte en una asociación de neuropéptidos que da lugar a la dinámica del pensamiento práctico, objetivo y tangible. *Este tipo de procedimiento didáctico es una forma de manipulación bien estudiada para que el hombre rechace lo que no es tangible y lo que se escapa de la realidad física; fomentando así, la creación de grupos que con propósitos no muy claros o quizás elitistas promueven la educación basada en el análisis lógico olvidando lo místico e intangible.*

Conociendo las características y normas de funcionamiento de nuestro cerebro se puede desaprender y reaprender nuevas formas usando ambos hemisferios cerebrales y así poder entender los misterios que encierran la divinidad y el poder del Creador del universo.

Las máquinas inventadas por el hombre, están básicamente limitadas por los mecanismos y sistemas eléctricos fijos que el hombre ha creado e instalado en ellos. El cerebro es, por otra parte, un sistema o mecanismo biológico flexible. Puede cambiar en función de cómo se le use (*o no se use*), es decir, las células neuronales están listas para nutrirse de información y reaccionar en base al a lo aprendido de acuerdo al proceso asociativo. Si comparamos estas células con las de un computador, estas vendrían a ser: como espacios de memoria latentes donde se guarda información para luego ser utilizadas cuando sea oportuno o cuando se les necesite. Ha diferencia de un computador, si estos espacios de memoria cerebral o células neuronales no se les utiliza, simple y llanamente se desactivan. Si no estamos mentalmente activos, puede existir un colapso en la conexión entre una y otra célula (*sinapsis*), y por ende, el deterioro de la memoria. Es decir, al no ejercitar la mente como es debido, corremos el riesgo de olvidar cosas y solo adaptarnos a lo habitual o cosas de costumbre. Por eso es importante, reactivar esas células practicando ejercicios dinámicos de pensamiento como son los crucigramas, juegos de memoria o a través de la meditación.

Aunque los factores hereditarios tienen una incidencia en el comportamiento del cerebro, la investigación moderna muestra cada vez más, que el comportamiento de nuestro cerebro no viene determinado por los genes en el momento de la concepción. *"¡Nadie sospechaba que el cerebro fuera tan reformable como ahora la ciencia sabe que lo es!"*, escribe el premio Pulitzer Ronald Kotulak. Después de entrevistar a más de trescientos investigadores, llegó a la siguiente conclusión: *"El cerebro no es un órgano estático; es una masa de conexiones celulares en constante cambio muy influida por la experiencia"*.

Existen dos factores que influyen en cómo se desarrolla o aprende el cerebro a lo largo de la vida, estos dos factores son: *La información que permitimos que entre en él a través de los sentidos, o a través de lo que percibimos en nuestro exterior:* Ya sean cosas que nos cause dolor y/o placer, y *el factor de aprendizaje a través de estímulos ambientales que recibe de la sociedad en que vive.* Según John Nisbet y Janet Shucksmith en su libro: **"Estrategias de Aprendizaje"**, aprendemos en la medida en que apliquemos las secuencias integradas de procedimientos o habilidades cognitivas básicas, como lo es: *observar, clasificar, percibir, para luego hacerla parte de nuestras actividades con el propósito de facilitar la adquisición, el almacenaje y la utilización de la información aprendida.* Esto significa, que la vida de un ser humano se desarrolla a través de su capacidad de incorporar actividades aprendidas, sobre una base fundamental de actividades innatas donde se usan diferentes áreas del cerebro.

Teniendo en cuenta los elementos que influyen en el desarrollo del cerebro, podemos entonces aprovechar esos conocimientos, tanto para la educación del niño en sus primeros años: ya que influirá sobre manera al desarrollo mental que éste tendrá en la adultez, como también para los adultos: para evitar enfermedades relacionadas con la pérdida de memoria, al igual que cambiar hábitos de aprendizaje.

El Sabio Salomón ya conocía el secreto de cómo funcionaba el cerebro y nos aconseja e insta a educar tempranamente a nuestros hijos para evitar perjuicios mayores cuando ellos crezcan o sean adultos. Él nos dice: **"Instruye al niño en su carrera: Aun cuando fuese viejo no se apartará de ella"**. (*Proverbios 22:6*). La instrucción temprana, formará en la mente del niño un estado de conciencia de acuerdo a los valores que quieres que el niño siga durante su crecimiento, al igual que hará posible la interacción o interconexión de ambas áreas del cerebro. Esto es, el uso del cerebro holístico o los dos hemisferios cerebrales; inculcando los valores morales y espirituales o el uso de la conciencia basada en la intuición, en lo místico e intangible al igual que en el entendimiento de lo divino a temprana edad para obtener una mayor interacción del cerebro racional o lógico en combinación o en armonía con los valores espirituales.

El sabio Salomón recibió la sabiduría divina y entendió que el desarrollo evolutivo conductual del ser humano es consecuencia directa de los factores psíquicos innatos y el ambiente o sociedad que influye, estimula y regula nuestra forma de comportarnos como seres individuales; por eso nos aconseja y exhorta que debemos velar celosamente por la enseñanza y educación de nuestros hijos empezando desde: El estadio o **fase Oral o Simbiótica** (*Según Sigmund Freud, en esta etapa el centro de placer radica en la boca. Esta edad está comprendida desde los 4 meses hasta 18 meses*) leyéndole libros y utilizando material audiovisual, y siguiendo con las diversas etapas o fases del desarrollo humano como: **Anal-Sádica** (*Etapa que según Freud, es donde se desarrolla la separación individual, el control del esfínter, el uso del lenguaje, se posterga el placer, se domina el impulso y se establecen normas y reglas para el niño. Esta edad está comprendida desde los 2-3 años de edad*), **fase Fálica** (*Etapa que según Freud, es donde el niño se interesa en la sexualidad genital, en la masturbación y en la diferencia de los sexos. Esta edad está comprendida desde los 3-7 años de edad*), **fase de Latencia** (*Etapa que según Freud, es donde existe mayor energía a lo escolar, se desarrollar el rol sexual ante la sociedad, y se amplia la visión del mundo. Esta edad está comprendida desde los 7-10 años de edad*) hasta la **fase de la adolescencia** (*Etapa que se caracteriza en la pubertad, en la independencia, y en la individualidad como persona. Esta edad comprende desde los 10-20 años de edad*) ya que esta será de gran influencia para el buen o mal comportamiento tanto presente como futuro de nuestra sociedad. Esperar hasta que el niño sea adolescente es un grave error que cometen muchos padres y nosotros como personas consientes de la enseñanza de las Sagradas Escrituras no podemos permitir que el cerebro de nuestros hijos sea dañado por conceptos puramente materialista de gente mal intencionada o con propósitos elitistas y satánicos.

Ahora bien, *¿Cómo enseñar eficientemente las células del cerebro, especialmente en los niños?*

Desde hace algunos años muchos son los especialistas que consideran que para entender los múltiples problemas que presenta el niño con dificultades en el aprendizaje, es necesaria una comprensión total de lo que es el aprendizaje, y los procesos que intervienen en él. El aprendizaje exige la existencia de mecanismos cerebrales que:

1. Recojan o capten la información.
2. Retengan esa información durante períodos prolongados de tiempo, es decir, que se mantenga fresca en las redes neuronales.
3. La información sea accesible cuando se le evoque o cuando resulte necesaria. Como el viejo adagio que dice: *"Saber es recordar a tiempo"*.
4. Procese la información de tal manera que pueda ser relacionada con informaciones anteriores, simultáneas o posteriores. Esto es, por asociación o sinapsis.

Es sumamente importante evitar en los niños los **"estados cerebro asténicos"** los cuales son estados producto de una alimentación inadecuada por falta de vitaminas y proteínas esenciales para el desarrollo del niño, agotamiento mental debido a la falta de descanso físico y una salud precaria debido a un cuidado médico inadecuado o por la falta de higiene.

Los estados cerebro asténicos se caracterizan por un debilitamiento del sistema nervioso y cuyas causas pueden ser lesiones traumáticas leves del cerebro, fenómenos residuales de las enfermedades inflamatorias del cerebro y **"encefalopatías"** (*inflamación del encéfalo-conjunto de órganos que forman parte del sistema nervioso*) producidas por intoxicación, enfermedades infecciosas graves y somáticas graves o crónicas.

Otro aspecto que se debe considerar, es el aspecto psicológico, causado por situaciones psicotraumáticas prolongadas, especialmente en hogares donde existen familias disfuncionales o donde los niños son abusados verbal y físicamente.

La característica esencial que se observa en estos menores es la rápida fatiga con marcada disminución de la capacidad de trabajo y poca concentración de la atención. Por ello no pueden sostener durante largo tiempo asignaciones complejas de cierta intensidad o tareas escolares donde se requiera análisis profundo.

Con frecuencia los niños con estado cerebro asténico presentan dolores de cabeza y debilitamiento de la memoria lo que tiene una incidencia significativa en el proceso de aprendizaje. En su conducta se observan rasgos característicos: Algunos son excitables, intranquilos, irritables, llorones, tensos. Otros son lánguidos, lentos, inhibidos. Son altamente sensibles a los estímulos fuertes; por eso en un aula de muchos niños, donde la maestra habla en un tono de voz muy alto tienden a desorganizarse fácilmente y su estado de ánimo por lo general es inestable. Las dificultades en el aprendizaje se producen porque rápidamente olvidan los procedimientos para resolver determinadas tareas escolares. Se observan muchas dificultades en la escritura como repetición de letras y sílabas, omisiones, por el rápido cansancio que los lleva a trabajar con descuido y sin concentrar la atención.

Conociendo ya estas características de comportamiento, los padres deben estar alertas, procurando ser parte de la enseñanza de sus hijos: ayudando con las tareas escolares, asistir a las reuniones de maestros y sobre todo mantener un dialogo abierto con los maestros, para de esta forma actuar rápida y apropiadamente en caso que se requiera ayuda una evaluación profesional o terapia profesional para mitigar el problema.

Ahora bien, *¿Cómo corregir o minimizar este problema?*—En las escuelas, generalmente estos niños reaccionan mucho mejor en el trabajo individual y en pequeños grupos de alumnos. Por lo que la participación de los padres en el hogar es sumamente importante para seguir con la enseñanza a nivel individual.

En la atención pedagógica correctiva de estos niños, esto es: La atención del maestro en el aula escolar, es necesario garantizar un ambiente familiar y escolar muy tranquilo, suave y equilibrado; evitando excesos de tareas escolares durante un tiempo prolongado, propiciando el cambio de actividad necesario para el descanso de acuerdo a la curva de fatiga del niño.

Mi consejo final es: guiemos y eduquemos a nuestros hijos e hijas bajo un concepto de enseñanza basada sobre todo en el temor a Dios, respeto a sus semejantes, conscientes de sus deberes como ciudadanos en la sociedad e instruirles a buscar la sabiduría divina para poder afrontar y solucionar cualquier tipo de inconvenientes que se le presenten en el correr de su vida en este planeta; teniendo como referencia o estandarte, una disciplina tallada y esculpida a la imagen de aquel que anduvo por esta tierra dando muestra de cómo debemos ser y de cómo comportarnos y convivir en sociedad.

Voy a terminar este capítulo citando lo dicho ya hace un tiempo por Helena White: **"Hoy más que nunca, la mayor necesidad del mundo es la de hombres que no se vendan, ni se compren; hombres que sean sinceros y honrados en lo más íntimo de sus almas; hombres que no teman dar al pecado el nombre que le corresponde; hombres cuya consciencia sea tan leal al deber como la brújula al polo; hombres íntegros y honestos capaces embellecer la vida con sus acciones; hombres que aborrezcan la mentira y amen la verdad; hombres que se mantengan de parte de la justicia aunque se desplomen los cielos".** *(La educación, pág. 57).*

CAPÍTULO 7

LA METAFÍSICA DEL MENTALISMO-"MENTE CREADORA"

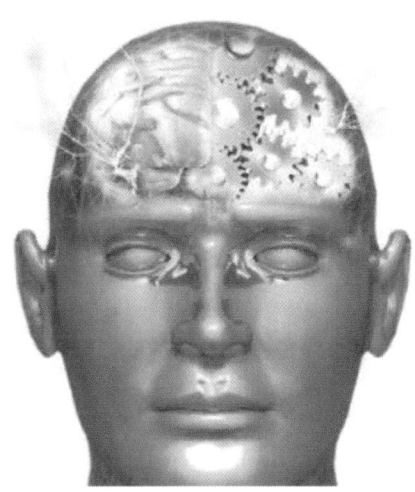

LOS EXPERIMENTOS EN el campo de las partículas elementales de la materia han llevado a los científicos a reconocer que la mente, *¡Es capaz de crear!* En palabras de Amit Goswani, profesor de física de la *Universidad de Oregón, "El comportamiento de las micro-partículas de la materia cambian dependiendo de lo que hace el "*Observador".* *Podemos referirnos al Observador como la "**conciencia misma**". Este científico prosiguió diciendo: "Cuando el "**Observador**" mira la materia, esta se comporta como una onda (*que no es físico y por tanto no se ve*), cuando no lo hace, como una partícula (*con existencia material*)". Esto quiere decir, que las expectativas del "**Observador**" influyen en la realidad de los laboratorios. Recordemos, que cada uno de nosotros está compuesto de millones de átomos, por lo que nuestro comportamiento en el medio físico, cambiará dependiendo del razonamiento psíquico. *Leer sobre experimento realizado por el Dr. Masaru Emoto en el tema: "**REALIDAD MOLECULAR Y NUESTRA VISION DEL MUNDO**".* Traducido al ámbito de la vida diaria, esto nos llevaría a pensar que nuestra realidad es, hasta cierto punto, producto de nuestras propias expectativas. Si una **partícula** *(la mínima parte de materia que nos compone)* puede comportarse como materia o como onda. Entonces, por analogía, nosotros podemos hacer lo mismo. Por lo tanto, nuestra mente tiene una capacidad de creación inexorable, puede imaginar y dar forma a objetos inanimados que se encuentran en un plano invisible y tomar forma en un plano visible, en base de la acción y la capacidad de trabajo.

Grandes inventos han sido posible todo debido al molde que se forma en un subconsciente metafísico intocable, pero lleno de energía con capacidad de producir realidad tocable. **¡Tenemos mente creadora, porque fuimos creados para crear. Somos imagen de Dios, con capacidad infinita!** Por lo tanto, cuando nos encontramos en una necesidad o carencia, en nuestras mentes comienzan a surgir ideas para suplir o satisfacer esa necesidad transformando imágenes invisibles (*Plano metafísico*) a un plano material físico concreto. Como nos dice el sabio Salomón, de Dios proviene la inteligencia y la sabiduría; por lo tanto, si pedimos dirección del altísimo, seremos capaces de inventos y creaciones insólitas. **"Hijo mío, si haces tuyas mis palabras y atesoras mis mandamientos; si tu oído inclinas hacia la sabiduría y de corazón te entregas a la inteligencia; si llamas a la inteligencia y pides discernimiento; si la buscas como a la plata, como a un tesoro escondido, entonces comprenderás el temor del Señor y hallarás el conocimiento de Dios. Porque el Señor da la sabiduría; conocimiento y ciencia brotan de sus labios".** (*Proverbios 2:1-6*).

La Naturaleza Interna y Externa Del Hombre

De acuerdo al testimonio de las Escrituras, el hombre en su forma humana presente fue creado por Dios como la conclusión y consumación de toda la creación. Se dice del hombre que fue hecho: **"A la imagen y semejanza de Dios"** *(Génesis 1:26) y que* **"¡Dios respiró en Él, aliento de vida!"** *(Génesis 2:7).* Estas distinciones califican al hombre por sobre todas las otras formas de vida que están sobre la tierra e indican que el hombre es una criatura moral con intelecto, capacidad para sentir y con voluntad propia. El hombre tiene características divinas, con capacidad creativa e inteligencia. Somos imagen y semejanza del que nos dio el aliento de vida; somos parte de su obra maestra. Hablando en líneas generales, la creación del hombre incluyó aquello que era *material:* **"El Polvo"** *e inmaterial:* **"El aliento de vida".** Esta doble distinción tiene referencia *al* **"Hombre Exterior"** *y al* **"Hombre Interior".** Mientras que el alma y el espíritu del hombre se presentan existiendo para siempre: **"¡El cuerpo retorna al polvo desde donde fue formado, y el espíritu va a**

Dios quien lo dio!" *(Eclesiastés 12:7). De acuerdo a ello,* **"¡La gente puede matar el cuerpo pero no matar el alma!"** *(Mateo 10:28).*

Muchas veces, las altas funciones de la *parte inmaterial* del hombre, a veces se atribuyen al espíritu y a veces al alma. *"El Espíritu"* se menciona usualmente en las Escrituras como aquella parte del hombre que es capaz de contemplar a Dios, y *"El Alma"* aquella parte del hombre que está relacionada al **"Yo"** y las varias funciones del intelecto, sensibilidades y voluntad del hombre. Sin embargo, también se usan otros términos de la naturaleza inmaterial del hombre tales como: El corazón, la mente del hombre (*ya sea en referencia a la pecaminosidad de la mente del hombre como tal o a la mente renovada que posee un cristiano*), la voluntad y la conciencia. Es tanto así, que algunas religiones paganas sostienen que el origen *"Inmaterial"* de la naturaleza del hombre es preexistente. Esto significa que ha existido eternamente y sólo se encarna en el principio de la existencia humana; pero esto no está sustentado por las Sagradas Escrituras. Probablemente el mejor punto de vista, referente al origen inmaterial del hombre es lo que anuncia el *"Traducianismo"* cuando dice lo siguiente: *"El alma y el espíritu fueron propagados por generación natural, y por esta razón el hombre recibe un alma y espíritu pecaminosos, porque sus padres son pecadores".* En la Biblia encontramos citas como esta: **"Por cuanto todos pecaron y están destituidos de la gloria de Dios"** (*Romanos 3:23*).

El cuerpo del hombre es la habitación del alma y del espíritu hasta que éste muere. Aunque el hombre deja de existir con la muerte, el hombre está sujeto a resurrección. Esto es verdadero en cuanto a los salvos y los no salvos, aunque las resurrecciones son diferentes. Esto según el escrito bíblico que explica lo siguiente: **"Pero esto digo, hermanos: que la carne y la sangre no pueden heredar el reino de Dios, ni la corrupción hereda la incorrupción. He aquí, os digo un misterio: No todos dormiremos; pero todos seremos transformados, en un momento, en un abrir y cerrar de ojos, a la final trompeta; porque se tocará la trompeta, y los muertos serán resucitados incorruptibles, y nosotros seremos transformados".** *(1era de Corintios 15:50-52).* Recordemos que **Jesucristo** poseía un cuerpo humano perfecto antes de su muerte, y después de su resurrección tenía un cuerpo de carne y hueso que es el ejemplo del cuerpo de resurrección del creyente. La Biblia nos relata que Thomas (*discípulo de **Jesús***) tocó a **Jesús** para revisar la herida hecha en el costado por la lanza del soldado romano y las heridas hechas en las manos y los pies por los clavos cuando **Jesús** fue colgado en la cruz. (*Juan 19:33-34*) y (*Juan 20:27-29*).

Ahora bien, el hombre recibió el soplo de vida o la energía de Dios para que podamos ser un organismo vivo. Esa energía que se encuentra en la parte inmaterial del hombre, hace posible que todas las funciones del cuerpo, tengan movimiento, activando órganos vitales y producir una reacción en cadena formando un sistema compuesto. Entre los órganos más esenciales: *"El corazón y el Cerebro"* cuyas funciones son tan imprescindibles que uno, no puede funcionar sin la existencia del otro. Aunque la diferencia entre sus formaciones en el saco amniótico, es de sólo 3 semanas (*el corazón empieza a latir a las 3 semanas de la concepción, y la actividad cerebral a las 6 semanas de la concepción*). Lo cierto es, que Dios, cuando dio el aliento de vida al hombre, transmitió esa energía a todo nuestro cuerpo físico, y ésta se concentró en puntos específicos del mismo para: gobernar, regular y controlar órganos materiales, como también, para nuestra psiquis. Estos puntos absorben energía del mundo exterior y la distribuyen en nuestro mundo interior para luego devolverla al mundo exterior como compensación del mundo energético que existe en el universo. A esos puntos energéticos se les llama: **"chakras"** o **"círculos energéticos"**.

Dentro de cada ser humano existe una inmensa red de nervios que interpretan todo lo que acontece en el mundo exterior, o en el mundo físico. Estos puntos energéticos cuidan de nuestro ser físico, espiritual, intelectual y emocional. Como enfaticé en el párrafo anterior, estos puntos gobiernan nuestro cuerpo físico y al mismo tiempo, regulan la absorción y salida de energía. Cuando aprendemos a utilizar esos círculos de energía, ellos pasan de un estado de latencia a un estado de actividad de mayor o menor intensidad, según el grado de capacitación que desarrollemos. Toda nuestra negatividad como podrían ser el odio, el estrés, la envidia, el orgullo, los apegos a las cosas materiales, bloquean el funcionamiento normal de esos círculos o centros energéticos, atrofiando el buen funcionamiento de todo nuestro organismo, bajando nuestras defensas y haciendo nuestro cuerpo vulnerable a enfermedades tanto a nivel físico como psíquico.

Cuando abrimos estos círculos energéticos, optimizamos el flujo de energía que pasa a través de ellos obteniendo como resultado sanidad de mente, cuerpo y espíritu. Esto se consigue por medio de la meditación, el ayuno y la comunicación abierta con Dios, quien es la fuente de energía universal. En la Biblia leemos: **"Entonces Jesús fue llevado por el Espíritu al desierto, para ser tentado por el diablo, después de haber ayunado cuarenta días y cuarenta noches"** (*Mateo 4:1*).

Las Sagradas Escrituras *hacen mención del acto de meditación en muchas citas bíblicas.* Meditar significa: *"Aplicar con profunda atención el pensamiento a la consideración de algo, o discurrir sobre los medios de conocerlo o conseguirlo".* Por tanto, cuando aprendamos a meditar en la palabra de Dios, podremos vibrar a la frecuencia de Dios, por lo que podremos ver la gloria del Creador.

He aquí algunas citas bíblicas: **"Y meditaré en todas tus obras, y hablaré de tus hechos"** (*Salmos 77:12*), **"En tus mandamientos *meditaré*, consideraré tus caminos"** (*Salmos 119:15*), **"Previnieron mis ojos las vigilias de la noche, para *meditar* en tus dichos".** (*Salmos 119:148*), **"¡Cuánto amo yo tu ley! Todo el día es ella mi *meditación*"** (*Salmos 119:97*).

Los antiguos médicos y filósofos utilizaban la imagen que aparece en la **Fig. 4.1** para mostrar los puntos energéticos de nuestro cuerpo en forma de círculos. Ellos situaban esos puntos de la siguiente forma: Uno a nivel de la parte baja de los genitales, el segundo en la parte baja del ombligo, el tercero en donde empieza el estomago, el cuarto al nivel del corazón, el quinto a nivel de la garganta, el sexto a nivel del entrecejo y el séptimo en la parte superior de la cabeza. Todos concatenados a través de un canal energético que corre a lo largo de toda la espina dorsal, y que sirve de enlace para la comunicación entre ellos.

Fig. 4.1

Según los estudiosos de estos círculos energéticos, existen 7 de estos puntos energéticos en nuestro cuerpo físico los cuales tienen correlación directa con 7 puntos energéticos de nuestro planeta Tierra. Nuestro planeta al ser un organismo vivo que absorbe la energía que recibe del universo, irradia o distribuye esa energía a todos los rincones del mismo mediante una red de puntos energéticos conectados entre sí. *¡Somos parte del universo, por lo tanto, también nos afectará!*

Estos lugares donde se encuentran esos puntos energéticos, son considerados por muchos como lugares sagrados donde se aglomera la gente en busca de relajación, paz, curación, recarga física y espiritual. El primer punto energético se encuentra en el **Monte Shasta**, al *Norte del Estado de California, USA*. El segundo se encuentra en: **El Lago Titicaca**, en el altiplano andino que hace frontera entre *Perú y Bolivia*. El tercero se encuentra en una enorme formación rojiza que tiene por nombre: **"Uluro Kattjuta"**, que se levanta en medio del desierto australiano, *Australia*. *E*l cuarto se encuentra en: **Glastonbury**, **en la isla de Avalon**, Gran Bretaña, (*Según historiadores, José de Arimatea y sus seguidores cristianos, se refugiaron en Avalon después de la crucifixión de **Jesús** y construyeron la primera iglesia cristiana en el mundo*). El quinto se encuentra en **la Gran Pirámide de "Gizeh"** en *Egipto*. El sexto se encuentra en una cima conocida como la Triple Frontera o Tres Puntos, donde colindan *Pakistán, Irán y Afganistán*. A esta cima se le llama: **"Koh I Malik Siah"**. (*Según los historiadores, fue desde este punto de donde partieron los Sabios del Oriente en la expedición que los llevó a Belén, encontrando al niño Jesús en un pesebre*). El Séptimo se encuentra en el **"Tíbet"** y este punto es conocido como: **"La joya de las nieves"** **El Monte Kailash**.

Según los científicos, la razón de estos puntos energéticos radica en que el núcleo de la Tierra está formado por un cristal de hierro resonando a una frecuencia de 7 Hertzios, emanando vórtices de energía electromagnética por todo el planeta. Evidencias de este tipo de energía son las que se manifiestan en la **Zona del Ecuador** (*campo magnético del Ecuador*) donde las brújulas y la comunicación de radio sufren anomalías. También podemos mencionar la energía que se desprende del llamado: **Triángulo de las Bermudas** (*área geográfica con forma de triángulo de 1.1 millones de Km2, situada en el Océano Atlántico; entre las Bermudas, Puerto Rico y Fort Lauderdale, FL*) donde se han reportado desapariciones de barcos y aviones por años.

CAPÍTULO 8

EL CUIDADO DE NUESTRO CUERPO

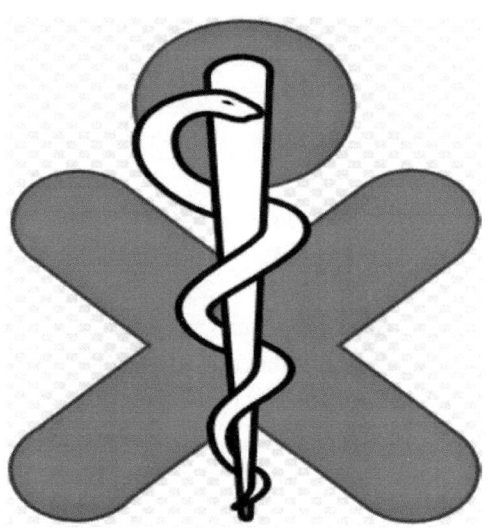

AL PUEBLO HEBREO, *(pueblo escogido de Dios según las Sagradas Escrituras)* se le dio un conocimiento insólito mediante un hombre llamado: **Moisés. ¿Quién fue Moisés?** La Biblia relata que Moisés fue un hombre escogido por Dios para liberar de la esclavitud al pueblo hebreo de manos de los egipcios. Moisés, considerado por historiadores como un líder, legislador, profeta, patriarca, sacerdote, etc. Es digno de admirar y de copiar debido al papel que desempeñó liberando al pueblo judío de manos de los egipcios y guiándolos por 40 años en el desierto.

Hombre fiel a principios divinos y bienaventurado por haber sido escogido por Dios para guiar a su pueblo y de tomar de las manos de Él **"Las Reglas Divinas"** que conocemos como: **"Los 10 Mandamientos"**. A él se le atribuye el escrito del **"Pentateuco"** documento formado por 5 libros del Antiguo Testamento (*Génesis, Éxodo, Levítico, Números y Deuteronomio*) los cuales relatan entre otras cosas, el inicio de todo lo creado y su relación con Dios, el éxodo del pueblo hebreo, leyes de convivencia en sociedad y las llamadas *"leyes Mosaicas"* que hoy por hoy la comunidad judaica sigue utilizando.

Según Rudolph Virchow, el padre de la Patología moderna, ¡*Moisés fue el más grande higienista que haya visto el mundo!* Esto debido a que solo dependiendo del conocimiento revelado, y sin poseer equipo científico alguno, Moisés enseñó en sus aspectos esenciales casi todos los principios de higiene que se practica hoy día. Entre estos principios encontramos la prevención de enfermedades, la desinfección por fuego y agua, el control de epidemias por medio de informar y aislar las enfermedades contagiosas o a sus portadores, seguida de una completa desinfección de todos los artículos posiblemente contaminados.

Se requería la limpieza personal de manera que el campamento judío estuviera tan limpio como una ciudad moderna. Aunque se proveía ejercicio, se guardaba contra el exceso de trabajo por frecuentes períodos forzosos de descanso y relajación.

Los hebreos eran el pueblo más limpio en tiempos antiguos, y aun hoy día sus antiguas normas son inmejorables. Los baños rituales se ordenaban por muchas razones, y cada israelita se daba un baño por lo menos una vez a la semana, porque se le requería limpiarse el día anterior al Sábado. Se requería lavarse después de tocar un cadáver, de animal o humano y sobre todo lavarse las manos antes de comer.

Moisés ordenó que toda persona infectada de una enfermedad transmisible fuera aislada. Ciertamente la ciencia médica moderna no puede mejorar esta regla. No solamente se ponía al paciente en cuarentena, *(Leer— "MOISES Y LA CUARENTENA")* sino también a los que habían tenido contacto con el enfermo.

Un estudio cuidadoso de los escritos de Moisés revela conceptos médicos y principios de salud que estaban mucho más avanzados que los que prevalecían en sus días. Un *ejemplo* típico de esto es su entendimiento de la función del sistema circulatorio. Cuando encontramos en uno de sus escritos lo siguiente: **"La vida de la carne, está en la sangre."** *(Levítico. 17:11.)* ¡*Le tomó a la ciencia miles de años descubrir que la sangre es el vehículo de la vida!* Han pasado tres siglos desde que el Dr. William Harvey (1578-1657), médico británico, tuvo éxito en trazar el sistema circulatorio en el organismo humano. Este descubrimiento se considera un importante hito en la ciencia médica, sin embargo el mismo principio estaba incorporado en el texto anterior de los escritos de Moisés ¡*desde hace 3,000 años!*

Recientemente en pleno siglo **XXI**, la **Organización Mundial de la Salud** *(OMD)* emitió la alerta de Pandemia a nivel mundial, esto debido a las altas incidencias de contagio de un tipo de gripe o influenza viral conocida al principio como: **"Gripe Porcina"**, más adelante se le nombró con el nombre técnico **"Gripe AH1N1"**. Este tipo de virus, era desconocido por los galenos de la salud debido a que es una mutación de un virus gripal que solo radica en los animales, especialmente en los Cerdos *(De ahí lo peligroso que puede ser para las personas, debido a que es un virus que se ha desarrollado y cambiado su estructura micro-orgánica para ser más fuerte y resistente para poder vivir, ya que están constituidos por ácido nucleído y proteína necesitando estar dentro de células vivas para reproducirse).*

Los galenos desarrollaron una vacuna que estuvo en etapa experimental por un tiempo, pero según los mismos galenos, las medidas de prevención y hábitos de higiene son las mejores armas para prevenir y combatir eficientemente el virus.

La cantidad de personas afectadas superaron los miles y por el momento, la cifra oficial de decesos varía de una fuente a otra. Lo importante del asunto es que los facultativos encargados de la **"Organización Mundial de la Salud"** *(OMD)* están demandando a la población mundial tomar medidas de higiene básica como lo es: ***Lavarse las manos constantemente con agua y jabón para evitar el contagio"**.* ¡Especialmente antes de comer o tocarse los ojos! Según los doctores estas medidas sencillas ayudan a evitar el contagio, ya que los gérmenes se adhieren a las manos especialmente si una persona toca superficies metálicas o infectadas y posteriormente pueden llevarse a la boca a través de alimentos contaminados o al tocarse la boca con las manos contaminadas. Es importante señalar que esta costumbre ya era común en los hebreos desde tiempos antiquísimos, tanto para manipular los alimentos sin cocinar, durante el proceso de cocido como para el acto de comer, costumbre que se ha llevado de generación en generación desde los tiempos de Moisés. *¿Cómo sabían ellos que esa práctica los ayudaría a mantenerse en salud y evitar enfermedades?* No es una casualidad del destino. Ellos tenían la información necesaria porque estaban en contacto directo con el que todo lo sabe, *¡E Creador del universo!*

Moisés y la Cuarentena

Sin lugar a dudas Moisés tuvo que estar en contacto con una sabiduría infinita, esto debido al apego de ciertos procedimientos ejecutados por él y los avances médicos de ese entonces. Uno de estos avances médicos es la aplicación (*en el siglo 15 AC.*) del principio de cuarentena para pacientes que padecían de enfermedades contagiosas. Moisés dedicó dos capítulos enteros en su libro de Levítico a un manejo médico de la Lepra— **"*El azote del Oriente*"**. Estos capítulos contienen instrucciones precisas y detalladas sobre la manera de aislar por cuarentena a un paciente leproso. También dicen como inmunizar la vivienda y la ropa de la víctima contra posible re-infección y cuando determinar que el paciente está curado. Toda esta instrucción médica y sanitaria fue escrita por Moisés sobre 3,000 años atrás en un tiempo cuando se sostenían los puntos de vista más extraños y estaban en buena aceptación las nociones más supersticiosas sobre las enfermedades y su curación. Le tomó a la ciencia médica moderna tres milenios o más para ponerse al día con Moisés en relación a estos principios cuando el científico francés Louis Pasteur (*1822—1895*), **El Padre de la Bacteriología** descubrió algunos de los secretos de la vida de los gérmenes. Este descubrimiento revolucionó las terapias médicas modernas. Basado en esto, se adoptó el principio de la cuarentena.

La cirugía moderna y Moisés

La cirugía moderna sin dolor nació en el 1842, cuando el Dr. Crawford Williamson Long aplicó por primera vez un líquido llamado: **"Éter"** a un niño para extirparle un quiste. Desde ahí en adelante se inició una nueva forma de procedimiento quirúrgico o invasivo sin dolor. A este nuevo procedimiento médico se le llamó: **"Anestesia"**, procedimiento que consiste en administrar ya sea vía inhalada, vía intravenosa o ambas, una cantidad determinada de fármacos a nuestro cuerpo para de esta forma, bloquear la sensibilidad del sistema nervioso con o sin compromiso de conciencia. Esto significa que: al aplicar anestesia general, se puede conseguir hipnosis, amnesia, analgesia, relajación muscular y abolición de reflejos. De ahí el origen de la **"Anestesiología"** (*especialidad de la medicina encargada recopilar técnicas apropiadas para el uso y administración de anestesia a pacientes, su cuidado durante la intervención quirúrgica y su cuidado pos-operatorio*).

Como todo tipo de invención que lleva un proceso transitorio de estudios, análisis y por último aplicación, no fue hasta más tarde cuando se aprobó su uso, esto debido a problemas éticos y facultativos en cuanto a su uso *(ya que se dieron algunos casos donde el paciente, estaba como en estado inconsciente, pero desafortunadamente sentía dolor, durante el procedimiento, y por consiguiente ratos de agonía sin poder moverse o hablar hasta que los efectos del líquido aplicado dejaban de hacer efecto).*

El descubrimiento de la anestesia, ha sido de gran bendición para los enfermos, porque ha capacitado a los médicos para lograr maravillosos resultados en la cirugía. Pero, Moisés ya había escrito sobre estas dos (*la anestesia y la cirugía*), en el libro de Génesis; miles de años antes de que se conocieran en la profesión médica. El libro de Génesis narra lo siguiente: **"Y Dios hizo caer sobre Adán un sueño profundo y tomó una de sus costillas, e hizo a la mujer o compañera".** *¡Se realizó con éxito una operación sin dolor y Moisés registró este importante incidente!* Al registrar esta experiencia, Moisés nos dice que el Creador realizó la operación; Adán era el paciente; y el Médico Divino aplicó la **"anestesia"**—"Dios hizo caer sobre Adán un sueño profundo, y se durmió." *¡Lo anestesió para sacar un hueso de su cuerpo, y luego continuó la operación sin dolor, para finalmente, suturar la carne en su lugar!* Debe tenerse en mente que se escribió de esta cirugía casi 6,000 años antes de que el conocimiento de la cirugía empezara a amanecer sobre la ciencia médica. *¡No es esto impresionante que la Biblia nos relata algo que apenas el hombre conoce!*

Una Alimentación Adecuada

¡Nuestro cuerpo es el templo de Dios y por ende debemos cuidarlo! Además, es el único que poseeremos mientras estemos vivos, entonces vale la pena hacerse cargo de él y mimarlo. Al igual que cualquier otro sistema, si no le das el debido mantenimiento éste sucumbirá ante las enfermedades y bacterias que se encuentran coexistiendo en nuestro ecosistema.

El mundo moderno no se da cuenta de cuánto se le debe a las leyes dietéticas Mosaicas sobre los alimentos limpios e inmundos como se registran en la Biblia. Estas leyes se observan entre los pueblos civilizados en todas partes, y muchas personas han eliminado de sus dietas muchos de los alimentos que se mencionan como prohibidos. Sería bueno para la humanidad si descartaran todos los artículos prohibidos que se registran ahí.

Mariscos Inmundos Prohibidos por las Sagradas Escrituras.

Cuando Moisés sacó de Egipto a los hijos de Israel y los llevó al desierto, tenía el problema de preservar la salud de ellos. Dios le dio instrucciones para evitar comer de ciertos animales como el cerdo, el conejo y los mariscos evitando de esta manera enfermedades como **"la Tifoidea"** (*Infección intestinal producida por un microbio que determina lesiones en las placas linfáticas del intestino delgado*), como resultado de consumir mariscos infectados como: las ostras, langostas, cangrejos y otros alimentos prohibidos, resultando en casos muy severos y a veces fatales de indigestión aguda, demostrando la veracidad de la instrucción dada por Moisés.

En la Biblia leemos prohibiciones en cuanto a comer especies que vivan en las aguas que no tengan **"escamas y aletas"**. Si el Creador tuvo a bien dar estas instrucciones, debe de haber buenas razones para ellas. En una investigación realizada en 1953 por el Dr. David Macht (*El Dr. Macht se considera una autoridad en el mundo de la farmacología y técnicas para el uso humano*) donde quería demostrar las propiedades beneficiosa y/o perjudiciales del pescado. Para este experimento, el Dr. Marcht, extrajo el jugo de más de 70 diferentes especies de peces e inyectó el jugo extraído en ratones, y también en plantas que dan semilla. Los tejidos extraídos de peces venenosos mataron algunos de los ratones y retardaron el crecimiento de las plantas. En los extractos de peces **"comestibles"** se encontró que no tuvieron efectos perjudiciales en los ratones ni en las plantas. Cuando se analizaron los resultados de este estudio, se halló que todos los extractos venenosos se habían derivado de peces sin **"escamas"**. El Dr. Macht concluyó diciendo: *"Parece haber alguna base científica para la antigua clasificación de peces comestibles y no comestibles, es decir, los que tienen escamas y los que no tienen."*

El Dr. Macht también realizó experimento con la carne de otros animales y aves que según la Biblia Dios le dijo a Moisés que su consumo era prohibido ya que se consideraba contaminado. El experimento del Dr. Macht consistió en utilizar el jugo y extracto salino de las toxinas de la carne de animales domésticos como el *"Buey, ternero, oveja, cabra, venado"* normalmente empleado como alimentación y otros animales cuadrúpedos prohibido por Moisés, mayormente salvaje o cimarrón como *"El perro, gato, zorro, oso negro, rinoceronte, cerdo, ardilla, camello, conejo"* y utilizó ese extracto en plantas y semillas en proceso de germinación o de crecimiento. El resultado fue el siguiente: *La cantidad de toxinas provenientes de los animales rumiantes con pezuñas erguidas no interrumpieron el proceso de crecimiento, ni afectaron el desarrollo de las plantas.* Sin embargo, las toxinas provenientes de los animales que según la Biblia no podemos consumir como alimento, afectaron grandemente y mataron las plantas y semillas en proceso de germinación. ¡Increíble Verdad! Lo mismo sucedió con experimentos hechos exactamente igual con los jugos extraídos de varios pájaros. Aquí también se comprobó que los extractos del pollo, pato, ganso, pavo, paloma y codorniz no eran nocivos, sin embargo los provenientes del águila, lechuza, halcón y el cuervo, si eran altamente nocivos y tóxicos. Estos experimentos a su vez fueron comprobados por Johns Hopkins (*miembro de la sociedad de medicina experimental y biología*) en 1906.

En cuanto a la carne de cerdo en particular, no fue hasta el 1847 que Joseph Leidy descubrió en el cerdo el parásito Triquinela. Parásito que causa la **"Triquinosis"** (*Enfermedad parasitaria, a veces mortal, provocada por la invasión de las larvas de triquina que penetran en las fibras musculares y producen dolores agudos*). Una desviación común del código dietético mosaico es el consumo de carne de cerdo. El uso del cerdo como alimento estaba estrictamente prohibido para Israel, y, por inferencia, para toda la humanidad. La sabiduría de esta prohibición debería ser obvia para todos. *¡El cerdo es por naturaleza un basurero!*

Hubert P. Swartout, M.D., Dr. P.H., miembro de la Junta Americana de Medicina Preventiva y Salud Pública, advirtió: *¡"El cerdo, sin embargo, es objetable desde otros puntos de vista aparte del peligro de contraer triquinosis, contiene una proporción de grasa mayor que la mayoría de los otros alimentos de carne, es difícil de digerir y por último, la fiebre ondulante debida al tipo de germen que contiene el cerdo es en promedio más severa que la que se debe al tipo del ganado y las cabras"*! El cerdo infectado de Triquina y que no se cocina bien, a menudo desarrolla triquinosis, infección parasitaria que debería conocer todo el mundo. Una persona de cada seis en América está afligida de triquinosis en algún grado. De vez en cuando oímos de familias enteras destruidas por esta enfermedad. Según la investigación de dos doctores Mac Naught y Anderson, informando en la revista de la Asociación Médica Americana, la enfermedad de triquinosis afecta a un 25 por ciento de la población adulta en los Estados Unidos. "Exámenes post-mortem realizados por estos doctores en pedazos del músculo del diafragma de 100 cuerpos mostraron que en 23 anidaba triquina, y de los otros 77 pudieron demostrar 25 casos positivos. Durante su vida ninguna de esas personas había mostrado un historial de triquinosis, y sin embargo, en todos ellos se observaban larvas que se retorcían bajo el microscopio. Una de cada cinco salchichas de los mejores supermercados se halló con *"triquina viva."*

Un dato interesante que es importante mencionar, es el hecho que después que se ha consumido el cerdo infestado, los gusanos se liberan en el estómago de la persona por la digestión gástrica, y allí se aparean las hembras y los machos, después de lo cual las hembras producen grandes números de larvas. A través del torrente sanguíneo o linfático estas larvas emigran rápidamente a los tejidos, hallando alojamiento en los tejidos musculares del cuerpo, especialmente en el músculo del diafragma. Se requieren más de mil gusanillos en la mayoría de los casos para producir síntomas.

En tiempos antiguos era raro que alguien contaminara su cuerpo con carne de cerdo. A aquellos que ignoraron la prohibición divina el Creador los llamó: **"¡Un pueblo que en mi cara me provoca de continuo a ira, (...); que comen carne de cerdo, y en sus ollas hay caldo de cosas inmundas!"** *(Isaías 65:3-4).*

Algunos que consideran el cerdo como un bocado exquisito afirman que bajo las reglas sanitarias modernas, la carne del cerdo es diferente de lo que era en tiempos de Moisés. Esta alegación es pura ficción. Las leyes sanitarias no pueden cambiar la naturaleza del cerdo; el poderoso de Israel lo declaró: *¡inmundo!* Sabiendo de esta advertencia, cualquiera que participe del cerdo lo hace presuntuosamente y sólo él es culpable de las consecuencias. Como en tiempos de Moisés, el Creador, quien desea evitarnos indecibles sufrimientos y una muerte prematura, nos advierte: *¡NO COMAS CERDO!*

Todas estas observaciones y experimentos corroboran con los encontrados en el Pentateuco escrito por Moisés. Tanta es la concordancia tan extraordinaria entre los datos encontrados en las Sagradas Escrituras y los recientes descubrimientos tanto de la Biología como de las ciencias Físico-Química que cualquier estudiante de la Biblia podrá endosar la afirmación que dijera Sir Isaac Newton: *"Las escrituras de Dios es la filosofía más sublime. Y encuentro mucho más marca de autenticidad en la Biblia que en historias profanas difundidas en todas partes."* Palabras similares encontramos de *comentarios extensivos escritos por Shakespeare, Dante y Goethe.*

La Grasa Animal y su Prohibición
según las Sagradas Escrituras

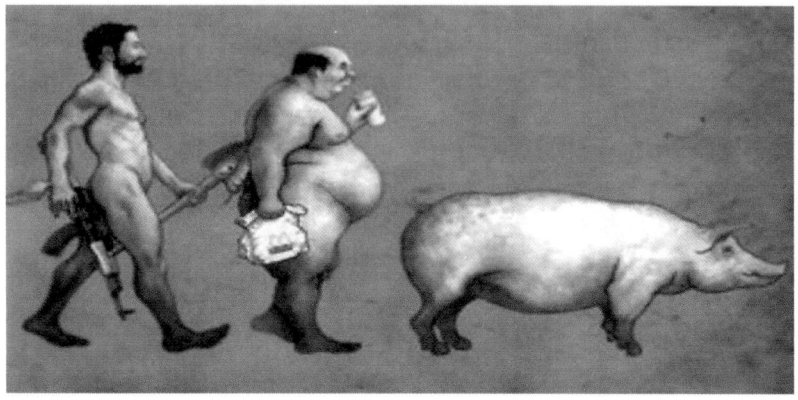

Estuve leyendo un artículo que me llamó mucho la atención; ese artículo era referente a la prohibición de ciertos tipos de grasa para el consumo y cocido de los alimentos debido a las altas incidencias de enfermedades cardiovasculares. Me refiero a la grasa hidrogenadas *(grasa trans)* y las provenientes de animales *(grasa saturada)*. Ver: **"Clasificación de las grasas"** Lo que encuentro interesante en este artículo, es el hecho de que en los tiempos de Moisés, Dios dio instrucciones para evitar todo tipo de grasa animal. Esta prohibición es muy sana, y los últimos hallazgos de la ciencia médica están en completa armonía con ella. La comunidad médica está ahora de acuerdo en que el uso de grasa animal como alimento es perjudicial para el ser humano y causa enfermedades.

Mucho se ha dicho y se ha escrito en años recientes sobre el colesterol malo (**LDL**). El colesterol es una grasa *(lípido)* que normalmente es producida por nuestro organismo, especialmente por el hígado. El ser humano necesita pequeñas cantidades de colesterol para el normal funcionamiento del organismo, lo que incluye la fabricación de un grupo importante de hormonas. Sin embargo el exceso de colesterol en la sangre tiende a acumularse en las arterias *(los vasos que transportan la sangre, el oxígeno y los nutrientes a todas las células del cuerpo)*. Con el paso de los años este exceso de colesterol en la sangre se deposita en las paredes arteriales, formando un material amarillento denominado: **"Placa"**, que puede formar fibrosidades, estrechar y finalmente obstruir las arterias *(Arteriosclerosis)*. Como si fuese una tubería tapada, las arterias afectadas no pueden proporcionar una cantidad adecuada de sangre a los diversos órganos. El endurecimiento arterial se asocia con enfermedades como: **"La angina de pecho"** y es causa de enfermedades coronarias, acompañadas a menudo de muerte repentina, y es una causa directa de desórdenes de los riñones y de apoplejía.

En un escrito titulado: **"Las Coronarias a Través de Los Siglos"** presentado en el Simposio sobre Arteriosclerosis, en la Universidad de Minnesota (*USA*) el 7 de septiembre de 1955, el Dr. Paul Dudley White emitió esta advertencia: ¡*Es muy posible que dentro de pocos años necesitemos aconsejar al pueblo americano que haga con su dieta lo que aconsejó Moisés a los hijos de Israel unos 3,000 años atrás*!

Clasificación de las Grasas

Las grasas pueden clasificarse en tres grupos: ***grasa saturada, grasa hidrogenada y grasa insaturada***. Estos términos se refieren a la estructura de las moléculas que las forman. Las dos primeras son sólidas a temperatura ambiente y la tercera es líquida en las mismas condiciones. Las grasas saturadas y las hidrogenadas, se deben ubicar dentro de las grasas malas o indeseables porque obstruyen las arterias; especialmente las hidrogenadas, ya que la mayoría de la gente desconoce que estas grasas, las cuales no existen en la naturaleza, se utilizan como si fuesen grasas saturadas y las ingieren de forma masiva en diversos productos poniendo en riesgo la salud.

¿Dónde se encuentran las grasas saturadas? Los alimentos de origen animal de sangre caliente *(salvo mamíferos marinos y animales que habitan en climas extremadamente fríos),* y los productos lácteos como quesos y mantequilla, son las principales fuentes de ácidos grasos saturados. También se pueden encontrar en productos vegetales como la crema de cacao, aceite de palma, cacahuate y coco. Las grasas saturadas se emplean básicamente como fuente de energía, el problema es que tienen la tendencia a agruparse y pegarse, depositándose en las células, órganos y arterias en forma de colesterol (***LDL***), provocando serios problemas de salud.

Estudios realizados en los Estados Unidos de América, sobre el efecto de estas grasas, revelan por ejemplo, que el riesgo de sufrir enfermedades coronarias es un 66% mayor entre consumidores habituales de *"Grasa Saturada o proveniente de animal y Grasas hidrogenadas o margarina y que entre quienes no la consumen".* Los últimos estudios sobre los efectos de las transfats (hidrogenadas) y la grasa saturada (de animales) en el ser humano revelan que afectan tanto a los adultos como a niños e incluso a los embriones y fetos antes de nacer.

La preocupación por los efectos colaterales de estas grasas crece día a día; por lo que se están tomando medidas legales para obligar a las empresas manufactureras que utilizan este tipo de grasas en sus productos a etiquetar los envases con la advertencia explícita del uso de estas grasas. La ciudad de Nueva York se convirtió en la primera en **EE.UU.** en prohibir la grasa vegetal hidrogenada en los restaurantes, pizzerías y panaderías a partir del 1 de julio del 2007 y desde el 1 de julio de 2008, los establecimientos de servicio de comida de esta ciudad no pueden almacenar, usar o servir ningún tipo de alimentos que contengan aceites, mantecas o margarinas vegetales parcialmente hidrogenadas con 0,5 gramos o más de transfat por porción.

Las implicaciones espirituales en la dieta que dio el Creador al pueblo judío a través de Moisés son de gran relevancia hoy en día tanto como fue en el pasado. La Biblia nos revela cuáles animales son limpios y cuáles son inmundos. Nos muestra lo que debemos y no debemos comer para mantenernos saludables.

Y Jehová habló a Moisés y a Aarón, diciéndoles: **"Hablen a los hijos de Israel diciéndoles: Estas son las bestias que ustedes pueden comer entre todas las bestias que están en la tierra: Todo lo que tenga pezuña dividida, partida en dos, y que *rumie, entre las bestias, eso lo pueden comer. Pero estas NO COMERÁN: de las que 'rumian', pero no tienen pezuñas divididas. Por** *ejemplo:* **El camello, porque rumia pero no tiene pezuña dividida; es inmundo para ustedes; el conejo, porque rumia pero no tiene pezuña dividida, es inmundo para ustedes; y el cerdo, porque tiene pezuña divida partida en dos, pero no rumia, es inmundo para ustedes. ¡De su carne no comerán, y no tocarán sus cadáveres, son inmundos para ustedes!"** (*Levítico 11:2-9*).

Esto podrán comer, **"De todo lo que hay en las aguas: todo lo que tenga "aletas y escamas" en la aguas, en los mares y en los ríos, lo pueden comer". Pero todo lo que no tenga aletas y escamas, en los mares y en los ríos, de todo lo que se mueve en las aguas, y de toda criatura viva que hay en las aguas, será abominación para ustedes; y abominación seguirán siendo; de sus carnes no comerán, y sus cadáveres tendrán en abominación".**

(Levítico 11:12). Aquí encontramos instrucción específica en cuanto a lo ¡que podemos y lo que no podemos comer! *Según el diccionario de la Real Academia Española, **"Rumiar"**, Es el acto que hacen los animales herbívoros en volver a masticar por segunda vez los alimentos que ya se encontraban en el estomago.

Aunque la bendición espiritual que le viene a la persona que sigue estas leyes de salud es significativa, no ignoramos que la obediencia a estas leyes es un factor en mantener una salud vigorosa, y en reducir las enfermedades; de hecho, el Creador le prometió a Israel que si eran obedientes a todas sus leyes y estatutos, no pondría sobre ellos ninguna de las plagas de los egipcios. Las leyes sanitarias de Moisés sobre la higiene y el cuidado de enfermedades transmisibles, son sorprendentes en su alcance y precisión. La ciencia médica de hoy día no está más que comenzando a escarbar en lo que fue conocimiento común para Israel en el siglo 15 antes de la era común. La salud pública era un asunto prominente en el campamento de Israel y ciertamente la fidelidad en seguir los reglamentos de la salud fue en gran medida responsable por semejante registro histórico.

Nuestro Padre celestial quiere que sus hijos disfruten de abundante salud. Esto lo podemos lograr si obedecemos y seguimos las instrucciones dietéticas que nos da las Sagradas Escrituras; las cuales contienen la sabiduría y el consejo de Aquel que declara:* **"¡Yo soy Jehová tu Sanador!"** *(Éxodo 15:26)*.

CAPÍTULO 9

OSCILANDO A LA FRECUENCIA DEL CREADOR

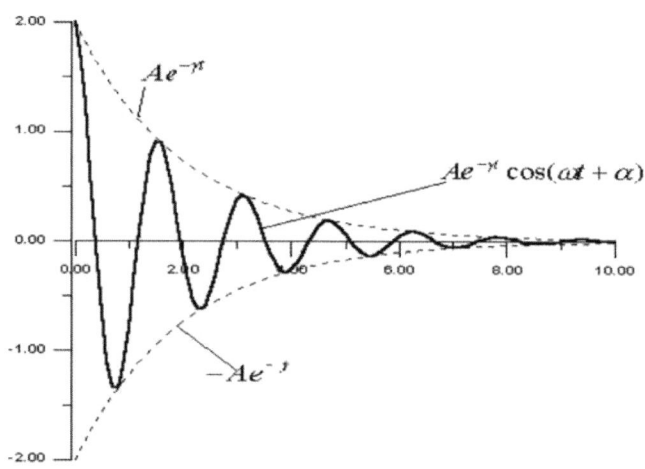

COMO VIMOS EN el tema: **"LA CREACIÓN DEL HOMBRE"**, Somos materia y poseemos energía, por tanto vibramos, oscilamos a una frecuencia determinada. El universo oscila a una frecuencia, todo cuanto existe oscila, tiene movimiento, tiene frecuencia. En el átomo, los electrones se mueven alrededor de su centro o núcleo y si ese movimiento cambia o se altera, entonces se produce una transformación. Nosotros también oscilamos porque tenemos energía y estamos formados de materia. Nosotros interactuamos con todo lo que nos rodea, sea un objeto material animado o inanimado. Atraemos y alejamos ciertas cosas o situaciones con nuestras vibraciones u oscilaciones. Estas oscilaciones tienen características **"Ondulatorias"**, o en forma de Ondas.

La mayoría de las personas han tenido experiencia con las ondas mencionadas, *por ejemplo:* Al arrojar una piedra en un tanque de agua se forman ondas; si ponemos un corcho en medio de esas ondas creadas al arrojar la piedra veremos que el corcho se mueve hacia arriba y hacia abajo, sin desplazarse en la dirección que se trasladan las ondas, más bien se mantiene flotando con movimientos de subida y bajada. Estas **"Ondas Acuáticas"** constituyen un ejemplo de una amplia variedad de fenómenos físicos que presentan características análogas a las ondas.

El mundo está lleno de ondas: ***"Ondas Sonoras, Mecánicas"*** (*tales como la onda que se propaga en una cuerda de una guitarra*), ***"Ondas Sísmicas"*** que pueden transformarse en terremotos, ***"Ondas de Choque"*** que se producen cuando por ejemplo: un avión supera la velocidad del sonido, el cual produce una energía en forma de un estampido y otras ondas más particulares porque no son tan fácilmente captadas con los sentidos o no son tan sencillas de interpretar su origen son las ***"Ondas Electromagnéticas"***, como ejemplo de estas ondas se encuentran, la luz visible, las ondas de radio, las señales de TV, los rayos X, etc. Las ondas electromagnéticas permiten el funcionamiento de aparatos por todos conocidos como lo es, el control de canales de TV, etc.

Al principio se pensaba que no todas las ondas siguen esta función ondulatoria, pero un teorema muy importante de un matemático llamado: "Joseph Fourier", demostró que: *"Cualquier onda puede ser descompuesta como una suma única de ondas con componentes sinusoidales"*. Este teorema además de facilitar el estudio profundo de la Mecánica Ondulatoria, permite también para algunos que no queremos profundizar tanto, representar gráficamente con facilidad lo que es una onda, dado que la función seno o sinusoidal es la que se forma en una cuerda cuando, movemos sus extremos hacia arriba y abajo repetidamente. ***Ver Gráfica A-1***

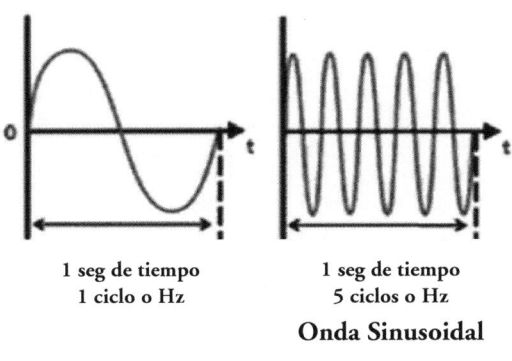

1 seg de tiempo	1 seg de tiempo
1 ciclo o Hz	5 ciclos o Hz

Onda Sinusoidal

Gráfica A-1

¿Qué es Frecuencia? Frecuencia no es más que el número de repeticiones de cualquier fenómeno o suceso periódico en la unidad de tiempo. Para calcular la frecuencia de un evento, se contabiliza el número de ocurrencias de éste, teniendo en cuenta un intervalo temporal, luego estas repeticiones se dividen por el tiempo transcurrido. *Ver **Gráfica A-1***

A la izquierda podemos ver, la representación gráfica de una onda sinusoidal con una frecuencia de un ciclo por segundo o Hertz, mientras que a la derecha aparece la misma onda, pero ahora con cinco ciclos por segundo de frecuencia o Hertz.

Para ver las características de esta oscilación con más detalles, observemos la ***Gráfica A-2***

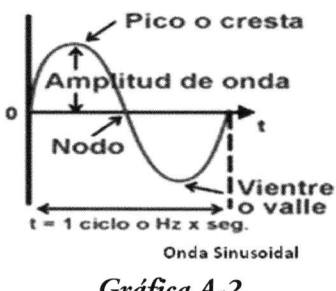

Gráfica A-2

Como podemos observar en la ***Gráfica A-2,*** en un ciclo existen dos períodos. Un período hacia Arriba o Positivo y uno hacia Abajo o Negativo. Notemos que la barra horizontal y vertical son líneas imaginarias llamados: "***Ejes Cartesianos O Rectangulares***".

Ahora bien, notemos que cuando la onda empieza en *0* grados hacia el Pico positivo o Cresta (90 grados), la onda empieza a descender y a tocar esa línea imaginaria, pero ya no es cero, más bien 180 grados porque se ha desplazado. Esta onda continúa su curso hacia abajo o hacia el Pico Negativo (*Esto es porque ya pasó la línea horizontal imaginaria*), al llegar a la cresta o pico negativo, la onda está desplazada *270* grados con respecto a su origen, cuando empezó en *0* grados. La onda sigue su curso hacia arriba para tocar otra vez el eje horizontal imaginario, y al tocarlo ya su desplazamiento con referencia al punto que le dio origen es de *360* grados. A este desplazamiento espacio-tiempo se le llama: "**Longitud de la Onda**".

Analicemos este movimiento… *¿Te has dado cuenta que **360 grados** representa una figura geométrica muy conocida por todos nosotros?* ¡Sí!, tienes razón, es un perfecto *"Círculo"* El movimiento de esa onda de frecuencia es un *círculo*.

El átomo está representado por un círculo, nuestro planeta es un círculo, todo cuanto existe está formado por esa figura geométrica. *¡Qué interesante!*

Algo mucho más interesante es saber que todo en este Planeta se mide con referencia a *"Períodos o Ciclos de tiempo"*, tanto en el aspecto económico, en el aspecto de la salud y en todo el aspecto social. El hombre toma como referencia la frecuencia como estudio del comportamiento de las cosas o actividades humanas, ya sea presentes o a través de la historia. ¡Períodos de prosperidad y de adversidad!, ¡períodos de abundancia y de carencia!, ¡períodos de salud y de enfermedad! Por lo tanto, un evento o circunstancia tiene un lapso de duración. Es cambiante si tomamos como referencia a la unidad de tiempo. Es como si todos los eventos acaecidos en un momento dado se repiten de nuevo, pero con diferente comportamiento. Lo mismo sucede en todo lo que respecta al ámbito social; lo que un día estaba de moda, pasa a ser anticuado, para ser retomado otra vez en otro tiempo en el futuro. Esto mismo ocurre con eventos que causan dolor y placer. Acontecimientos que nos marcan y que creíamos haber dejado en el pasado, se repiten como si fueran nuevos. Los científicos ya han observado que el universo no es inmune a esos cambios o fenómenos, porque el universo también tiene el mismo comportamiento. Este se expande y se contrae de una forma cíclica.

Los científicos miden la frecuencia en una unidad llamada: **"Hertz"** esto para dar mérito al Físico Alemán que descubrió el comportamiento de las Ondas Electromagnéticas "Heindrich Rudolf Hertz". A estas ondas también se le conoce como: **"Ondas Hertzianas"**.

Podemos hacer un análisis más de la onda en cuestión en la *Grafica A-3*. Donde la longitud de la onda varía a través del tiempo, si la onda cambia de longitud más rápido, la frecuencia u oscilación de cambiar de 0 grado a 360 grados es mayor. Y por consiguiente si la onda es mayor, la frecuencia es menor.

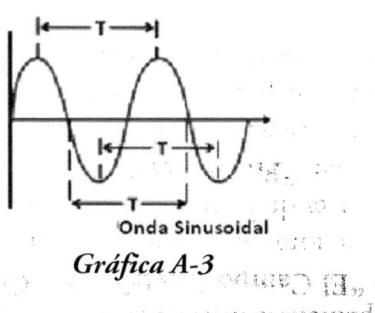

Onda Sinusoidal

Gráfica A-3

visión se comporta diferente?… Pues ¡No! La visión también trabaja con una frecuencia que depende de la longitud de las ondas electromagnéticas.

La luz visible es otra forma como se desplaza la energía y son vibraciones. El espectro de la luz visible para el hombre empieza con una longitud de onda de 380 nm-750 nm (*nm=manómetros, medida de longitud que equivale a la mil millonésima (10⁻9) parte del metro*). Empezamos a ver desde el color Violeta en adelante, hasta el color Rojo. Antes del color Violeta se encuentran los rayos Ultravioleta y como tienen una longitud de onda menor de 380 nm, no podemos percibirlo. Un ejemplo del uso de estos rayos es su utilización para detectar si el papel moneda (*billetes de cualquier denominación*) es falso o verdadero. El departamento del tesoro de los Estados Unidos de América, inserta una imagen o señal en el papel moneda que a simple vista no puedes verla, pero si lo expones debajo de rayos ultravioleta, la imagen o la señal se ve con claridad si el billete es verdadero, lo contrario es cierto si el billete en cuestión es falso.

¿Has oído alguna vez de los famosos rayos X?—Son los rayos que los médicos utilizan para comprobar si tenemos huesos rotos o si tenemos caries en nuestros dientes. Pues bien, como esos rayos están a una frecuencia más alta a la luz visible el ojo humano no puede captar esas imágenes. ¡Imagínense si el ojo humano pudiera vibrar a esa frecuencia, nos convertiríamos en súper hombres! (Ver *Gráfica B-1*).

Es importante mencionar que a mayor frecuencia, mayor es la energía almacenada y viceversa, por lo que la exposición a estos rayos tiene que ser limitada, esto para evitar daños de gran magnitud en nuestro cuerpo, como por ejemplo: *"El Cáncer"* Recuerda… ¡Porque no veas algo, no significa que no existe! Existe, pero está en un plano invisible al sentido de la vista, existe porque puedes sentir sus efectos. *¡Así es nuestro Creador!* El mismo Dios que hizo todo el universo. ¡No lo ves, pero se puede sentir! La Biblia dice que Dios es: **¡Fuego consumidor!; ¡Energía pura!** Nadie ha visto el rostro de Dios; esto porque como es fuente de energía pura, no soportaríamos su resplandor. No vemos el aire, pero podemos sentir sus efectos a través de nuestros sentidos, no vemos el olor de las cosas, pero podemos percibir su aroma, no podemos ver a Dios cara a cara, pero podemos sentir su presencia a través de todo lo bello que existe. *Él* nos da la vida a través del aire que respiramos, nos da los alimentos que consumimos, el agua que tomamos y los seres que queremos y amamos.

Al no querer apreciar lo que Dios ha hecho, al no querer oír su llamado, respetar y obedecer sus leyes, nos alejamos de Dios y vibramos a una frecuencia diferente. *¡No lo percibimos porque al renegar escuchar su llamado y obedecerlo, cambiamos el canal de comunicación y dejamos de transmitir ondas que sean resonantes o compatibles con Él!* Por ende, todo ser humano tiene una herramienta poderosa para entablar o restablecer esa comunicación con el Creador, esa herramienta Es: **¡El poder de la Oración!** Leer: **"EL RADAR INFALIBLE EN TIEMPOS DE TEMPESTAD."**

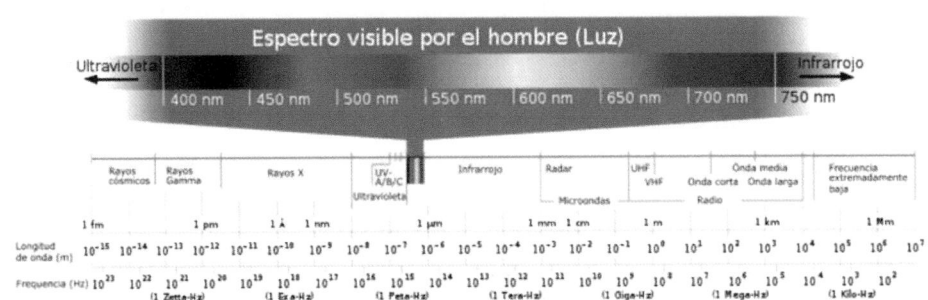

Gráfica **B-1**

Dios nos ha dotado con la capacidad para vibrar o emitir energía en una diversa y amplia gama de frecuencias para transmitir-recibir conocimientos y al mismo tiempo crear efectos o circunstancias favorables al igual que desfavorables a través de nuestros pensamientos. Desde luego que para obtener lo que deseamos, la frecuencia debe ser la correcta y es por ello que no todas las personas tienen éxito en lograr ciertos objetivos porque aunque tenemos la capacidad, muy pocos conocemos la técnica apropiada el grado de intensidad requerida. Lo cierto es que nuestro **ADN** puede ser programado mediante un proceso y desarrollo mental adecuado para entablar una comunicación consciente con el mundo exterior utilizando una resonancia perfecta. * (*Más adelante en el tema:* **"El hombre transmisor de energía mediante la palabra"** *veremos que también podemos reprogramar o influir en nuestro* **ADN** *mediante la palabra y el lenguaje*). Los científicos llaman a esta capacidad: **"comunicación hiperactiva"** y clasifican a este tipo de comunicación como de índole o carácter telepática, intuitiva, inspirada, etc. Recordemos que estamos rodeados por campos electromagnéticos y por ende todo tiene frecuencia o vibra en nuestro redor.

Un *ejemplo* muy pintoresco que ayudará a entender la idea de frecuencia y resonancia es: **"la combinación transmisor—receptor de ondas de radio".**

Primero, en la estación de radio se transmite el sonido (Voz, música) a través de equipos electrónicos y usando como medio el espacio para la propagación de esas ondas de audio las cuales son transportadas por una frecuencia específica (frecuencia portadora) que se le asignó a esa estación por las autoridades correspondientes. *Segundo*, una vez esa señal está en el aire, cualquier persona con un equipo receptor de ondas de radio (componente de sonido o radio) puede sincronizar esa frecuencia y al sintonizarla hace posible la resonancia o el paso de esa frecuencia a los demás componentes para luego ser procesada y por último escuchar la voz o la música que la estación trasmitió. *Es importante señalar que los componentes receptores de sonido que compramos en las tiendas o almacenes, vienen con la capacidad para sintonizar frecuencias de ondas de radio desde 88 Mhz.-108 **MHz**. (**FM** o frecuencia modulada) y desde 560 **Khz**.-1600 **KHz**. (**AM** o amplitud modulada). Ahora bien, **¿Qué sucedería si una estación trasmite a 98.9 MHz. y nuestro componente de sonido lo sintonizamos a 98.7 MHz.?**—La señal de radio (música o voz) puede oírse distorsionada o con ruidos porque no está completamente en resonancia con la señal de 98.9 MHz. o quizás se escuchará otra emisora que esté transmitiendo una señal de radio próxima a esa frecuencia. Espero y que hayan entendido la idea…*

Todos los seres humanos estamos capacitados con poderes extrasensoriales que están listos para ser usados, pero muy pocos tenemos la habilidad de usarlos. Una vez sepamos como programar nuestro **ADN**, entonces podemos sacar provecho a esta situación y crear o acceder todo tipo de información a nuestro beneficio sin tener que recurrir a ningún otro medio; porque sabemos que así como el Internet, nuestro **ADN** puede transmitir datos en la red, puede obtener datos de la misma, al igual que puede establecer contactos con otros participantes que pertenecen a esa red. *¿A qué red me refiero?* A la red de organismos vivos que tienen la capacidad de interconectarse con lo divino o personas que saben usar la comunicación hiperactiva o conciencia colectiva para un bien común. Esta red es tan poderosa que según el instituto **HeartMath** (*institución que se dedica a investigaciones sobre la salud y el estrés*) declara que si todos los seres humanos fuéramos conscientes de la existencia de esta red de comunicación entre los seres vivos, y trabajáramos en la unificación de pensamientos con objetivos mancomunados, seríamos capaces de logros impensados, como la reversión repentina de procesos climáticos adversos.

Los autores del libro: **"Red de inteligencia"**, Grazyna Gozar y Franz Bludorf mencionan y citan fuentes presumiendo que en tiempos antiguos, la humanidad estaba fuertemente unida en grupos de o redes de inteligencia. Esta capacidad y facultad del ser humano ha sido olvidada por dar paso al mundo individualista; facultad que podemos ver en el reino animal. *Un ejemplo* claro de esta facultad de redes de inteligencia la encontramos en la naturaleza, cuando *la hormiga reina es separada de su colonia, los trabajadores que permanecen en esa colonia continúan su ardua labor de construcción, de acuerdo a un plan. Más sin embargo, si la hormiga reina muere, todos los trabajos en la colonia paran inmediatamente. Ninguna hormiga sabe que hacer. Aparentemente, la reina transmite el plan de construcción, aun estando ella lejos de la colonia a través de una comunicación hiperactiva. Ella puede estar tan lejos como ella desee, mientras esté viva.*

Investigadores de este tema piensan que si los seres humanos dejaran de ser individualistas y recuperaran la conciencia colectiva o de grupo para comunicarse con nuestro Creador, tendríamos el poder para alterar y para moldear todo en esta Tierra. Es tanto así, que la Biblia hace mención del poder que existe en un grupo que practican la misma fe cuando dice: **"Así, pues, los que recibieron su mensaje fueron bautizados, y aquel día se unieron a la iglesia unas tres mil personas. Se mantenían firmes en la enseñanza de los apóstoles, en la comunión, en el partimiento del pan y en la oración. Todos estaban asombrados por los muchos prodigios y señales que realizaban los apóstoles"**. (*Hechos 2:41-43*).

Todos queremos un mundo mejor; sin enfermedades que nos afecten, sin tormentos, sin confrontaciones entre pueblos y rasas y sin problemas sociales que nos agobian a diario. El día en el que *aprendamos a amar a los demás como a nosotros mismos* (*uno de los dos Grandes Mandamientos dado por Dios a Moisés en el Monte Sinaí*) ese día acabaran los problemas sociales, el egoísmo, los resentimientos, el odio, la traición, todas estas cosas serán cosas del pasado porque estaremos sincronizados a la misma frecuencia del amor de Dios.

Dios nos escribió reglas para convivir en armonía con los demás. Estas reglas están claramente en los mandamientos dadas a Moisés. Seis mandatos para que el hombre viva en armonía con sus semejantes. Estos mandamientos son:

1. **Honra a tu Padre y a tu Madre**
2. **No matarás a tus semejantes**
3. **No cometerás Adulterio**

4. **No robarás a tus semejantes**
5. **No levantarás falsos testimonios ni mentirás contra tus semejantes.**
6. **No codiciarás las cosas de tu semejante.**

Lamentablemente somos transgresores y no obedecemos los mandamientos debido a nuestra condición de pecadores. Nuestro egoísmo y ambición desenfrenada, el afán de dominar a los demás y poseer todo, nos llevará a nuestra propia destrucción. No nos importa el dolor ajeno, nos tratamos como si fuésemos seres de otra galaxia. Solo nos importan los intereses materiales. Nos dividimos y asociamos por raza, religión, color de piel y región y nos tratamos como extraños. *¡Solo miramos la parte exterior de cómo lucen las personas y a que estatus social pertenecen para poder aceptarlas y quererlas!*

¡Jesús vino a nosotros para salvarnos y lo crucificamos! La razón de su crucifixión fue más bien debido a que juzgamos su estatuto social y económico… ¡No *era lo que esperábamos*! Esperábamos un Rey de Reyes y un Señor de Señores, alguien del linaje y envergadura del Rey David,… *¡No al hijo de un Carpintero!*… Pero Dios, conociendo a la raza humana, sabía de ante mano que si su hijo venía como Rey de Reyes y Señor de Señores todo el mundo lo aceptaría y su plan de redención hubiese sido un fracaso. La Biblia dice: **"¡He aquí que a los suyos fue y los suyos no lo conocieron!"** *(Juan 1:11).* 2000 años después, el mundo no ha cambiado, seguimos siendo los mismos; llevando el mismo patrón de conducta.

Jesús conociendo la raza humana dijo: **"Oísteis que fue dicho: Amarás a tu prójimo, y aborrecerás a tu enemigo. Pero yo os digo: Amad a vuestros enemigos, bendecid a los que os maldicen, haced bien a los que os aborrecen, y orad por los que os ultrajan y os persiguen; para que seáis hijos de vuestro Padre que está en los cielos, que hace salir su sol sobre malos y buenos, y que hace llover sobre justos e injustos. Porque si amáis a los que os aman, ¿qué recompensa tendréis? ¿No hacen también lo mismo los publicanos? Y si saludáis a vuestros hermanos solamente, ¿qué hacéis de más? ¿No hacen también así los gentiles? Sed, pues, vosotros perfectos, como vuestro Padre que está en los cielos es perfecto!"** *(Mateo 5:43-48).* El apóstol Pablo también nos exhorta: **"¡Amaos los unos a los otros con amor fraternal!"** *(Romanos 12:10).* Pero nosotros hacemos caso omiso a este mandamiento. Es tanta la maldad humana, que podría asegurar sin temor a equivocarme que si **Jesús** el hijo de Dios volviese en este tiempo de la misma forma como vino hace 2000 años, siendo humilde y pobre, esta humanidad no dudaría en crucificarlo nuevamente, porque la humanidad no ha cambiado… *¡Sigue siendo la misma!*. Por eso Dios nos habla que va a destruir al hacedor de todos los males y hacer una transformación a nuestras mentes, de borrar nuestras memorias y limpiar de una vez y por todo este sistema inicuo: **"¡He aquí que los muertos en Cristo serán despiertos para vida eterna y los que queden serán transformados!".** *(1era de Tesalonicenses 4:16).*

CAPÍTULO 10

DECADENCIA DEL HOMBRE COMO CREACIÓN PERFECTA

C UANDO DIOS DIJO: **"Hagamos al hombre nuestra imagen, conforme a nuestra semejanza"** (*Génesis 1:26*)**,** no estuvo hablando en crear un ser imperfecto, lleno de actitudes adversas y complejos. El hombre fue creado a la perfección por el Creador de todas las cosas. Éste se hizo corruptible como consecuencia de la violación de leyes establecidas o normas de conducta dadas desde el principio. Todo el universo se rige por leyes para conservar el balance y el orden y por ende, evitar el caos y la destrucción. Jehová es un Dios de orden, de principios: **"Y la Tierra estaba en tinieblas"** (*Génesis 1:2*); sin leyes, sin organización. Para crear todo, Dios tuvo que constituir normas y leyes para que todo pudiera marchar de acuerdo a un plan exacto, sin defectos, *es decir, **"Cero Error"**.*

El hombre como parte de la creación de Dios, no estaba exento a las leyes o reglas del Creador. Imaginemos en nuestros días si no existiesen leyes para regular nuestro diario vivir, ¡fuera absolutamente un caos! Nuestro **"Sistema Legislativo"** *(entidad gubernamental encargada de crear las leyes que rigen al hombre para convivir en sociedad)* fue formado con la finalidad de crear, revisar, modernizar leyes para que el hombre pudiera vivir en armonía y paz con sus semejantes.

Por otro lado, si no existiese leyes en el universo, este planeta no existiría, esto debido a la gran cantidad de cuerpos celestes que existen en él; imaginemos cada planeta moviéndose en la trayectoria y espacio que le plazca sin obedecer a ningún tipo de reglas o leyes. Solo detente a pensar por un momento el hecho de que en nuestro sistema solar existen 8 planetas, (*no 9 planetas como se pensaba anteriormente*), ya que **"Plutón"** no se considera un planeta. (*Esto según*, La Unión Astronómica Internacional; *organización que agrupa a los Astrónomos profesionales*).

**Movimiento de Planetas
sin Orbita definida**

Si la ley de *Gravitación Universal* no se cumpliese en un 100%, los planetas colapsarían irremediablemente. Ellos siguen un movimiento de traslación y de rotación en donde el índice de error es: **"cero"**, esto para evitar la destrucción entre ellos. El Creador del universo, quien dio origen a esas leyes de gravitación es un Ser perfecto, que tuvo un plan perfecto, no dejando nada al azar. Todo fue calculado con precisión y exactitud. Esa ley señala: que *"Todo objeto en el universo que posea masa, o que tenga materia (todo en el universo está compuesto de materia) ejerce una atracción gravitacional sobre cualquier otro objeto con masa, independientemente de la distancia que exista entre ellos"*. Según esta ley, *"Mientras más masa posean los objetos, mayor será la fuerza de atracción, del mismo modo mientras más cerca se encuentren entre sí, también esa fuerza será mayor"*. Esa ley fue descubierta y publicada por *Isaac Newton en 1687 en su libro titulado: **"Filosofía de Principios Matemáticos Naturales"**.

Observemos la ley de gravedad en nuestro planeta, y la influencia que esta ley ejerce sobre todo lo que existe en la Tierra. El peso, es la fuerza de gravedad que ejerce la masa de la Tierra respecto a cualquier objeto que esté en su campo de atracción. Recordemos que estamos formados por átomos, y por ende somos materia. Los efectos de la gravedad son siempre atractivos, y la fuerza resultante se calcula respecto al centro de gravedad de ambos objetos *"En el caso de la Tierra, el centro de gravedad es su centro de masas, como lo es en la mayoría de los cuerpos celestes de características homogéneas"*. Imaginemos por un momento que esta ley fallara; las casas, animales y todo lo que existe en este planeta incluyéndote a ti y a mí volaríamos por los aires como si estuviésemos en el espacio.

La ley de gravitación universal es parte de las leyes fundamentales establecidas para regir los movimientos de los cuerpos celestes que existen en el cosmos y esas leyes se cumplen a cabalidad. El hombre en cambio, creado a imagen y semejanza de Dios *(no idéntico)* no quiso someterse a las leyes dadas por el Creador. Leemos: **"Y Dios le dio potestad al hombre de todas las cosas creadas tanto de las que volaban como las que se arrastraban y se encontraban debajo de las aguas, más le dijo: Y podrás comer de todo fruto que se encuentra en el huerto, más no comerás del árbol de la ciencia del bien y del mal; porque el día que de él comieres, MORIRÁS"** *(Génesis 2:15-17)*. Esas leyes fueron claras, precisas y concisas. Entonces, *¿Por qué el hombre desobedeció?*

Dios creó al hombre con poder de decisión; le dio libre albedrío para pensar y tomar decisiones. No lo encasilló, ni le fijó límites de pensamientos. *¡La mente del hombre fue creada perfecta con capacidad infinita. Dios la creó perfecta a su imagen y semejanza!* El hombre pensó y en su avaricia, quiso ser mayor al que lo creó. Quiso ser mayor a Dios; mayor al que le dio el ser, quien lo formó utilizando polvo del universo. Esto es una clara demostración que la avaricia que vemos hoy día, existe desde la creación del hombre.

Y la Serpiente le dijo a la mujer: **"No moriréis; sino que sabe Dios que el día que comáis de él, serán abiertos vuestros ojos, y seréis como Dios, sabiendo el bien y el mal.** *(Génesis 3:4-5)*

Imaginemos por un momento a estos dos seres inteligentes creados por Dios pensando en lo dicho por el enemigo convertido en reptil. Imaginando en sus mentes ser mayor a quien les dio el soplo de energía. *"¿Lo hacemos o No?"* Indecisos;… Ellos tenían dos opciones: Obedecer el mandato de Dios y por ende, *"No tocar ese fruto prohibido"* o desobedecer a Dios y seguir el consejo de Satanás. Imaginemos a estos dos seres preguntándose uno al otro… *¿Y si son sólo amenazas de Dios y no nos pasa nada, más por el contrario nos convertimos en dioses?*

Amado Nervo escribió lo siguiente: *"¡Porque veo al final de mi rudo camino, que yo mismo he sido el arquitecto de mi propio destino!"*. Somos creadores del destino que nos espera de acuerdo a la decisión que tomemos en un momento dado. Ya sea para bien o para mal.

Siempre existirán factores de riesgos que de una forma u otra afectaran el resultado, ya sea que pensemos en esos factores o no. *Dijo Dios:* **"El día que comieres del fruto del bien y del mal, MORIRÁS".** *¡Factor de riesgo!* Satanás sembró la duda en estos dos seres humanos, **¿Pero si sólo son amenazas y una vez comamos de ese fruto prohibido, nos convertimos en seres de mayor fuerza?** Todo lo que pensamos en nuestro subconsciente y lo ejecutamos, pasa desde el plano invisible *(pensamiento)* al plano visible *(acción)*. Una vez puesto en acción, el hombre es responsable de los hechos y por ende de las consecuencias que conllevan esos hechos; ya sean **positivas** *(que genera placer, satisfacción, alegría, felicidad)* o **negativas** *(que genera dolor, pesar, lágrimas, resentimientos y penurias)*. Estos son los dos estados emotivos del hombre que gobiernan su existencia. **"Dolor y Placer"** Todo lo negativo está asociado con el dolor y lo positivo con el placer.

"¡Por tanto como todos pecaron, fueron destituidos de la gloria de Dios!" *(Romanos 3:23).* Rompimos el contrato, desobedecimos a Dios. Somos seres desobedientes.

No obstante, podemos caer en el plano del cuestionamiento y desde ese plano, hacer muchas conjeturas y preguntas. Como *por ejemplo:* **Si Dios es el Creador que todo lo sabe, todo lo ve y antes de que las cosas sucedan, Él tiene el control, *¿Tenía Dios conocimiento de que el hombre iba a desobedecer?* Y si tenía ese conocimiento, *¿Por qué no lo impidió?*...** Las preguntas son muy válidas y merecen respuestas. La Biblia señala que antes de la fundación de la Tierra y de la vía Láctea, existía vida en otra forma de energía. En el libro de Isaías nos narra que en el principio de los tiempos se libró una gran batalla, uno de los Ángeles más poderosos de las huestes celestiales y alcánceles al cargo de él se rebelaron contra el Creador. En esa batalla el ángel de luz llamado *"Lucifer"* perdió su lucidez y su brillantes, para

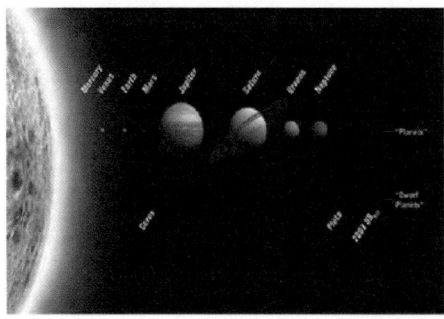

pasar a ser un ángel de tinieblas y su nombre cambió a Satanás o diablo, hacedor del mal y amo y señor de desobediencia. Satanás quería formar sus propias leyes, junto con sus seguidores, pero Dios lo derrotó y lo desterró. Desde entonces la serpiente antigua *(Satanás)* ha buscado la forma de engañar y de persuadir.

El mal quiso reinar utilizando la ambición del hombre como carnada, para venderle poder; astucia que siempre ha utilizado el diablo para engañar al hombre. La primera estrategia que utilizó contra la mujer fue: **"¡introducir duda!- ¿No será que tendrás poder y sabiduría al igual que él?**—Aquí, el diablo utiliza un artificio que siempre le ha dado resultado: **"La duda"**. ¡Dios permitió que el ruin de todos los tiempos, el fundador de los males, el engañador, el acusador de las naciones, sembrara la duda en el primer hombre creado, con el sólo propósito de enseñar a otros seres creados, la redención, la compasión y el amor!

El hombre tenía caminos para escoger y elegir, pero Dios ya tenía un plan de contingencia listo para ponerlo en ejecución. Ese plan estaba diseñado para rescatar al desobediente y volverlo a Él. Por consiguiente podemos preguntarnos. **¿Por qué Dios no perdonó al hombre inmediatamente si Él es un Dios de Amor?** ¡Porque el hombre iba a seguir transgrediendo una y otra vez! A diario nos enteramos de casos en donde las leyes del hombre castigan a un transgresor de la ley, confinándolo a la prisión o cárcel, privándole de placeres esenciales del individuo como persona nacida libre; negándole la libertad de gozar de los privilegios de la vida, esto es: *"Asociarse con otras personas o ir donde le plazca, o comer lo que desea y hacer las cosas que le gusta"*, además de estar encerrado en un espacio reducido acatando ordenes penitenciarias en todo momento y sin embargo; el porcentaje de reincidencia es astronómico. Si estos ex-reclusos pensaran en esa condición de dolor en la que estaban sometidos, no desobedecerían nuevamente las leyes de la sociedad y vivirían armoniosamente con el orden establecido. Pero desafortunadamente, reinciden una y otra vez cometiendo los mismos delitos o incluso delitos más graves. *¡Cometemos los mismos errores porque la malicia ya se encuentra en nuestra carne, en nuestra mente, porque convivimos con espíritus malignos y nos dejamos arrastrar por esos seres diabólicos!* La Biblia llama a la desobediencia: **"Pecado"**.

Todo aquello que hacemos que no esté de acuerdo a las leyes del Creador ¡Es pecado! Cuando oímos la frase: *"¡Arrepiéntete de tus pecados!"* nos preguntamos: **¿Contra quién he pecado o desobedecido?** ¡Haz pecado contra el Creador del universo por no cumplir sus mandamientos y estatutos. Hemos desobedecido como lo hicieron nuestros primeros padres en el jardín del Edén! Dios nos dice en su Santa Palabra: **"Si decimos que no tenemos pecado, nos engañamos a nosotros mismos, y la verdad no está en nosotros"** (*1 Juan 1:8*).

Cada vez que pensamos o actuamos para causar dolor a otra persona o prójimo, desobedecemos la ley divina, porque Dios nos hizo a todos por igual y como ser creado de uno, pertenecemos a ese uno. *¡El prójimo eres Tú!* Y cuando causas dolor, lo causa a lo que Dios creó. *Leer: "LA FISICA CUANTICA LE DA LA RAZON A DIOS".*

Lo primero que hizo el hombre fue: *Desobedecer*, luego *codiciar*, *envidiar*, *odiar* y por último *matar*. Esos males causantes de dolor todavía existen en el corazón del hombre. Nos hemos distanciado del Creador, hemos dejado la comunión con el Ser Supremo del Universo. *¡Nos hemos cambiado de Frecuencia!*

CAPÍTULO 11

LA FÍSICA CUÁNTICA LE DA LA RAZÓN A DIOS

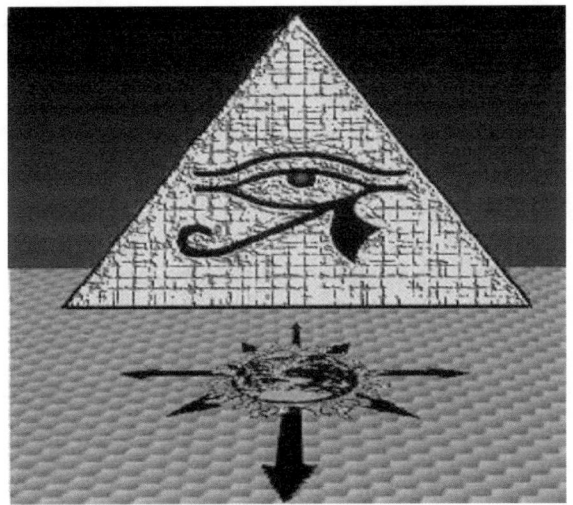

DURANTE SIGLOS, LA ciencia se ha centrado en **"La Materia"** la que ha explorado con gran maestría; pero al lado de la materia, existe el mundo subjetivo de los sentimientos, las emociones, los pensamientos, los valores y las aspiraciones espirituales que estos promueven.

La física clásica, define la materia como todo aquello que tiene peso y ocupa un lugar en el espacio, más sin embargo, la física cuántica percibe la materia en una forma diferente, porque ha demostrado a través de experimentos que la noción de **espacio-tiempo** son ilusiones de la percepción. Por tanto, lo que percibimos con nuestros cinco sentidos no es realidad, y por ende nuestros cuerpos no pueden ser realidad porque ocupamos un espacio y el espacio es una ilusión. No somos seres individuales, sino más bien, parte de un conjunto universal, de una inteligencia divina porque pertenecemos al mismo átomo que dio origen al universo y como pertenecemos a ese átomo, entonces existe una unión espiritual entre todas las cosas que componen el universo. Noticia que no es nueva porque ya Moisés lo había escrito en su Pentateuco **"Amarás a tu prójimo como a ti mismo"** y luego **Jesús** lo reafirmó en su magistral sermón del monte hace 2000 años atrás cuando dijo: **"Amad a vuestros enemigos; de modo que seáis hijos de vuestro Padre que está en los cielos, porque él hace salir su sol sobre malos y buenos, y hace llover sobre justos e injustos. Sed, pues, vosotros perfectos, como vuestro Padre que está en los cielos es perfecto"** *(Mateo 5:43:45)*.

Es tanto el énfasis que **Jesús** le da a la unísona relación del ser humano que el mismo **Jesús** proclama que para estar en armonía con el Creador del universo debes estar en paz con tu hermano antes de ponerte en comunión con Él; cuando dice: **"Por tanto, si has traído tu ofrenda al altar y allí te acuerdas de que tu hermano tiene algo contra ti, deja tu ofrenda allí delante del altar, y anda, reconcíliate primero con tu hermano, y entonces ven y ofrece tu ofrenda".** *(Mateo 5:23-24)*.

La Biblia está llena de relatos en donde nos habla de la unidad e incluso nos dice que Dios es compuesto; por tanto la física cuántica sólo está afirmando algo que ya era conocido por los antiguos creyentes. La aparición de la **"Teoría de la Relatividad"** formulada por Albert Einstein y de la **"Mecánica Cuántica"** por Max Planck a principios del siglo **XX** han venido a romper con el viejo paradigma materialista construido sobre las teorías de Isaac Newton. La moderna física cuántica, por una parte, resalta la importancia del papel del observador en la interpretación de la realidad; además, rechaza la vieja concepción que se tenía sobre la relación entre *"La Realidad"* y *"La Materia"* demostrándonos, entre otras cosas, que hasta *"¡Los átomos más pequeños que forman nuestras moléculas, y que se creían indivisibles, en realidad son divisibles y además, que están formados por partículas más pequeñas, divisibles y unidas entre sí por el espacio!"*,(*éste es un enunciado de la física cuántica*).

Los avances de la ciencia han venido a demostrar viejas teorías relacionadas a la teoría del vacío en el espacio; como también a la relatividad que existe entre fenómenos cuando se interpone en una medida de espacio-tiempo. Lo importante de todo esto, es que existe una relación muy íntima entre el universo y los seres humanos al igual que entre seres humanos entre sí. *¡Todos pertenecemos al mismo átomo que le dio origen al universo!* La física cuántica, y su enunciado tiene profundas implicaciones psíquicas y éticas al hacernos saber que no existe una partícula real verdaderamente indivisible y que por tanto no existe la materia separada propiamente dicha ni una realidad objetiva independiente; sino más bien y en última instancia, todo lo que existe está conectado a través del espacio, incluyendo los objetos y cuerpos aparentemente sólidos e independientes.

Todo cuanto existe forma parte de la unidad incluyéndonos a nosotros. La Biblia nos habla del gran mandamiento: **"Y amarás al Prójimo como a ti mismo"** *¡Somos uno en un sistema infinito!* Es tanto así, que está demostrado que genéticamente todos los seres humanos somos homogéneos, o básicamente iguales. Esto se demostró a través de un estudio de las diversas poblaciones de distintos Continentes, en donde se comprobó que las diferencias de **ADN** entre dos personas elegidas al azar de prácticamente cualquier parte del mundo equivalen a un o.5%. Según el estudio, entre el 86 y el 90% de las diferencias encontradas entre los **ADN** aparecen entre personas del mismo grupo racial, mientras que tan solo un 14% o menos del 0.5 % se encuentran entre personas de grupos distintos. Por lo tanto el concepto de raza queda ambiguo, ya que todos somos iguales, Dios nos creó usando el mismo material. Entonces, *¿Por qué la diferencia entre nosotros?, ¿Por qué nos tratamos tan indiferentes?, ¿Por qué somos tan crueles y despiadados?* Porque existe un plan malévolo de los seres caídos para estropear lo creado por Dios. Vivimos en un mundo lleno de maldad, de codicia y de ambición en donde la agenda satánica es la de dividir a los seres humanos para evitar unión entre ellos.

Existe una relación directa entre los descubrimientos científicos de Einstein sobre *"La relatividad del tiempo y el espacio"* y el enunciado de la física cuántica cuando formula que: *"Todo está conectado y nuestra percepción de la realidad es subjetiva y simplemente se adapta a lo que ya conocemos"*. Estos descubrimientos nos sirven en gran manera para responder a las preguntas más ambiciosas sobre el origen de la vida o el sentido de nuestro lugar en el mundo, así como pueden ayudarnos a desarrollar unos valores de solidaridad y conexión con la consecuente paz mental y felicidad interior que todos los seres humanos perseguimos. En resumen, los últimos descubrimientos científicos vendrían a apoyar unos valores éticos de solidaridad, al mismo tiempo que un estado psicológico más feliz, una paz mental y una significativa vida espiritual.

¡Si los seres humanos utilizáramos esos conocimientos científicos (*física cuántica, genética, etc.*) apropiadamente, fortaleceríamos la sensación de afinidad y de unidad, no sólo con nuestros semejantes sino también con todas las formas de vida! Esta perspectiva sostendría consecuentemente una conciencia medioambiental más adecuada y saludable. Este tipo de conexión entre Ciencia y Espiritualidad, más el anunciado de la física cuántica, nos demuestra que como somos *"Uno",* entonces deberíamos asumir otra mentalidad o posición tanto referente al trato entre todos los seres que habitamos este planeta, como también con respecto al cuidado del planeta y de todas las cosas creadas por Dios. En resumen, tanto la ciencia como la espiritualidad deberían abandonar las necias actitudes y principios que han seguido hasta ahora y adoptar una nueva forma de ver las cosas. Mis recomendaciones tanto para la comunidad científica como para los líderes religiosos, es la siguiente.

1. Los hombres de ciencia deberían descontinuar ese afán en creerse dios, abandonando esos polémicos experimentos como lo son la modificación genética, la clonación humana y la exploración nuclear los cuales son experimentos que tienen consecuencias imprevisibles para todos los seres que existen en este planeta.

2. En cuanto a la espiritualidad, el conocimiento de la unidad podría ayudarnos a evitar peligrosos enfrentamientos dogmáticos entre creencias religiosas como ha sucedido en el pasado y continúa acaeciendo aun en nuestros días, ya que todos fuimos creados iguales por el mismo Creador del universo y Él no quiere que exista división entre los seres creados, sino más bien la unidad.

CAPÍTULO 12

LA REALIDAD MOLECULAR Y NUESTRA VISIÓN DEL MUNDO

¿Qué es la realidad?, ¿Cómo la definimos?, ¿Cuántas realidades hay?, ¿Tiene cada persona su propia realidad?, ¿Es la realidad de Dios la misma para todos?, ¿Todas las realidades forman la realidad de Dios?

La realidad entre los seres humanos varía en función de dos cosas: **Primero**, de la percepción de cada individuo ante los acontecimientos que forman parte de su vida y **Segundo**, de la conciencia objetiva de cada uno ante tales acontecimientos; es decir, dos personas pueden tener realidades distintas dependiendo el modo de analizar los acontecimientos, la educación que han recibido y las experiencias que les han tocado vivir en el transcurso de sus vidas en estado de conciencia.

Nuestra conciencia objetiva es producto directo de un condicionamiento de nuestra visión del mundo tomando como referencia valores adquiridos a través de la educación que hemos recibido en el hogar, en las escuelas y en el ambiente social que nos desenvolvemos a diario. Muchas veces, concebimos una visión del mundo de acuerdo a parámetros aprendidos cuando éramos niños y arrastramos en nuestras memoria celular paradigmas que luego son parte de nuestro modo de ser y de actuar. Por eso la importancia de la buena instrucción o educación desde temprana edad. Por lo general, el ser humano crece y se desarrolla como persona en base a un acondicionamiento social o hipnosis colectiva; aceptando la realidad desde un punto de vista específico y no analítico consciente. Básicamente, formamos nuestra realidad de acuerdo a valores materiales que percibimos a través de nuestro sistema corporal, y muchas veces no hacemos énfasis en lo sublime e intangible.

El mundo físico, incluido nuestro cuerpo, y nuestra interacción ante un fenómeno, es una reacción de nuestro observador interior. Este observador nos hace conscientes ante ciertos eventos, permitiéndonos ser parte del mundo que nos rodea. Mundo que percibimos o captamos mediante una reacción biológica de nuestros sentidos. *¡Creamos la conciencia según la experiencia de nuestro mundo individual!*

En su estado *micro cósmico*, el cuerpo está formado de energía e información, y no de materia sólida. Porque, como sabemos: *¡Somos materia en forma de energía en un vasto universo que es testigo de nuestra existencia con un observador invisible que no puede ser ignorado!*

La mente y el cuerpo físico son manifestaciones de diferentes dimensiones, pero son inseparables una de la otra para poder permitir la unidad; esa unidad que representa el **"Yo"**.

Esta unidad **"Yo Soy"**, se puede separar y estudiar en dos vertientes o puntos de vistas distintos. Desde el punto de vista *Subjetivo* y desde el *Objetivo*.

La mente pertenece a la vertiente subjetiva consciente; representa lo que no es tangible o material, sino más bien lo abstracto: Los pensamientos, las ideas, los sentimientos, los deseos, emociones, etc. Ellos representan la parte invisible del ser que no necesariamente representa el espíritu, el cual es el fundamento de vida que hace posible la existencia de todo cuanto existe.

El punto de vista objetivo lo experimentamos con el cuerpo físico; más sin embargo, en un plano más profundo, las dos vertientes mencionadas se encuentran en una sola fuente creativa, y es a partir de esta, desde donde realmente nos manifestamos y tenemos nuestro ser.

FRANK ZORRILLA

La bioquímica del cuerpo es un producto de la conciencia, las creencias, los sentimientos, las emociones, los pensamientos e ideas concebidas a través del tiempo en un subconsciente dinámico que interactúa con todo lo que le rodea, produciendo así, reacciones que sostienen la vida en cada célula.

La percepción de la realidad parece como algo automático, pero esto es un fenómeno aprendido. Generalmente observamos las cosas a partir de una óptica reductora, de tal forma que lo percibido es sólo un "pálido reflejo" de la realidad. Un ejemplo cotidiano se manifiesta en la convivencia, cuando entender al **"otro"** es muy difícil, cuando **"ponerse en los zapatos del otro"** es una rareza.

Lo anterior indica que en gran parte no entendemos el sentir de quienes nos rodean, porque nuestro pensar y sentir se reduce a nosotros mismos, a mis necesidades, a mis inquietudes, etc. Si cambiamos nuestra forma de pensar y de concebir las cosas, cambiaremos consigo la experiencia de todos los sucesos que nos acontecen, y por ende de nuestro mundo; porque lo que somos equivale a la suma total de impulsos cuánticos, que dominan nuestra mente y al cambiar estos esquemas, cambiamos como persona. Aunque cada persona parezca separada e independiente, todos estamos conectados internamente porque pertenecemos al mismo átomo que dio origen a todo cuanto existe. Todos fuimos creados usando el mismo molde y guiados por una inteligencia infinita que gobierna el universo. Bien lo dijo Albert Einstein: *"Los seres humanos, vegetales, o polvo cósmico bailan al compas de una música misteriosa entonada en la distancia por un músico invisible".*

Nosotros nos regimos bajo una realidad basada en el tiempo, pero nuestra noción del tiempo es solo una ilusión. Un espacio cuántico cortado en fragmentos que llamamos días, horas, minutos y segundos, es decir, un intervalo lineal que es solo un modo de nosotros percibir los sucesos o cambios que nos acontecen en un sistema limitado constituido por nuestra propia percepción. Por eso en la Biblia el concepto de tiempo es diferente y Dios concibe ese espacio de una forma distinta. **"Más, oh amados, no ignoréis esto: que para con el Señor un día es como mil años, y mil años como un día"** (*2 pedro 3:8*). La noción de tiempo y espacio es tan relativa que si observamos un objeto determinado en un espacio cercano a él, como por *ejemplo:* 4 pies de distancia, nuestros sentidos apreciarán que ese objeto está inmóvil, pero si te sitúas en el espacio exterior, este mismo objeto se mueve a 1,000 millas por hora en rotación al planeta y a 66,000 millas por hora por la traslación del planeta alrededor del Sol. Por lo que la quietud o inmovilidad es sólo apariencia, una **"ilusión de nuestra mente"**. Lo mismo sucede con el color de ese objeto o el peso, si pesa 3 kilogramos en la Tierra, en la superficie lunar pesará solo la sexta parte porque los efectos de la gravedad son menores. No existen cualidades absolutas en el mundo de la materia, ya que cada quién tiene su propia percepción de las cosas.

El mundo es un reflejo del aparato sensorial que lo registra, el sistema nervioso humano solo capta una insignificante fracción de energía (*menos de una parte por mil millones*), que vibra en el medio cuántico. Un murciélago percibe un mundo de ultrasonido, superior al que percibe el oído humano, esto debido a que el oído humano tiene una capacidad auditiva de 20, 000 ciclos por segundos. Los reptiles perciben un mundo de luz infrarroja, (*espectro de luz por debajo del que percibe el ojo humano.*) Las abejas perciben un mundo de luz en las frecuencias Ultravioleta que son una octava más alta que las que percibe el ojo humano.

En cada uno de los seres creados por Dios habita una realidad que se encuentra más allá de lo inmutable. En lo más profundo de nosotros, sin que lo sepan nuestros sentidos externos tridimensionales o físicos, existe un íntimo núcleo del ser, un campo de inmortalidad, que crea la personalidad del **"Yo"** y **"El Cuerpo"**. Este ser es nuestro estado esencial, es nuestra esencia (*espíritu*), o el soplo de vida dado por Dios mismo.

Muchos científicos y hombres del saber como: Max Planck, J. Clerk Maxwell, Faraday, Einstein, S. Hawking, entre otros pioneros de la física cuántica comprendieron que el modo aceptado de ver el mundo era falso. La física convencional que nos enseñaron cuando éramos niños estaba equivocada, la percepción de la realidad es otra. Somos más que nuestro limitado cuerpo, pertenecemos al vasto universo y fuimos creados para existir por siempre.

Las reglas e instrucciones que hemos recibido y que hemos aceptado como absolutas sobre causa y efecto, son erróneas. La verdadera realidad es, que el campo de la vida humana es abierto e ilimitado, nuestro espíritu carece de edad y sólo nuestro cuerpo envejece. Una vez nos identifiquemos con esa realidad, congruente con la visión cuántica del universo, entraremos en un nuevo paradigma basado en la concepción de Dios como ente de nuestra existencia. El tiempo y el espacio son producto de nuestros limitados sentidos y percepción que abarcan solo la llamada tercera dimensión.

FRANK ZORRILLA

Cada partícula sólida del universo resulta ser un fantasmal manojo de energía, que vibra en un inmenso vacío, (*éter*) y que permanece recreándose constantemente. Nosotros nos estamos creando a nosotros mismos a cada instante, con una inmensa creatividad. El cuerpo humano así como todo el Cosmos, es creado y recreado a cada instante, lo podemos percibir a través de nuestras células sanguíneas, a través de nuestros átomos, etc. El cuerpo es un organismo fluyente potenciado con capacidad para regenerarse. Cada célula es una terminal en miniatura conectada al Ordenador Cósmico, o Mente Universal, el cual es el mismo Dios.

Las células de un bebé son nuevas, pero los átomos que la conforman no; estos han estado circulando por el universo desde la creación del mundo, pero el bebé es nuevo, a merced de la inteligencia invisible (*alma*) que se le ha unido para moldear una nueva forma de vida única.

La física cuántica nos dice que no hay finales para la danza cósmica que mencionaba Einstein. El campo de energía e información de la "***Inteligencia Universal***", nunca deja de transformarse, tornándose nuevo a cada instante. Nuestro cuerpo obedece a ese mismo impulso creativo a fin de mantener la vida. El cuerpo debe de mantenerse en constante cambio, la piel se renueva una vez al mes, el hígado cada seis semanas, el esqueleto cada tres meses, así que al final del año el 98% del cuerpo se ha renovado, desde las células hasta los átomos.

La ciencia física ha avanzado al punto en que los antiguos conocimientos de nuestros maestros místicos ya se pueden comprobar. Las enseñanzas espirituales que hemos oído a través del tiempo por fin tienen explicación.

Eduard Shure filósofo francés, y autor de "**Los grandes iniciados**" dijo: *"Llegará el día en que ciencia, tecnología, religión, espiritualidad y misticismo se den la mano y se den cuenta que son lo mismo".*

En cuanto a los estados de conciencia, existe una parte de la conciencia que no tenemos control sobre ella, esta se dedica a recrear nuestro cuerpo cada cierto tiempo sin nuestra participación. Es un sistema nervioso autónomo involuntario o programa subconsciente diseñado para manejar las funciones que han escapado a nuestra limitada conciencia objetiva o programa consciente. Todas las funciones involuntarias como: el latir del corazón, para bombear sangre a todo el cuerpo, segregación de hormonas por el sistema endocrino, etc. pertenecen al programa subconsciente.

La otra parte de la conciencia, aquella que tenemos control, requiere de nuestra firme decisión para tener acceso a un poder ilimitado que nos permita hacer y realizar cosas que desafían las leyes establecidas. Por increíble que parezca podemos cambiar nuestro mundo, incluyendo nuestro cuerpo, siempre y cuando cambiemos nuestra percepción del mundo. **Jesús** dijo: **"Por vuestra poca fe; porque de cierto os digo, que si tuviereis fe como un grano de mostaza, diréis a este monte: Pásate de aquí allá, y se pasará; y nada os será imposible"** (*Mateo 17:20*).

Una de las realidades del nuevo paradigma dice: que nuestro cuerpo está compuesto de energía e información inteligente, aunque parezca estar compuesto de materia sólida. Nuestro cuerpo se puede descomponer en órganos; estos en tejidos; los tejidos en células; las células en moléculas, y las moléculas, en átomos, que a su vez se descomponen en partículas elementales virtuales como los leptones y Quarks que a su vez, aunque los científicos no conocen más, se sigue la cadena hacia abajo, hasta llegar al punto de luz primordial de la fuente primigenia que nos conduce al mismo Creador del universo, el único que tiene inmortalidad, y que habita en luz inaccesible.

Los sorprendentes experimentos del científico japonés **Masaru Emoto** con las moléculas de agua han abierto una increíble puerta a la posibilidad de que nuestra mente es capaz de crear la realidad.

Con el uso de un potente microscopio electrónico conectado una diminuta cámara, el Dr. Emoto, empezó su experimento tomando muestras de agua procedente de diferentes fuentes. Una de esas muestras, provenían de una fuente de agua contaminada, y la otra de manantiales. Ambas muestras de agua se introdujeron a una cámara frigorífica para que se helaran y así, consiguió fotografiarlas. Él descubrió que las aguas provenientes de manantiales, eran agua pura y estaban formadas de cristales de una belleza inconmensurable o estructuras cristalinas. Mientras que las muestras de agua contaminada, eran sucias, y sólo provocaban, *"Estructuras caóticas"*. Más tarde, procedió a tomar muestras de agua en un recipiente de cristal etiquetadas con palabras como: *" Te amo" o "Te odio",* al igual que tomando el recipiente etiquetado con la palabra *"Te amo"* y pensando solo en cosas positivas y de igual manera el recipiente con la palabra *" Te odio"* y pensando negativamente. Para su sorpresa y sorpresa de todos, los efectos en el agua fueron similares: *El amor provocaba formas moleculares bellas y estructuras cristalinas* mientras que *el odio, generaba caos o estructuras caóticas. ¡Pero esto no debe extrañarnos!* Nosotros que hemos leído la palabra de Dios, ya sabíamos de esta verdad. Verdad que había sido escrita miles de años atrás por personas simples carentes de ciencia. Mientras que los científicos, necesitan instrumentos de medida y grandes laboratorios para darse cuenta de esta realidad. Es decir, que los científicos, sólo vienen a corroborar lo que enuncia las *Sagradas Escrituras.*

1. *El Amor es benigno; no hace daño.*

2. *El Amor no tiene envidia.*

3. *El Amor no es jactancioso; no se alaba de sus acciones.*

4. *El Amor no se envanece; no causa soberbia, ni es apegado a la vanidad.*

5. *El Amor no hace nada indebido; es justo.*

6. *El Amor no busca lo suyo; no es egoísta.*

7. *El Amor no se irrita.*

8. *El Amor no guarda rencor.*

9. *El Amor no se goza de la injusticia, sino que se goza de la verdad.*

10. *El Amor todo lo sufre.*

11. *El Amor todo lo soporta.*

El apóstol continúa su plática y nos da ejemplos de este sentimiento tan puro como es el Amor, y cito: **A)** *¡"Si hablara lenguas humanas y angelicales, y no tengo **Amor**, vengo a ser como metal que resuena, es decir, sin tener sentido o címbalo que solo hace ruido!* (**Címbalo:** *era un instrumento musical que se utilizaba en los cultos religiosos*). Es como: *¡estar vacío!…* Y continúa diciendo, **B)** *¡"Y si tuviera profecía, o el arte de enseñar la palabra y entendiera todos los* *misterios y todo conocimiento, y tuviera toda la fe, que pudiera mover montañas y no tengo **Amor!**, ¡nada soy!"*. **C)** *¡ "Y si repartiera todos mis bienes para dar de comer a los pobres, y si entregara mi cuerpo para ser quemado, y no tengo **Amor!**, ¡de nada sirve!"*

Como podemos observar en los escritos de la Biblia, **"¡El Amor es el más alto sentimiento de placer que un ser humano puede llegar a expresar por su semejante o ser vivo!"**. Es la más alta oscilación que un ser humano puede llegar a sentir. Es la frecuencia más alta que un ser humano puede emitir. En efecto, se puede decir: que cuando amamos, nos parecemos a Dios y vibramos a la frecuencia de Dios porque **¡Dios es Amor!** Es tanto así que la Biblia nos menciona que: **¡Tanto amó Dios al mundo, que mandó a su hijo a esta Tierra, con el solo propósito de salvar y redimir a la raza humana de la muerte eterna que le esperaba debido a las consecuencia de la desobediencia del hombre!** *(Juan 3:16), aun sabiendo que su hijo iba a ser humillado, escupido, calumniado, castigado sin cometer delito alguno, tratado como un criminal siendo justo y finalmente asesinado a través de los medios más crueles que existían en esa época!"*… Tú y yo estaríamos de acuerdo que nosotros no estaríamos dispuestos a entregar a nuestros hijos para salvar a otros; más aún, sabiendo de ante mano, el sufrimiento que ellos estarían expuestos. A esto se le llama: **¡Amor verdadero y puro!**

Por último, este científico que les comenté al principio de este tema, probó nuevamente el comportamiento del agua con sonido de música relajante, música folk y música thrash metal, con el resultado del "caos" con la música Metal y la "armonía" de las moléculas con la música relajante. Esto se comprobó por medio de las fotografías que él tomó durante el experimento. La explicación biológica a este fenómeno es que los átomos que componen las moléculas *(en este caso, los dos pequeños de Hidrógeno y uno grande de Oxígeno)* se pueden ordenar de diferentes maneras: **"Armoniosa o Caóticamente"**.

Si tenemos en cuenta que el 80% de nuestro cuerpo es agua, entenderemos como nuestras emociones, nuestras palabras y hasta la música que escuchamos, influyen en que nuestra realidad sea más o menos armoniosa. Nuestra estructura interna está reaccionando a todos los estímulos exteriores, reorganizando los átomos de las moléculas.

CAPÍTULO 13

EL HOMBRE TRANSMISOR DE ENERGÍA MEDIANTE LA PALABRA

CUANDO INTERACTUAMOS CON otras personas, podemos estar en resonancia o vibrar a la misma frecuencia, y de ahí estar en armonía con las demás personas que interactuamos, de lo contrario reinará la contradicción. *¡El ser humano es un gigantesco transmisor de energía!* Poseemos la capacidad de transmitir a diferentes frecuencias y atraer hacia nosotros o alejar de nosotros lo que queramos en un momento dado. Cuando atraemos, vibramos y somos resonantes a la frecuencia de las cosas que queremos atraer y cuando alejamos algo es porque hemos transmitido en una frecuencia diferente. Tenemos la capacidad de atraer a una persona, un objeto o cualquier cosa que sea materia y que esté en este universo siempre y cuando sepamos canalizar esa energía.

Esta capacidad de alejar o de atraer cosas se hace posible a través de nuestros pensamientos y acciones. **Jesús** el hijo de Dios dijo: **"He aquí que cualquiera que mira a una mujer para codiciarla en pensamiento, ya ha adulteró contra ella en su corazón"** *(Mateo 5:28).* Tú estás deseando estar con ella sin su consentimiento, por tanto, es una violación invisible; no llevada a cabo en el plano material, pero sí espiritual. *¿Es esto posible?...* En un estudio reciente, el científico japonés Masaru Emoto demostró que el pensamiento y la intención afectan las moléculas.

El Dr. Emoto demostró por medio de experimentos que las vibraciones de las palabras nos pueden "Sanar" o "Enfermar". Además, demostró a través de experimentos usando el agua como vehículo de prueba, el poder oculto de las palabras. Según el científico, debemos tener en cuenta que las palabras nos afectan tanto cuando la expresamos a nosotros mismos o a los demás, así como cuando la escuchamos: **"Lo que doy, me lo doy. Lo que quito, me lo quito".** Leer: **"LA REALIDAD MOLECULAR Y NUESTRA VISION DEL MUNDO".**

Los seres humanos como transmisores de energía y grandes imanes que somos, tenemos que cuidarnos de nuestros propios pensamientos y sobre todo de todo lo que emitimos haciendo efecto sonoro: **"Al hablar".** Estoy seguro que has escuchado la expresión: *"¡Somos dueños de lo que callamos y esclavos de que decimos!".* Es muy cierto, todo lo que sale de nuestro labios tiene poder y por esa misma razón tenemos que tener cuidado con lo que emitimos a través de las cuerdas vocales. **Jesús** dijo: **"Sea vuestro Hablar Si, si, o No, no, porque cuando los pensamientos no son puros, de mal procede"** *(Mateo 5:37).*

Nuestras palabras no son más que la manifestación de nuestro mundo interior, del reflejo de nuestros pensamientos abstractos motivados por emociones y sentimientos cargados de energía vibratoria que al convertirse en señal audible usando como medio los órganos biológicos, afectan tanto al que la emite como al que la recibe porque materializamos un poder energético abstracto que afecta la materia. *Recordemos que según el postulado de la física cuántica, la materia está unida por energía.*

Muchas veces, las palabras tienen consecuencias desgarradoras. Por eso es importante inclusive revisar nuestros pensamientos porque allí comienza todo. A través de las palabras y el tono auditivo con que ellas se emiten podemos cambiar todo nuestro destino en un momento dado. Albert Einstein dijo: *"Nuestro lenguaje forma nuestras vidas y hechiza nuestro pensamiento".*

FRANK ZORRILLA

Ya los antiguos esenios estaban conscientes de esto y tenían noción del poder y efecto de la palabra. Ellos conocían que ella tenía poder para: crear, sanar y destruir a través del efecto sonoro o las vibraciones emitidas. Es por ello la manera tan peculiar que oraban (*canalizando sus pensamientos y haciendo uso del lenguaje para manifestar la clase de vida que deseaban experimentar en este mundo declarando su petición con fe*).

La Biblia nos exhorta que debemos utilizar la palabra para **"edificar"** y no para destruir. Esto debido a que la energía liberada en el ambiente afecta no sólo a quien va dirigida la palabra, sino también a nosotros que la emitimos y al mismo tiempo la escuchamos. Además, es importante tener en cuenta que las palabras pueden programar nuestro **ADN**. *¿Crees que esto es descabellado?* Pues no, porque científicos rusos han determinado a través de investigaciones recientes que el **ADN** puede ser influido y reprogramado por palabras y frecuencias.

Según los estudios, nuestro **ADN** no sólo es el responsable de la construcción de nuestro cuerpo, sino que también sirve como almacén de información y para la comunicación a toda escala de la biología. Los lingüistas rusos descubrieron que el código genético, especialmente en el *aparentemente inútil 90%,(ya que el 10% del **ADN** es el que se utiliza para construir proteínas)* sigue las mismas reglas de todos nuestros lenguajes humanos. Eso significa que uno simplemente puede usar palabras y oraciones del lenguaje humano *para influir sobre el **ADN** o reprogramarlo.* Pero este descubrimiento que es nuevo para la comunidad científica, era conocido por los maestros y líderes espirituales de la antigüedad ya que ellos conocían que nuestro cuerpo se puede programar por medio del lenguaje, las palabras y el pensamiento.

Estudios e investigaciones realizadas por dos físicos cuánticos Fred Wolf y Carlos Suárez han venido a demostrar que los alfabetos antiguos como el arameo y el lenguaje hebreo son fuentes de poder cuando se expresan porque están constituidos fonéticamente para obtener ese resultado. Es tanto así, que ellos analizaron las vibraciones del lenguaje hebreo con un **"espectrograma"** (*representación visual o gráfica de las variaciones de un espectro de frecuencia con relación al tiempo*). Lo que descubrieron fue algo sumamente asombroso: los pictogramas que representan los símbolos del alfabeto hebreo correspondían exactamente con la figura que conforma la longitud de onda del sonido de cada palabra, o la forma de cada letra era exactamente la figura que formaba dicha longitud de onda al ser vocalizada. También comprobaron que los símbolos que conforman el alfabeto, son representaciones geométricas. En el caso del alfabeto hebreo, las 22 gráficos utilizados como letras, son 22 nombres propios originalmente usados para designar diferentes estados o estructuras de una única energía cósmica sagrada, la que representa la esencia y semblanza de todo lo que es.

En la Biblia se dice mucho acerca del poder y de la bendición que hay en las palabras **"dichas como conviene"** (*Proverbios 25:11*). Mediante el uso de palabras, Dios ha dado a conocer a los hombres sus más grandes revelaciones, un caudal inmenso de sabiduría inspirada y de mensajes de esperanza. Mientras **"los cielos cuentan la gloria de Dios"**, la Palabra inspirada nos declara su voluntad.

Hay una gran cantidad de versículos en el libro de ***Proverbios*** que se refieren de una manera u otra a las palabras que hablamos. Nos dice que: **"La lengua es el órgano más pequeño de nuestro cuerpo, sin embargo, es uno de los más poderosos y activos"** porque ella puede ser una fuente de gran bendición y consolación. También puede ser destructiva, engañosa, peligrosa e hipócrita. Las palabras tienen el potencial suficiente para modificar la vida de los que las oyen y aún de alterar el curso de la humanidad.

A menos que utilicemos el don del habla apropiadamente, la lengua puede ser causa de males y dolor. Bien usadas, las palabras son instrumentos que pueden utilizarse como vehículo para impartir curación, aliento, amor, sabiduría, enseñanza, esperanza y sobre todo salvación, pero para ello tenemos que controlar y ejercer dominio sobre nuestros pensamientos. Los pensamientos, son los que dan motivo a la palabra usando la lengua como medio; por lo tanto, seamos tardos para hablar y rápido para escuchar. Y cuando hablemos, hagamos como dice el salmista David: **"Mi boca hablará sabiduría; y el pensamiento de mi corazón inteligencia"**. (*Salmos 49:3*). Y sigamos el consejo del apóstol Santiago cuando dice: **"Porque todos ofendemos muchas veces. Si alguno no ofende en palabra, éste es varón perfecto, capaz también de refrenar todo el cuerpo. He aquí nosotros ponemos freno en la boca de los caballos para que nos obedezcan, y dirigimos así todo su cuerpo. Mirad también las naves; aunque tan grandes, y llevadas de impetuosos vientos, son gobernadas con un muy pequeño timón por donde el que las gobierna quiere. Así también la lengua es un miembro pequeño, pero se jacta de grandes cosas. He aquí, ¡cuán grande bosque enciende un pequeño fuego! Y la lengua es** un fuego, un mundo de maldad. La lengua está puesta entre nuestros miembros, y contamina todo el cuerpo, e inflama la rueda de la creación, y ella misma es inflamada por el infierno. Porque toda naturaleza de bestias, y de aves, y de serpientes, y de seres del mar, se doma y ha sido domada por la naturaleza humana; pero ningún hombre puede domar la lengua, que es un mal que no puede ser refrenado, llena de veneno mortal. Con ella bendecimos al Dios y Padre, y con ella maldecimos a los hombres, que están hechos a la semejanza de Dios. De una misma boca proceden bendición y maldición. Hermanos míos, esto no debe ser así. ¿Acaso alguna fuente echa por una misma abertura agua dulce y amarga? Hermanos míos, ¿puede acaso la higuera producir aceitunas, o la vid higos? Así también ninguna fuente puede dar agua salada y dulce". (*Santiago 3:2-12*).

Una palabra emitida por una persona con una actitud negativa puede causar discordias, contiendas y generar infelicidad. Sin embargo, una palabra emitida por una persona con mentalidad positiva, tiene efectos contrarios porque las palabras se propagan en el ambiente con vibraciones que al llegar al oído del que escucha esas ondas sonoras se genera una sintonía con efectos resonantes, donde no existe resistencia.

Como consejo final, aprendamos a emitir palabras que construyan, palabras que edifiquen y palabras que expresen amor; nunca para maldecir o acusar o mentir. Debemos llevarnos del consejo del sabio más grande que haya tenido la historia de la humanidad, quien obtuvo la sabiduría del Ser supremo del universo. El hombre a quien me refiero se llamó: *"Salomón"* hijo de David quien dijo: **"Palabras dulces quebrantan los huesos"** (*Proverbios 25:15*).*¿Cuál es el significado?*- Que cuando somos cuidadosos y tiernos con las palabras que utilizamos para comunicarnos con nuestros semejantes, más aceptados seremos y más beneficios recibiremos. Con esto no estoy diciendo que caigamos en elogios baratos llenos de hipocresía o expresar cosas que no sentimos, sino más bien, que usemos las palabras con sutileza y dulzura sintiendo de corazón el aprecio, la piedad, la sinceridad y sobre todo el amor. Atrevámonos a ser sensatos y a demostrar que dentro de nosotros existe compasión y una integridad de 24 quilates. La palabra es una etapa anterior en la creación de la realidad, por lo que tenemos que tener cuidado con aquello que decimos pues de alguna manera estamos atrayendo esa realidad. El Apóstol Pablo escribió: **"No salga de vuestra boca ninguna palabra**

mala, sino sólo la que sea buena para edificación, según la necesidad del momento, para que imparta gracia a los que escuchan". (*Efesios 4:29*).

El secreto en todo esto reside en que los pensamientos tienen características magnéticas y por ende tienen frecuencia. Por lo tanto, en el momento en que tus pensamientos comienzan a cultivarse en tu mente, ellos comienzan a atraer magnéticamente todas esas cosas que tienen la misma frecuencia para de esa forma cerrar el círculo que empezó de la fuente, es decir: **"Tú"**.

CAPÍTULO 14

ENERGÍA MENTAL Y SU MANIFESTACIÓN A TRAVÉS DE LAS EMOCIONES

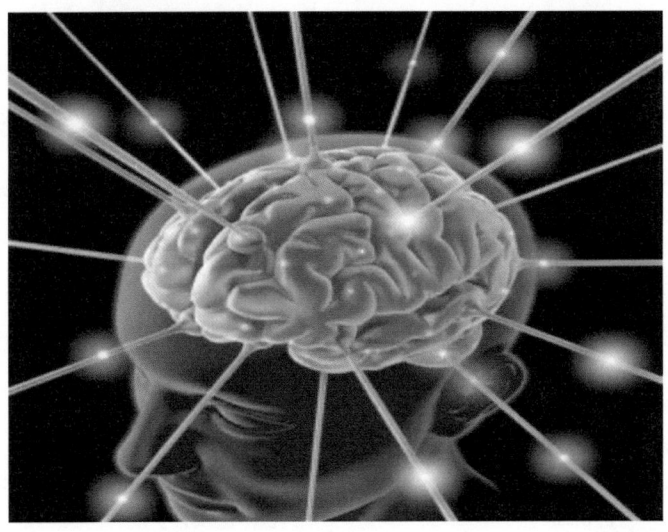

MUCHOS CIENTÍFICOS Y físicos cuánticos reconocen el poder de transmisión mental en un patrón de característica geométrica simple, o como un diseño ondulado de un rastro de energía. Nuestros pensamientos tienen forma de transmisión en forma similar a la de un patrón de una **ONDA de** *forma* simple. Este tipo de transmisión puede tener un patrón geométrico y se comporta como una onda que contiene el significado completo de la intención de nuestros pensamientos en un momento dado de intensidad. Es como si esa transmisión de energía se propagara en forma de fractal energético *(Un **fractal** es un objeto semi-geométrico cuya estructura básica, fragmentada o irregular, se repite a diferentes escalas. El término fue propuesto por un matemático en 1975 y deriva del latín **"fractus"**, que significa quebrado o fracturado. Muchas estructuras naturales son de tipo fractal)* continuando su crecimiento o intensidad multiplicándose a medida que aumenta nuestro estado de ánimo.

Este patrón fractal de propagación, es el modelo donde la energía utiliza mayor intensidad o efecto en el medio físico porque se manifiesta como bloques de energía. Ese es el mismo patrón de transmisión que adopta la energía emitida a través del pensamiento. En efecto, nosotros hemos estado usando este tipo de geometría fractal en las iglesias, en los logotipos y en los medios publicitarios como forma de llamar la atención. Es tanto así, que podemos reconocer la armonía y desarmonía en ellos por medio de anuncios y letreros. Los fractales están presentes en todas partes. A diario los podemos ver en las nubes, los copos de nieve, en las montañas, en algunos alimentos como el brócolis, en las nervaduras de las hojas y en la distribución de los vasos sanguíneos, de las redes neuronales y de los bronquios en los pulmones, etc.

En la naturaleza también podemos ver la Geometría Fractal, como este Romanescu

Si aplicamos el concepto de fractalidad y extrapolamos analógicamente *(esto es, aplicar este tipo de propagación a otro campo de la física como lo es forma de transmisión de las ondas de forma)* encontraremos que la similitud de transmisión guardan relación con la forma como se propagan las *"Energías mentales"* en la sociedad… **Entiéndase por "Energía mental" a toda manifestación, producto del estado psicológico de una persona que determina una conducta o comportamiento capaz de producir un efecto; ya sea **positivo** o **negativo**, sobre el resto de la sociedad que la circunda…* Por lo que podemos afirmar sin temor a equivocarnos, que nuestra interacción en la sociedad influye decididamente en la manera como controlamos nuestras emociones. Ahora bien, ***¿Qué son las emociones?*** Hasta ahora, nadie había sido capaz de dar una explicación coherente del fenómeno de la emoción. Sabemos que a cada instante experimentamos algún tipo de emoción o sentimiento y que nuestro estado emocional varía a lo largo del día en función de lo que nos ocurre y de los estímulos que percibimos. Otra cosa es que tengamos siempre conciencia de ello, o que sepamos y podamos expresar con claridad que emoción experimentamos en un momento dado.

Las emociones son experiencias muy complejas y para expresarlas utilizamos una gran variedad de términos, además de gestos y actitudes. De hecho, podemos utilizar todas las palabras del diccionario para expresar emociones

FRANK ZORRILLA

distintas y por tanto, hacer una descripción y clasificación de todas las emociones que podemos experimentar. Sin embargo, aunque esto nos haga pensar que las emociones corresponden a un proceso multifactorial o multidimensional, la verdad es, que los seres humanos sólo experimentan dos emociones: **"El Miedo"** y el **"Amor".** El resto de las emociones son derivadas directa o indirectamente de estas dos. Podemos experimentar cambios de intensidad emocional bruscos o graduales, bien hacia lo positivo o bien hacia lo negativo. Es decir, toda emoción representa una magnitud o medida a lo largo de un continuo, que puede tomar valores positivos o negativos.

Por otro lado, se ha demostrado a través de experimentos que las emociones tienen una frecuencia vibratoria; por lo que siguiendo en este orden de pensamiento la pregunta que viene a colación es la siguiente: *¿Cómo es que estas emociones se propagan a lo largo y ancho del entramado social?*... En la interacción de los seres en sociedad, existen mecanismos diferenciados con que se propagan las emociones negativas, *¡las cuales son aquellas emociones que pueden afectar y hacer daño a los semejantes!* Según V. J. Wukmir en su libro: *"Emoción y Sufrimiento"*, *"Los organismos vivos disponen de mecanismos perceptivos que le permiten reconocer aquellos estímulos externos necesarios para su supervivencia. Tales mecanismos son las emociones, las cuales vienen a ser una respuesta inmediata del organismo para informarle el grado de favorabilidad de un estímulo o situación".* Si la situación le parece favorecer su supervivencia, experimenta una emoción positiva (*alegría, satisfacción, deseo, paz, etc.*) y sino, experimenta una emoción negativa (*tristeza, desilusión, pena, angustia, etc.*). De este modo, los organismos vivos disponen del mecanismo de la emoción para orientarse, a modo de brújula, en cada situación, buscando aquellas situaciones que son favorables a su supervivencia y alejándose de las desfavorables.

Los experimentos en laboratorios han demostrado que las emociones negativas o las derivadas del miedo tienen una frecuencia vibratoria que se caracteriza por ser **larga y lenta** y las emociones positivas, *¡que son aquellas emociones que dan lugar a un comportamiento virtuoso y amoroso hacia el prójimo!* o derivadas del amor, tienen una frecuencia vibratoria **alta y rápida**.

Cierto es, que el crecimiento fractal es el mejor patrón de comportamiento para crear frondosidad y propagar la exposición abundante hacia un entorno. Por eso existen expertos que se atreven a especular, que la razón por la que la mayoría de la gente que vive en sociedad, se inclina en adoptar, seguir y actuar de un *modo negativo más que positivo*, es como consecuencia de que las emociones negativas siguen un proceso de propagación fractal, es decir, es fácil de copiar; por lo que promueve su fácil difusión e imitación involuntaria por parte de la gente. Mientras que las emociones positivas, se propagan de manera ¡lineal! Puesto que, para que lo virtuoso se difunda debe mediar una actitud intencional puesta de manifiesto a través de la voluntad de cada individuo transmisor. Esta dinámica diferenciada trae como consecuencia el hecho de que lo vicioso, el comportamiento egocéntrico, individualista, la agresividad, la maldad, etc. tienda a ser la norma; mientras que: la virtud, la conducta ética, la bondad, lo bueno, lo sincero, lo honesto; una excepción.

Esta conjetura acerca de la *propagación fractal o lineal* de las distintas emociones se entremezcla con la idea de que las **emociones negativas** siguen un proceso que podríamos pensar como **"entrópico"** *(se refiere a energía de un sistema que no es utilizable).*

* *Las energías entrópicas consideradas como: **"Substancias Oscuras"** en el reino de lo manifiesto, son energías que tienden hacia la ruptura de todo patrón y a la disolución de toda organización energética; energía en desorden.*

Según lo expuesto más arriba, si nos llenamos de energía entrópica, actuáremos de una forma tal que nos *"dejaríamos llevar por las circunstancias"* y a su vez, dando lugar a una suerte de desgaste emocional que nos atormentará considerablemente. ¿Quién no quedó agotado mentalmente luego de mantener una pelea o de tener malos pensamientos hacia otra persona? El dejarnos llevar por una **emoción negativa** puede hasta quitarnos el sueño, algo tan vital para el mantenimiento de nuestro sistema corporal.

Por otro lado, el tener la actitud intencional para desarrollar una ***emoción positiva***, *por ejemplo,* cuando decidimos colaborar o ayudar a alguien y le prestamos la debida atención, este tipo de acción se convierte en un proceso de carácter **energético** que, como bien lo apuntara *Abraham Maslow, (Hombre considerado como el iniciador de la tercera tendencia de la psicología)* puede ser responsable de brindarnos un saludable y creciente nivel de realización y satisfacción.

En un plano simbólico, se puede afirmar que la **"entropía"** (*parte no utilizable de un sistema*) es el fenómeno que actúa por degradación mientras que la energía, por creación. Una persona se despierta de mal humor porque su jefe lo maltrató el día anterior, trata mal a los miembros de su familia, quienes también se encargarán de propagar la mala vibra. Éste sale a trabajar, toma el bus y arremete al conductor; éste arremete a otros pasajeros, que a su vez llegan a sus trabajos y tratan descortésmente a sus compañeros; más aún si son subordinados, y así siguiendo una cadena. Entonces, el mecanismo de propagación de las *emociones negativas* se expande de acuerdo con un *proceso fractal, o de ramificación libre* de escala y capaz de extenderse sobre toda la sociedad. Se engendra así una sociedad, caracterizada por lo urbano, donde las fuerzas de la negatividad vagan libremente.

NUESTRO ADN Y LAS EMOCIONES

¿Sabías que las emociones afectan nuestro ADN? Está comprobado que las emociones tienen características vibratorias (*tienen frecuencia*) y por tanto, tienen interacción con nuestra genética, afectando directamente la estructura de nuestro **ADN** (*ácido desoxirribonucleico*).

Ya es sabido que existen 64 códigos de aminoácidos los cuales están compuestos de 4 elementos (*Carbono, Oxígeno, Hidrógeno y Nitrógeno*) pero de esos 64 códigos, solo 20 están activos los cuales son manipulados por un interruptor imaginario que los enciende y apaga. Ese interruptor imaginario se llama: "emociones". En los laboratorios se ha podido estudiar el comportamiento de nuestro **ADN** con respecto al tipo de emoción que se emita o se sienta. En esos experimentos se comprobó que nuestro **ADN** responde directamente proporcional al estimulo de las emociones. En la **Fig.3.1** podemos ver la emoción del miedo (*onda larga y lenta*), afectando el **ADN**. Como podemos observar en la gráfica, el **ADN** es tocado por la frecuencia o vibración de la emoción del miedo solo en algunos puntos (*6 veces en esta pequeña fracción de onda*), por tanto una persona que experimenta de ese tipo de emoción, no estará usando toda su energía potencial. Recordemos que somos grandes transmisores de energía. Leer: **"EL HOMBRE TRANSMISOR DE ENERGIA MEDIANTE LA PALABRA"**.

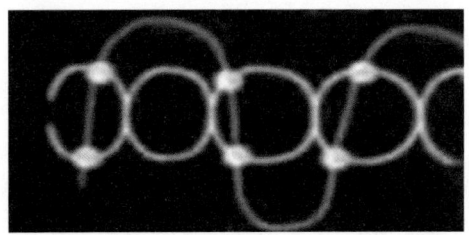

Fig. 3.1

En la **Fig. 3.2** representa la emoción del amor (*Onda alta y rápida*) afectando el **ADN**. Como podemos observar en la gráfica, las vibraciones de la emoción del amor son ondas rápidas y largas, por tanto va a tocar nuestro **ADN** en diversos puntos (*11 veces en esta pequeña fracción de onda*). Una persona que esté experimentando ese tipo de emoción, estará resonando a una frecuencia alta y por ende en plena capacidad de energía e irradiará esa energía, a gran capacidad.

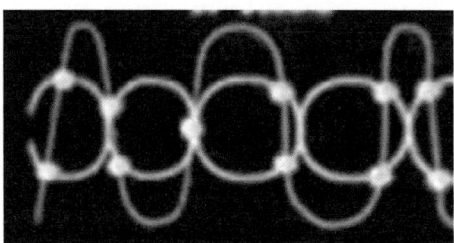

Fig. 3.2

Figura 3.3 representa la estructura del **ADN** y puntos de energía

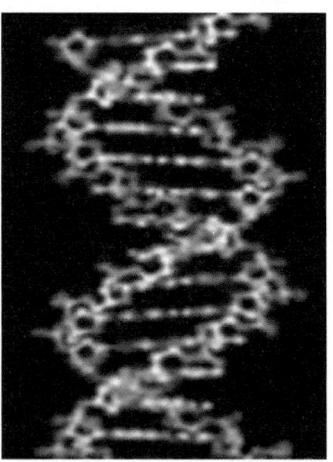

Fig. 3.3

BALANCE Y CONTROL DE LAS EMOCIONES

Según **Antonio Dalmasio**, profesor de neurología de la *Universidad del Sur de California*, para contrarrestar una **emoción negativa** hay que tener una *emoción positiva* más fuerte que la neutralice. De la misma manera que, crear es más difícil que degradar. Debemos darnos cuenta de que las emociones vienen en dos tipos de sabores: Existen ¡*emociones buenas y* *emociones malas!* Por eso, podríamos decir que el objetivo de una buena educación debería ser organizar nuestras emociones de tal modo que podamos cultivar las mejores emociones y eliminar las peores, porque como seres humanos tenemos ambos tipos. Tenemos una capacidad fantástica de gestar lo positivo, pero también somos capaces de hacer cosas atroces. Basta repasar la historia reciente para darnos cuenta de ello. Los seres humanos somos capaces de torturar y someter a nuestros semejantes a terrible límite del asesinato. Todo esto es en parte inherente al ser humano; no es que algunos de nosotros seamos buenos y otros, sean malas personas. Como mencioné anteriormente, esto es debido a que según algunos expertos en la materia, los mecanismos de propagación de lo negativo operan fractalmente mientras que lo positivo lo hace linealmente, lo que da lugar a una asimetría en favor de lo negativo. Además, en el primer caso opera la *degradación entrópica o energía no utilizable* a nivel del individuo liberada de toda voluntad y esfuerzo intencional; mientras que en la segunda, se requiere del acto creativo, intencional, energético, manado de la voluntad.

Existe según algunos, un mecanismo subyacente que promueve la propagación de la negatividad, y que se puede asociar al comportamiento **"egotista"** *(sentimiento exagerado; es decir, se cree un dios).* Algunos psicólogos piensan que el egotismo hace que la gente que toma ese comportamiento, se deja llevar por fuerzas psicológicas que reafirman el sentido de separación con los demás miembros de la sociedad y dan lugar al comportamiento individualista, codicioso y auto-centrado. A esto se le da un carácter entrópico por lo falto de voluntad, por tratarse de un dejarse llevar por esas *¡emociones negativas!*

En el ser humano, factores externos como: *"Estabilidad o inestabilidad económica, condiciones de seguridad o inseguridad, situaciones adversas, etc."* conllevan a reacciones internas, o reacciones biológicas que contribuyen a la dinámica de reacción debido a la causalidad del evento que da origen a un comportamiento en particular. **¡Causa y efecto!** Esa amalgama de eventos trae consigo estados de ánimo que son directamente proporcional a experiencias vividas; los cuales sirven como parámetro para reflejar el sentimiento que percibe en un momento dado *(mente subconsciente).* Es importante mencionar que parte de esos parámetros son puramente aprendidos durante la formación del niño y el resto durante el período de la adultez.

Muchas veces, ya sea por capricho o por tolerancia, tendemos a optar por cierto tipo de comportamiento, dejando reflejar el carácter y la emotividad ante ciertas circunstancias. Este comportamiento se convierte en un patrón de conducta aprendido a fuerzas, dando lugar a una reacción automática frente a un evento que se repite. *¡Aprendemos a través de la repetición!* (**Leer:** ***"EL CEREBRO HUMANO Y SU FUNCIONAMIENTO"***). A veces nos etiquetamos como si fuésemos un objeto material, una calle o un negocio y asociamos estados de ánimo por esas etiquetas que desarrollamos en el ego. Existe en nuestra mente un mecanismo de auto control que si lo utilizamos apropiadamente, no sucumbiremos ante situaciones psico-emotivas que instigan a manipular nuestra psiquis provocando un vuelco de energía cinética a través de una acción, que una vez ejecutada, pueden estropear nuestras vidas y desbaratar lo que tanto trabajo nos costó realizar. Cada persona tiene la capacidad para estimular el positivismo ante cualquier circunstancia y esa capacidad le da el control absoluto de su propia existencia. *¡El hombre que controla sus emociones, controla y es dueño de su destino!*

Naturaleza de las Emociones—Proceso Simbiótico.

Científicamente hablando, las emociones son: fenómenos psico-fisiológicos, esto es, una combinación de la ***"Psicología"*** (*ciencia que estudia la conducta de los individuos y sus procesos mentales, incluyendo los procesos internos de los individuos y las influencias que se producen en su entorno físico y social*) y la ***"Fisiología"*** (*ciencia que estudia las funciones de los seres vivos o la correlación del individuo y su reacción mental con el medio ambiente y social en que vive. Al igual que su reacción bioquímica y el proceso de asimilación ante los eventos que percibe*).

Según los estudiosos de los *fenómenos psíquicos,* las emociones representan modos eficaces de adaptación a ciertos cambios de las demandas ambientales. En este sentido y como ya dije anteriormente: *Las emociones alteran la atención, hacen subir de rango ciertas conductas en la jerarquía de respuestas aprendidas del individuo y activan redes asociativas relevantes en la memoria, como son: las condiciones similares o eventos similares que han vivido en el pasado.* Fisiológicamente, las emociones organizan rápidamente las respuestas de distintos sistemas biológicos, incluyendo expresiones faciales, músculos, voz, actividad del Sistema Nervioso Central y el Sistema Endocrino, a fin de establecer un medio interno optimo para el comportamiento más efectivo.

No queda duda que las reacciones emocionales también están relacionadas con la bioquímica del organismo. Por lo que podríamos preguntar: *¿Es posible que cambie la bioquímica de los procesos mentales relacionados con las emociones, dependiendo del nivel de abstracción mental que generó la emoción? O ¿Se requieren ciertas condiciones en la química de la sinapsis* (*contacto entre las terminaciones de las células*) *para generar determinado tipo de emociones?* Si ambas respuestas son positivas, entonces la producción de ciertas enzimas en el cerebro determinaría la capacidad de ciertos individuos para lograr distintos estados emocionales y de ahí su habilidad o dificultad de permanecer en estos estados emocionales sobre todo en comprensión. Entonces, si es así, existe una relación entre el genoma del individuo y su habilidad de comprender el mundo que le rodea. Probablemente la relación se encontraría entre el componente subjetivo de la emoción y la bioquímica de las conexiones sinápticas o mejor dicho reacción en cadena de las neuronas.

Las emociones son parte **"intangible"** (*que no se pueden tocar o percibir de manera precisa*) de nuestra existencia y son parte de la conciencia. Ahora bien, *¿Cómo es que estamos conscientes de nuestras emociones?* En realidad, no lo estamos, simplemente son manifestaciones físicas. *Por ejemplo:* El enojo, causa disturbios en la psique (*alma humana*) y se manifiesta en el ego, causando incremento en los latidos del corazón, la temperatura del cuerpo al igual que otras características físicas que representan enojo. Es como si hiciéramos una comparación con la música de la radio, que es una manifestación física de la señal intangible, es decir, no podemos tocar las ondas de sonido, pero sí la podemos escuchar.

¿Qué dicen las Sagradas Escrituras sobre las emociones? Es indudable que el hombre desde su creación es un ser pensante con capacidad de sentir emociones diversas, dependiendo desde luego de factores externos que comprenden su entorno. Ya desde el Jardín de Edén, Adán demostró emociones ante su comportamiento de desobediencia, se sintió avergonzado al darse cuenta de que estaba desnudo. Por tanto, ese estado de emoción lo motivó a ocultarse de Dios. Después, en la historia de los hijos de Adán, emociones de aceptación y de desaire, al igual que de envidia, cólera y de ira. ¡Emociones tan fuertes que inducen a matar o quitar la vida a otro semejante! Según el relato bíblico, Caín mató a su hermano Abel por envidia. *Leer relato bíblico en Génesis 4:8.*

Cada estado de emoción lleva consigo una manifestación. Lo que se produce en la mente, se puede poner de manifiesto en un plano visible a través de una acción. De ahí que somos dueños de nuestros actos ya sea consciente, cuando sabemos lo que hacemos y nos preparamos para las consecuencias o efectos colaterales o inconscientes, cuando nos dejamos arrastrar por un impulso o sentimiento caprichoso y no premeditado. ¡Han existido casos en que personas cometen crímenes y luego no pueden creer que lo hayan hecho!

Es como si fuese Energía Isotrópica que se radia en toda dirección en forma de fractal. Esas explosiones de energía al espacio exterior se propagan en el ambiente, alterando y contaminando el espacio donde se origina; concatenando moléculas y átomos y por ende, vibrando a oscilaciones que hacen al ambiente tenso y pesado. En el mundo interior, descompone nuestras moléculas internas, cambiando el aspecto biológico de nuestro sistema; produciendo grandes cantidades de toxinas en nuestro cuerpo y la producción de nutrientes negativos para nuestras neuronas. Los pulmones, encargados de filtrar el oxígeno que entra al cuerpo, dejan de funcionar correctamente, de ahí la producción de toxina llevadas por el flujo sanguíneo. El corazón palpita descontroladamente y nuestras glándulas endocrinas producen gran cantidad de hormonas que se vierte en la sangre. Todo un conjunto o explosión simultanea concatenada para producir un efecto.

Las emociones negativas no controladas, actúan como explosivos activos que dan como consecuencia emanaciones dañinas, tanto para el que produce el hecho, como para el que recibe la acción. Sin embargo, **las emociones positivas**, que dan como resultado estados de ánimo como el amor, pasión, ternura y alegría, crean un ambiente de paz, tanto interno, como externo. *Ver Tema:* **"Rompiendo Con Esos Malos Hábitos Del Pensamiento".**

Tengo que enfatizar otra vez, que somos grandes transmisores de energía y que transmitimos a través de nuestros pensamientos. Si queremos cambiar algo en nuestras vidas, tenemos que cambiar de frecuencia, cambiando nuestros pensamientos; porque aunque estamos desfasados con respecto a este universo sincrónico, podemos coincidir o estar en fase o en sincronía con él y de aquí, el obtener resultados no deseados. Nuestros pensamientos, pueden crear nuestra vida futura. Mientras más enfocas tus pensamientos en algo determinado, más atraes eso a tu vida; porque si el proceso de sincronía toma efecto, esos pensamientos, pasarán desde plano invisible, a materia palpable o tangible. Recordemos que una vez damos lugar a un pensamiento

FRANK ZORRILLA

ya sea **"positivo"** o **"negativo"** y lo fortalecemos o alimentamos en nuestras mentes, nuestro subconsciente estará trabajando silenciosamente para atraer esas vibraciones energéticas a nuestras vidas, dando paso a una vida exitosa o al beneplácito de vivir una vida llena de satisfacción espiritual, abundancia material y salud emocional y física o por el contrario, una vida de metas incumplidas, de sueños quebrados, de pobreza y de fracasos.

Dos recientes estudios, uno publicado por el diario ***neurociencia de Estados Unidos de América*** demostró el poder del pensamiento, cuando en los laboratorios de neurociencia de la Universidad de Chicago, se utilizaron dos chimpancés; los cuales, fueron entrenados para mover un cursor de computadora usando sólo sus pensamientos. Pequeños electrodos fueron colocados en los cerebros de los animales para detectar las señales del cerebro, y de esta forma, controlar un brazo mecánico para seleccionar objetos en una pantalla. Estos fueron capaces de pegarle al objetivo en un 40% de las veces. En el otro estudio publicado por el diario ***Wall Street***, se implantaron electrodos en los cerebros de los chimpancés, para detectar las señales del cerebro y de esta forma controlar el brazo de un robot para alcanzar algunos alimentos que eran parte del experimento.

De acuerdo con los científicos de la facultad de medicina de la Universidad de Duke, **MIT** y la facultad de ciencia de la salud de la Universidad Estatal de New York (***SUNY***), este nuevo sistema, puede formar la base para construir una máquina que sea controlada por el cerebro y servir de intermediaria para que los pacientes paralíticos puedan controlar el movimiento de prótesis artificiales.

CAPÍTULO 15

LA SINÁPTICA DEL PENSAMIENTO Y LAS EMOCIONES NEGATIVAS

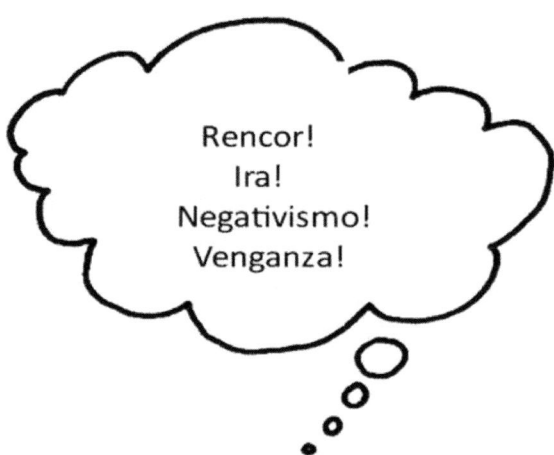

E L CEREBRO CREA redes de neuronas a partir de la memoria (*Sinapsis*): *¡ideas, sentimientos, emociones!* Cada asociación de ideas o hechos, incuba un pensamiento o recuerdo en forma de conexión neuronal, que desemboca en recuerdos por medio de la memoria asociativa. Por consiguiente, con la repetición de una situación o un hecho similar, reaparecerá ese recuerdo en forma de idea o pensamiento. Existen personas que conectan el sentimiento del **"Amor"** con **"decepción o engaño"** debido a una mala experiencia en sus vidas. Esos malos momentos quedan grabados en la memoria celular y se invocan cuando quieren sentir ese sentimiento nuevamente. Por lo que la red neuronal se conectará con el estado de ánimo emocional que sintió la persona cuando fue engañado/a; ya sea: placer, ira, dolor, rabia, etc. **Leer: "EL CEREBRO HUMANO Y SU FUNCIONAMIENTO"**.

Según el **Dr. Joe Dispenza** (*Dr. experto en el estudio de la mente humana*): "Si practicamos una determinada respuesta emocional, esa **"conexión sináptica"** (*relación funcional de contacto entre las células nerviosas*) se refuerza y se refuerza" ante una emoción… El Dr. continúa diciendo: ***"Cuando*** *aprendemos a observar nuestras reacciones y no actuamos de manera automática, ese modelo se rompe".* Leer: **"EL CEREBRO HUMANO Y SU FUNCIONAMIENTO"**.

Si aprendemos a "reconocer" esas asociaciones, podremos mejorar la manera de evitar que se repitan: la llave es: *¡La Conciencia!* Recordemos que todo se hace a través de asociación y las dos condiciones más relevantes del ser humano es la asociación al *¡Dolor y al Placer!* Estas condiciones se asocian con diferentes estados de ánimos emocionales. Todo lo que nos hace sentir apenados y tristes se asocia al *"dolor"* y en sentido contrario al *"placer"*, por lo tanto, lo que va a medir el nivel de superación y desarrollo mental en un individuo, es la capacidad de cambiar automáticamente de una condición de dolor que nos lleva a estados emocionales de ansiedad y posteriormente de depresión a una condición de placer.

¡Cuando una persona logra controlar los recursos internos de la asociación de eventos vividos en el pasado que produjeron satisfacción y placer para cambiar su estado de ánimo y emotividad, entonces, podrá controlar sus emociones. Y si controla sus emociones, los factores externos que conllevan a estados de crisis emocionales serán cosas del pasado!

Por lo tanto, para contrarrestar el pensamiento negativo, sustitúyalo de inmediato por una imagen positiva, por una escena que pueda visualizar con claridad. Visualizarse de manera positiva, verse a sí mismo como a uno le gustaría ser, es uno de los medios más eficaces para conseguir los cambios que uno desea en la forma de interactuar con los demás. Antes de visualizarse hay que dar otro paso importante: definir el objetivo específico que desearía alcanzar. Lo que hará más fácil el trabajo para conseguirlo.

LA IRA—EMOCIÓN DEVASTADORA

Una de las emociones negativas más destructivas es sin lugar a dudas la **"Ira"**. Dios nos dice que debemos deshacernos de este tipo de emoción, la que representa un gran obstáculo en nuestra santificación e inclusive en nuestras relaciones humanas, ya que trae contiendas, divisiones y al final, quebrantamiento y aflicción de espíritu. De hecho, fue debido a este tipo de emoción lo que motivó a uno de los pecados capitales en el principio de la historia de la civilización; cuando según el relato bíblico, ¡Caín mató a su hermano Abel! *(Génesis 4:8).*

El Apóstol Santiago declara lo siguiente: **"Sea cada cual pronto para escuchar, lento para la ira, porque la ira del hombre no produce la rectitud que Dios quiere."** (*Santiago 1:19-20*). También el sabio Salomón habla de lo mismo en esta forma: **"El colérico atiza las pendencias, el iracundo multiplica los crímenes."** (*Proverbios 29:22*).

El Apóstol Pablo es tajante al afirmar: que no debemos permitir que emociones negativas dominen nuestro carácter y enfáticamente habla a los habitantes de Efesio de esta forma: **"No irriten al santo Espíritu de Dios que los selló para el día de la liberación; nada de brusquedad, coraje, cólera, voces ni insultos; destierren eso y toda aversión"** (*Efesios 4:30*). El gran maestro, Salvador de la humanidad e hijo de Dios se expresa de la siguiente manera: **"Pues yo les digo: ¡Todo el que trate con coraje a su hermano será condenado por el Consejo; el que lo llame renegado será condenado al fuego del quemadero!"** (*Mateo 5:22*).

El Apóstol Pablo exhortó a los habitantes de la ciudad de **Colosas** (*Frigia*), abandonar con urgencia emociones negativas diciendo: **"Ahora en cambio, despójense de todo eso: cólera, arrebatos de ira, aversión, insultos y groserías, ¡fuera de su boca!"** (*Colosenses 3:8*). El apóstol sabía de antemano que tales acciones traerían consecuencias funestas y no deseadas, por tanto, él continúa el tema con los habitantes de Efesio*:* **"Si se indignan, no lleguen a pecar, que la puesta del sol no les sorprenda en su enojo, no dejen ocasión al diablo"** (*Efesios 4:26-27*). El apóstol está consciente de que este tipo de emociones, están manipuladas por el príncipe de las tinieblas; quien hace lo imposible para que nosotros adoptemos un comportamiento perjudicial a través de emociones negativas no controladas. El apóstol continúa diciendo: **"Mira que no cometas un daño, mientras te encuentres en estado de ira o indignación"**.

El mantener dentro de nosotros la **"ira",** no sólo acarrea consecuencias psicológicas, como es el caso de la depresión, también tiene dañinas consecuencias físicas, como: Los ataques al corazón, debilitamiento del sistema inmunológico, y según algunos estudios, predisposición al cáncer. El Dr. Frank Minirth, quien es un Psiquiatra muy reconocido en el campo del comportamiento humano; advierte que la ira reprimida causa depresión y hasta podría llevar al suicidio o al homicidio… Según el Dr. Minirth: *"¡La ira es probablemente el mayor riesgo a la salud y la principal causa de muertes!"*

Es imposible que una persona pueda lidiar con un problema y resolverlo, si se niega a admitir que este existe. Si no somos honestos con nosotros mismos, admitimos que nos dejamos arrastrar por emociones negativas, buscamos en nuestro interior la causa, y lidiamos con ella; no podremos tener verdadera paz. Aún peor, nos costará mucho más trabajo crecer como personas civilizada y convertirnos en la persona que Dios nos llama a ser.

Uno de los frutos del Espíritu Santo es precisamente el dominio de sí mismo. En la Biblia, Dios nos habla sobre el autocontrol de la siguiente manera: **"Más vale paciencia que valentía y dominarse que conquistar una ciudad"** *(Proverbios 15:1)*. El gran sabio Salomón ya se había referido a este tipo de emoción negativa de la siguiente forma: **"Respuesta blanda aplaca la ira, palabra hiriente atiza la cólera. Hombre colérico atiza las pendencias, hombre paciente calma la riña."** *(Proverbios 15:2, 18)*. El Apóstol Pablo, también exhortó a un joven llamado Timoteo, a que evitara a toda costa, el verse en conflictos debido a intereses creados, advirtiéndole lo siguiente: **"Niégate a discusiones estúpidas y superficiales, sabiendo que acaban en peleas; y uno que sirve al Señor no debe pelearse, sino ser amable con todos…Suave para corregir a los contradictores…"** *(2 Timoteo 2:23-25)*.

El apóstol Santiago nos exhorta lo siguiente: **"Sea cada cual pronto para escuchar, lento para la ira, porque la ira del hombre no produce la rectitud que Dios quiere"** *(Santiago 1:19-20)*.

Estas citas bíblicas, no nos están diciendo que tenemos que soportar calladamente, todo lo que nos ofenda o dañe, y no tomar ninguna acción. En definitiva, lo que Dios nos pide, es que dominemos nuestra ira para que esta, no nos domine a nosotros. Tenemos que aprender a expresar este tipo de emoción de una manera adecuada y positiva. Por cierto, existen varios relatos bíblicos donde nos narran ciertas emociones negativas; como es el caso de Moisés, quien al bajar de la cima de la montaña donde había tenido un encuentro con Dios, y al ver el pueblo escogido de Dios adorando a un becerro de oro *(aprovechándose ellos de su ausencia)*, sintió tanto coraje que en su emoción descontrolada *¡rompió las tablas de los diez mandamientos escritos por Dios con sus propios dedos!* Desde luego que esa actitud, no le agradó a Dios. En otra ocasión y airado por el proceder del pueblo, golpeó con rabia, una peña para obtener agua. Esa peña representaba a **"Cristo"**, y esa acción, le costó el no entrar a la tierra que Dios le había prometido.

En otra cita bíblica, encontramos que **Jesucristo** se enfadó de gran manera con los sacerdotes del templo, con los mercaderes y comerciantes que iban a vender sus productos en el mismo templo. Templo que utilizaban, como si fuera un mercado común y corriente. **Jesús**, tomó un látigo y escarmentó a aquellos que estaban infringiendo la casa de Dios y viró sus mesas llenas de mercancías, pero controló sus emociones y no dio lugar a la ira. Debemos recordar lo que dijo el sabio Salomón: **"Como ciudad destruida y sin murallas es el hombre que no pone freno a su espíritu".** *(Proverbios 25:1).*

¿Qué podemos hacer para lidiar con emociones tan perjudiciales?

El primer paso para poder lidiar con este flagelo, es: admitir que sentimos ira. Examinemos detenidamente nuestras emociones y ahondemos en nuestro corazón para buscar: ¡cuál es la verdadera causa de nuestra ira!

El segundo paso, es compartir esos sentimientos con Dios en la oración. Él quiere que nosotros podamos tener paz y ser felices; por lo tanto, Él nos mostrará el camino de la sanación. Él es el único que verdaderamente puede sanar las heridas de toda una vida.

Y por último, Dios nos dice en su palabra: que no debemos dejarnos vencer por el mal; más por el contrario, que venzamos el mal con el bien. Dicho de otra manera: *¡no devolvamos las ofensas, ni nos venguemos por ellas; en cambio, debemos dar el ejemplo de Cristo!* Esto lo podemos hacer a través del amor de Dios actuando en nosotros. Ese amor nos ayudará a disipar nuestra propia ira y la de los demás.

Según los expertos en la materia, una buena manera de restarle fuerzas a la ira, es utilizar esa energía hostil para algo constructivo como los ejercicios, la limpieza de la casa, etc. A veces nos ayuda escribirle una carta a la persona que nos ofendió, aunque después la rompamos sin entregarla.

SIETE FORMAS DE LIBERARNOS
DE EMOCIONES NEGATIVAS

Existe una clave para no perder nuestra prudencia y juicio debido a emociones negativas, esa clave es: dominar los pensamientos que conducen a este tipo de sentimientos, ya que el pesimismo puede dejarnos sin energías positivas, dando lugar a la energía entrópica. Ya el sabio Salomón lo había advertido hace miles de años cuando dijo: **"Si flaqueas en día de adversidad, tu fuerza quedará reducida"** (*Proverbios 24:10*). *El sabio aquí se refiere al aspecto útil del hombre para pensar o energía positiva.* Pero, **¿cómo se aprende a adoptar una actitud optimista que nos ayude a controlar los sentimientos?**

Primero, niégate a darle vueltas a cualquier cuestión que te deprima o agrave tu inseguridad. Como dice la Biblia, debemos centrarnos sólo en las cosas que sean: ***"De seria consideración"* y *"justas"***, adoptando ideas positivas y dejando de lado las negativas. No es fácil, pero con empeño, es posible.

1. —RECHACEMOS LA ANSIEDAD.

La Ansiedad es un estado de agitación o de zozobra ante cualquier situación externa que nos atormenta. Pero **Jesús,** sabiendo de esta condición psíquica, nos advirtió diciendo: **"En el mundo tendréis aflicción; pero confiad, yo he vencido al mundo"** (*Juan 16:33*). Podemos liberarnos de la ansiedad simplemente confiando en el Señor. El Salmista David nos aconseja de la siguiente manera: **"¡Deléitate asimismo en el Señor, y él te concederá las peticiones de tu corazón… guarda silencio ante el Señor, y espera en él. ¡No te alteres con motivo del que prospera en su camino!"** (*Salmo 37:4,7*). Llevémonos de este sabio consejo, y esperemos en la bondad del Creador.

Cuando nos dejamos vencer por la ansiedad, esto puede significar: que no estamos confiando en que Dios está en control y que él puede resolver nuestros problemas. El **Señor** demostrará su fidelidad si corremos a Él. Dios nos asegura por medio de su Santa Palabra, que si confiamos plenamente en Él, nosotros saldremos airosos y en victoria. **"¡Vosotros, pues, no os preocupéis por lo que habéis de comer, ni por lo que habéis de beber, ni estéis en ansiosa inquietud! ¡Porque todas estas cosas buscan las gentes del mundo; pero vuestro Padre sabe que tenéis necesidad de estas cosas!"** (*Lucas 12:29-30*) Dios dice que no necesitamos estar ansiosos por nada; sólo necesitamos confiar en él plenamente.

2. —NO DEJEMOS QUE EL ENOJO NOS DOMINE.

Cuando le damos lugar al enojo, cerramos todas las bendiciones que Dios tiene para nosotros y nos encerramos herméticamente en una caja oscura e invisible que no nos deja ver luz al otro lado del túnel. Es como si en ese estado de ánimo, todas las cosas se tornan de un matiz distinto; donde el razonamiento lógico, toma un último lugar y damos cabida a la insensatez, a la falta de sentido y/o de razón. En el momento en que permitimos que el enojo se apodere de nuestra mente, estamos predispuestos a la ira. Y esto es, abrirle las puertas al diablo, para que sea él quien nos controle y nos domine. Ya el Apóstol Pablo lo había advertido a los habitantes de Efesio, antigua ciudad situada en Asia menor. **"Airaos, pero no pequéis; no se ponga el sol sobre vuestro enojo, ni deis lugar al diablo"** (*Efesios 4:26-27*).

Una persona enojada afecta todo el ambiente social que le rodea y comete serios errores como resultado. El sabio Salomón lo había advertido cuando dijo: **"El hombre iracundo levanta contienda, y el furioso muchas veces peca"** (*Proverbios 29:22*). *¿Cuántas personas son afectadas cuando nos enojamos?, ¿Cuál es el precio de la ira en nuestra vida?, ¿Valdrá la pena enojarse tanto y tan seguido? Y ¿Cuáles son los resultados del enojo?* Las personas sin sabiduría se enojan con rapidez. Las personas con sabiduría y entendimiento de causa, no están dispuestas a pagar el precio del enojo porque muchas veces deja residuos devastadores. Escucha el consejo del sabio Salomón cuando dice: **"No te apresures en tu espíritu a enojarte; porque el enojo reposa en el seno de los necios"** (*Eclesiastés 7:9*). Yo admito que es difícil para nosotros los seres humanos mediar con este tipo de emoción negativa, y todos pecamos en ese error, pero pidámosle a Dios que nos mantenga libres del enojo, a fin de que logremos permanecer en el flujo de todo lo que Dios tiene para nosotros.

3. —RECHACEMOS SENTIRNOS INSATISFECHOS.

Es fácil enfocarse en lo negativo y ver todo lo que está mal en nuestra vida. Sin embargo, cuando nos sentimos con una constante inquietud; no sólo nos sentimos mal nosotros, sino que hacemos sentir mal a las personas más cercanas que comparten con nosotros. Cada vez que nos sintamos desalentados por las circunstancias, recordemos que el apóstol Pablo dijo: **"He aprendido a contentarme, cualquiera que sea mi situación. Sé vivir humildemente, y sé tener abundancia; en todo y por todo estoy enseñado, así para estar saciado como para tener hambre, así para tener abundancia como para padecer necesidad. ¡Todo lo puedo en Cristo que me fortalece!"** (*Filipenses 4:11-13*) tomemos a **Cristo** como estandarte y podremos vencer al mundo, porque él venció al mundo. *Leer tema:* "**EL RADAR INFALIBLE EN TIEMPOS DE TEMPESTAD**".

4. —ABANDONEMOS LA ENVIDIA.

Uno de los más grandes males de la sociedad, y uno de los más comunes es sin lugar a dudas: *"la envidia"*. La palabra de Dios la considera un pecado bajo y despreciable. La envidia significa: Mirar con mala voluntad a otra persona, porque goza de cosas que no posees. El diccionario de la Real Academia de la Lengua Española define envidia: *"El Disgusto o pesar por el bien o prosperidad de otro"* Por lo tanto, puede decirse que la envidia es: Pesar, disgusto, desasosiego, descontento, y temor a causa del bien ajeno.

Cuando dirigimos nuestras miradas en lo que otra persona posee, en lugar de poner nuestro ojos en Dios nuestro Creador y lo que Él tiene para nosotros, damos lugar a emociones negativas que al final terminan causando daño tanto a nosotros como otras personas. *¡Ten cuidado!* Cuando sientas los síntomas de la envidia, ponte en alerta porque un espíritu codicioso está a punto de hacer tu vida miserable.

Cuando era muy joven me encantaba escuchar un poema llamado: **"Desiderata"** declamado en ese entonces por Jorge Lavat (*Leer poema al final de este tema*). Se atribuye que fue escrito en 1927 por Max Ehrmann, abogado y filósofo de La Universidad de Harvard. Publicado por su viuda en 1948 en el libro: *"Los poemas de Max Ehrmann"*. Este poema contiene mucha sabiduría en su prosa, y uno de sus versos, enuncia lo siguiente: **"Si te comparas con los demás, te volverás vano y amargado, ya que en el mundo encontrarás personas más grandes y más pequeñas que tú"** Al compararte con otros; sin darte cuenta, le estas dando paso al sentimiento negativo de la envidia.

La palabra de Dios nos advierte sobre la envidia en uno de los escritos del sabio Salomón, y cito: **"El corazón apacible es vida de la carne; más la envidia es carcoma de los huesos."** (*Proverbios 14:30*).

La envidia, es muy buena compañera de otro tipo de sentimiento negativo: **"Los celos"**. Esas dos, tienen una fuerte afinidad y muy raramente están separadas. Sin embargo, se pueden distinguir entre sí. Tenemos celos de lo nuestro; envidiamos las posesiones de otro. Los celos temen perder lo que tienen; la envidia sufre al ver lo que otros poseen.

Algo muy importante que tienes que tener en cuenta es, que **"La Envidia"** no está limitada a ciertos grupos de personas. Es asombroso notar cómo este pecado mortal o sentimiento mortal, existe en los corazones de hombres y mujeres de todas las esferas sociales. Este mal detestable aparece en los predicadores, doctores, abogados, políticos, banqueros, hombres de negocios, maestros, cantantes, músicos, deportistas; como también en los oportunistas, en los que ocupan cargos en las iglesias, y en miembros de tu propia familia. Recordemos el relato bíblico de Caín y Abel.

Si la envidia sólo sirviera para espolear nuestra ambición hacia el bien, para alcanzar más altos ideales, entonces sería algo recomendable; pero generalmente lo opuesto es verdad. La Biblia tiene mucho que decir sobre el pecado de la envidia. El Apóstol Pablo clasifica la envidia como parte de la injusticia, de la fornicación, la perversidad, la avaricia, el homicidio, la contienda, el engaño, la detracción, el odio a Dios, la desobediencia, y la mentira.

Y te podrías preguntar, *¿Cuáles son los efectos colaterales de la envidia?...*

I. LA ENVIDIA HACE QUE LA PERSONA NO APRECIE NI DISFRUTE LO QUE TIENE Y POR LO TANTO LO PUEDE VOLVER CODICIOSO.

Hay muchas personas que no aprecian ni disfrutan de lo que poseen porque tienen envidia de lo que otros poseen. La envidia, puede generar la **"codicia".** La Biblia dice claramente: **"No codiciarás"** (*Éxodo 20:17*).

El codiciar lo que otro tiene o envidiarlo trae sólo la infelicidad. Hace que uno esté ciego a lo que uno mismo posee. El Apóstol Pablo dice: **"No nos hagamos vanagloriosos, irritándonos unos a otros, envidiándonos unos a otros"** (*Gálatas 5:26*). El Salmista David, mucho antes del Apóstol ya había escrito lo siguiente: **"No te impacientes a causa de los malignos, ni tengas envidia de los que hacen iniquidad."** (*Salmos 37:1*). También el sabio Salomón escribió al respecto diciendo: **"No tenga tu corazón envidia de los pecadores, antes persevera en el temor de Jehová todo el tiempo."** (*Proverbios 23:17*).

II. LA ENVIDIA NOS EMPEQUEÑECE.

El sentir envidia es una señal de pequeñez. El ser envidioso denota un alma estrecha. Es admitir francamente que no se tiene la habilidad, la natural disposición y capacidad para competir con aquellos que se destacan, con aquellos que por su ardua labor, su empeño y su dedicación han logrado conseguir sus metas. Ya la palabra de Dios lo había anunciado, cuando en palabras del Apóstol Santiago encontramos lo siguiente: **"Porque donde hay celos y contención, allí hay perturbación y toda obra perversa. Pero la sabiduría que es de lo alto es primeramente pura, después pacífica, amable, benigna, llena de misericordia y de buenos frutos, sin incertidumbre ni hipocresía"** (*Santiago 3:16-17*).

5. —NEGUEMOS ESTAR DEPRIMIDOS.

De todas las emociones negativas, la depresión es la que más nos daña. Muchos vivimos en depresión y la aceptamos sin darnos cuenta. Nos parece natural porque nos resulta muy normal estar tristes. Sin embargo, Dios no quiere que la aceptemos como una forma de vida.

Todo ser humano está expuesto a pasar por momentos difíciles y por situaciones adversas, ya sea en el plano económico, como en la salud y sobre todo en lo social. La depresión es una condición emocional, y ya seas rey, reina, príncipe, princesa, vasallo o sirviente, rico, pobre, letrado o analfabeto puedes sufrir de este estado emocional. Es algo que siempre ha existido y que debemos estar preparados para batallar en contra de ella y vencerla. Algunas personas en la Biblia se dieron cuenta de que estaban experimentando una situación emocional cuando por ejemplo el Rey David dice: **¡Me he consumido a fuerza de gemir!"** (*Salmo 6:6*), también encontramos otra cita donde el mimo rey David señala: **"¡La burla ha quebrantado mi corazón!"** (*Salmo 69:20*); **"¡Lloro de sufrimiento!"** (*Salmo 119:28*) ¿Algo de esto nos parece conocido? La buena noticia es, que Dios no quiere que vivamos con estos sentimientos. Quiere que el gozo del **Señor** se levante en nuestra vida y que echemos fuera toda tristeza que nos agobia. Tenemos que adoptar una actitud positiva donde no demos cabida a la depresión, ni nos dejemos agobiar ni ahogar por su tortura. ¡Recordemos a los ciclos que ya he mencionado en otros temas!, por tanto, todo es pasajero. Confía a Dios tu o tus problemas y ten fe en que él se encargará de ellos.

6. —ECHEMOS FUERA LA AMARGURA.

La amargura nos quema el cuerpo y el alma de la manera que el ácido se come la piel. Cuando una raíz de amargura toma nuestra vida, nos consume y corta las bendiciones de Dios. El Apóstol Pablo describe la amargura como un estado de ansiedad y de aflicción que no deja que las personas puedan vivir en paz con ellos mismos ni en armonía con los demás. El apóstol declara lo siguiente: **"Mira bien, no sea que alguno deje de alcanzar la gracia de Dios; que brotando alguna raíz de amargura, os estorbe, y por ella muchos sean contaminados"** (*Hebreos 12:15*). El apóstol considera a este estado, como un estado de contaminación y como un estorbo para ir a Dios. **Jesús Cristo** nos dice: **"¡NO se turbe vuestros corazones, creed en Dios, creed también en mí!"**. *(Juan 14:1)*. Tenemos que orar para que Dios nos libere de cualquier amargura. Oremos para que siempre tengamos un espíritu de agradecimiento, de alabanza y adoración. Pidámosle al Espíritu Santo que quite de nuestro corazón todo lo que no sea de Dios y lo que no contribuya a nuestra formación como hombre y mujeres de Dios.

7. —DIGAMOS "NO" A LA DESESPERACIÓN.

La desesperación es como un asesino lento que afectará nuestra salud y nuestra alma. La verdad es, que cuando decidimos poner nuestra esperanza en el **Señor**, Él satisface todas nuestras necesidades y nos lleva a la victoria sobre la desesperanza. De la misma manera que podemos elegir que actitud vamos a tener cada día, podemos optar por poner nuestra esperanza en Dios.

Debemos proteger nuestra alma como lo diría el sabio Salomón en uno de sus proverbios. **"Espinas y trampas hay en la senda de los impíos; es decir, aquellos que No andan en rectitud, pero el que cuida su vida se aleja de esas espinas y de esas trampas."** (*Proverbios 22:5*). La desesperanza es muerte para nuestra alma. ¡Neguémonos a vivir con ella! No importa qué tan mal parezcan ponerse las cosas en nuestra vida, siempre tenemos que tener esperanza en el Señor. Aunque no sepamos de Él, y nos veamos solos, en realidad, Él está con nosotros; sólo debemos confiar plenamente en sus promesas porque Él es fiel y verdadero y nunca nos abandonará a nuestra suerte. *¡Pensemos que la desesperación es el paso más directo hacia el fracaso!* Recordemos que las emociones negativas en definitiva revelan nuestras debilidades y al tomarlas como norma de conducta, nos convertimos en esclavos de sus efectos.

Si en verdad confiamos en Dios, *¿Por qué vamos a estar ansiosos o insatisfechos, envidiosos, deprimidos, amargados y sin esperanza?* No podemos permitir que las emociones negativas estropeen la belleza que nos rodea. Digamos como dijo el Apóstol Pablo a los habitantes de Filipos: **"De cuantas cosas sean verdaderas, cuantas sean de seria consideración, cantas sean justas, cuantas sean castas, cuantas sean amables, cuantas sean de buena reputación, cualquier virtud que haya y cualquier cosa que haya digna de alabanza, continúen considerando estas cosas. Vida que Dios tiene para cada uno de nosotros".** *(Filipenses 4:8).*

Otros Consejos Sanos Para Lidiar con las EMOCIONES NEGATIVAS

Según una revista de deportes, *"Un sinfín de estudios han demostrado que la forma de mover el cuerpo influye en el estado de ánimo a través de la bioquímica. Los niveles de hormonas y oxígeno cambian de acuerdo con el tipo de movimiento".* Sin lugar a dudas, es beneficioso mantener el cuerpo activo, para de esta forma evitar los estados negativos de la ansiedad.

Según *The Harvard Mental Health Letter:* **"Los espectáculos violentos"**, *fomentan sentimientos de ira y agresividad. Según los experimentos realizados en esa institución, los participantes que vieron películas violentas tuvieron más ideas agresivas y la tensión arterial les subió.* Así pues, decide bien qué vas a ver y escuchar.

Existe un dicho que dice: **"Para saber qué piensas, pregúntate como te sientes".** Las emociones son herramientas muy valiosas para dejarnos saber lo que pensamos en un momento dado. Porque es imposible sentirnos en un estado anímico negativo y al mismo tiempo tener pensamientos positivos.

En último término, lo mejor para controlar las emociones es establecer una amistad estrecha con el Creador, quien nos invita a todos a contarle nuestros sentimientos y emociones. Pablo exhortó: **"No se inquieten por cosa alguna, sino que en todo, por oración y ruego junto con acción** de gracias, dense a conocer sus peticiones a Dios; y la paz de Dios que supera a todo pensamiento guardará sus corazones y sus facultades mentales". *(Filipenses 4:6-7)*. Como ves, es posible vigorizar nuestro interior a fin de ser capaces de aguantar cualquier situación. Así lo indicó el apóstol al agregar: **"Para todas las cosas tengo la fuerza en virtud de aquel que me imparte poder"** *(Filipenses 4:13)*. Aquí el apóstol se refiere al mismo Dios que todo lo sabe y todo lo puede.

Poema "Desiderata"
Autor: Max Ehrmann.

Camina plácido entre el ruido y la prisa y recuerda
la paz que se puede encontrar en el silencio.
En cuanto sea posible y sin rendirte,
mantén buenas relaciones con todas las personas.
Enuncia tu verdad de una manera serena y clara
y escucha a los demás, incluso al torpe e ignorante, también ellos tienen su
propia historia.
Esquiva a las personas ruidosas y agresivas,
ya que son un fastidio para el espíritu.
Si te comparas con los demás, te volverás
vano y amargado,
pues siempre habrá personas
más grandes y más pequeñas que tú.

Disfruta de tus éxitos lo mismo que de tus planes.
Mantén el interés en tu propia carrera
por humilde que sea,
ella es un verdadero tesoro
en el fortuito cambiar de los tiempos.
Sé cauto en tus negocios
pues el mundo está lleno de engaños,
más no dejes que esto te vuelva ciego
para la virtud que existe.
Hay muchas personas que se esfuerzan
por alcanzar nobles ideales.
La vida está llena de heroísmo.
Sé sincero contigo mismo,
en especial no finjas el afecto.
Y no seas cínico en el amor,
pues en medio de todas las arideces y desengaños,
es perenne como la hierba.

Acata dócilmente el consejo de los años
abandonando con donaire las cosas de la juventud.
Cultiva la firmeza del espíritu,
para que te proteja en las adversidades repentinas.

Muchos temores nacen de la fatiga y la soledad. Sobre una sana disciplina, sé
benigno contigo mismo. Tú eres una criatura del universo.
No menos que las plantas y las estrellas,
tienes derecho a existir.
Y sea que te resulte claro o no,
indudablemente el universo marcha como debiera.

Por eso debes estar en paz con Dios
cualquiera que sea tu idea de Él.
Y sean cualesquiera tus trabajos y aspiraciones, conserva la paz con tu alma
en la bulliciosa confusión de la vida.
Aún con toda su falsía, sus dolores y sueños fallidos, el mundo es todavía
hermoso.
Sé cauto, ¡esfuérzate por ser feliz!

**Un poema lleno de sensatez y de mucha sabiduría; pareciera como si fuese
una filosofía inspirada por grandes verdades que encierran al ser humano,
su naturaleza y la convivencia con su entorno y con Dios. Verdades que
se ocultan en lo más profundo del conocimiento humano.**

CAPÍTULO 16

MALOS HÁBITOS
Y COMO VENCERLOS

¿*CÓMO identificamos un hábito?* Un hábito negativo controlador o **mal hábito,** es algo que haces deliberadamente aun sabiendo que es destructivo sea física, mental, emocional, relacional o espiritualmente hablando. O quizás, algo que consistentemente haces aunque no lo quieres hacer… ¡Terminas haciéndolo de todas formas!

¡Todos estamos expuestos a copiar o a aprender malos hábitos!, ya sea interpersonales, me refiero un mal hábito a través de dos o más personas o a nivel personal. Ya hemos oído muchos casos de malos hábitos, alguno de ellos no te hacen daño o le hacen daño a otras personas, pero existen otros que traen consecuencias funestas tanto para el que lo practica como para las personas que se encuentran a su alrededor. *¡Estos problemas humanos siempre han existido!* Y desde el inicio de la sociedad civilizada, el hombre ha batallado contra este flagelo. Si buscamos en las Sagradas Escrituras, encontraremos lo escrito por el Apóstol Pablo a los habitantes de Roma: **"¿No entiendo lo que me pasa?…Pues no hago lo que quiero, sino lo que aborrezco… pobre de este cuerpo"** (*Romanos 7:15*). Hay que entender el dilema como Pablo lo entendió. ¡Él tenía buenas intenciones pero luchaba contra él mismo! Existe

en esta Tierra, gente buena que está atada a hábitos malos. A veces pensamos que si admitimos que tenemos un mal hábito, somos menos espirituales. *¡No seas engañado, negar el problema es peor!* El apóstol ya estaba consiente de este tipo de fenómenos cuando admite lo siguiente: **"Y yo sé que en mí (esto es, en mi carne) no habita el bien: porque el querer el bien está en mí, pero no el hacerlo. No hago el bien que quiero; sino el mal que no quiero, eso hago. Y si hago lo que no quiero, ya no obro yo, sino el mal que mora en mí"**. (*Romanos 7:15-20*). Lo cierto es, que todos somos débiles y muy humanos, por lo tanto, fallamos en algún sentido y somos susceptibles a muchos problemas diversos que pueden convertirse en vicios y malos hábitos.

Lo que la mayoría de la gente no comprende, es que con frecuencia, un vicio o una mala costumbre, es algo más que una simple reacción natural que tenemos inculcada. Estos vicios o malos hábitos, corresponden a influencias satánicas. Nos dejamos influenciar por espíritus malos (*demonios*) que son los causantes de dichos hábitos. Los cuales tratan de mantenernos esclavizados a ellos, para controlarnos a su antojo. Con más razón, cuando se tratan de hábitos nocivos para nuestra salud o que afecta nuestra relación con los demás.

¿Por qué los hábitos son tan poderosos? Porque ellos te atan muy sutilmente. Los hábitos controladores se forman muy lentamente casi sin uno darse cuenta. Usualmente la persona ni sabe que ha formado un hábito en su vida. Si alguien le pregunta, ellos dicen: ***"¡Yo puedo dejarlo en cualquier momento. Esto no es un problema!"*** Los hábitos son como la construcción de una cadena. Cada día que hacemos algo en un patrón, unimos un eslabón con el otro. Mientras los eslabones se van entrelazando, la cadena se va formando. Cualquier día normal, las cadenas son muy pequeñas, para darnos cuenta. Pero pasando el tiempo, nos encontramos con la cruda realidad de que somos dependientes de esos hábitos o vicios y que esos eslabones se han convertido en algo tan fuerte que no se pueden romper. Es con el tiempo que los malos hábitos se convierten en casi indestructible.

La persona que es adicta a los cigarrillos no es adicta el primer paquete. Toma tiempo y más tiempo, fumar y más fumar hasta que el cuerpo es dependiente de la **"nicotina"** (*alcaloide líquido, oleaginoso, incoloro y tóxico que se encuentra en el tabaco*). Los hábitos se forman voluntariamente. La persona ha entregado su voluntad al hábito tantas veces, que se convierte en adicto. El apóstol Pablo dice: ***"Pero veo otra ley en mis miembros, que se rebela contra la ley de mi mente, y que me lleva cautivo a la ley del pecado que está en mis miembros"*** (*Romanos 7:23*). *Cuando el apóstol menciona la palabra: "Pecado" se refiere a la desobediencia, a lo que* le puede causar daño a su cuerpo. Como podemos analizar de este versículo, estos malos hábitos no solamente atan muy sutilmente, sino que quiebran tu voluntad. En el momento que tú permitas que un hábito te controle, te conviertes en esclavo del mismo. *¡El hábito te quiebra al punto que ya tú no tratas de resistir porque piensas que no puedes romperlo!* La actitud que adoptas es: **¡Para que tratar si voy a regresar a lo mismo!** El hábito te rompe la voluntad de pelear y de sentirte un hombre libre. La palabra de Dios tiene razón cuando dice: **"Eres esclavo de aquello que te domina"** (*2 Pedro 2:19*).

En una ocasión escuché una historia de cómo los elefantes de circo no se rebelan contra la delgada cadena que los ata, sino que al contrario, adoptan una actitud sumisa a la misma. Como has podido observar, son animales gigantescos, con capacidad y fuerza para romper esas pequeñas cadenas que lo contienen para ser libres, sin embargo no lo hacen. ***¿Cuál es la razón de no pelear y ser libres de una vez y por todas?*** El secreto está, en que cuando los elefantes son bebes, los entrenadores le ponen una cadena bien pesada en el tobillo y lo cimientan en la tierra. Día tras día, el bebé elefante, trata de escaparse pero, ¡No puede! Después de tanto luchar, se rinde y deja de pelear. ¡Simplemente, no puede desatarse de las cadenas que lo atan! El resuelve en su mente que no hay manera de escaparse. El piensa: "¡Nunca seré libre!" Entonces al pasar el tiempo, remplazan la cadena pesada por una mucho más liviana. Si el elefante abriese sus ojos, podrá ver que sólo tiene que tomar un paso y será libre. Pero en su subconsciente, piensa que no vale la pena, porque ya lo intentó muchas veces y se mantiene atado. *¡Está atado a algo que en sí, no tiene poder sobre él sino el poder que él le permite!*

Existe una historia verídica de un hombre que era dueño de un águila y la tuvo encadenada a una estaca durante muchos años. Con el curso de los años, el águila había llegado a abrir un surco en la tierra de tanto dar vueltas alrededor de la estaca. Ya se estaba haciendo vieja y el amo se compadeció y pensó: "Como no le falta mucho de vida, voy a ponerla en libertad". Quitándole la anilla de la pata, la tomó en la mano y la lanzó al aire. Pero, ¿Qué crees que sucedió? La vieja águila se había olvidado casi por completo de como se volaba; dando unos cuantos aletazos, bajó nuevamente al suelo, se acercó al surco y se puso a dar vueltas siguiendo la rutina que había tenido durante años. No estaba sujeta con ninguna cadena ni argolla ¡Lo hacía simplemente por la fuerza de la *costumbre!*

Se ha dicho que las cadenas de las malas costumbres son tan débiles que no se sienten hasta que son tan fuertes que no se pueden romper; ¡Pero el Señor sí las puede romper! Y que los hábitos son como sogas, cada día se teje un hilo más hasta que al final son irrompibles. Debemos preguntarnos *¿Por qué tenemos que deshacernos de los malos hábitos?* Porque ellos destruyen nuestras vidas. Cuando se establecen y son parte de ti, se convierten en fortalezas y dominan, no sólo tu voluntad, sino también tu vida misma. Son muchos los matrimonios rotos, muchas las familias divididas con hijos de relaciones disfuncionales, muchos los trabajos perdidos, muchas las relaciones destruidas entre amigos y familiares y muchas las enfermedades que han surgido todo debido a este fenómeno. Debemos preguntarnos: *¿Cómo podemos ser libres?* Hay que recordar lo que dice el apóstol Pablo a los habitantes de Corintio: **"No os ha sobrevenido ninguna tentación que no sea humana; pero fieles Dios, que no os dejará ser tentados más de lo que podéis resistir, sino que dará también juntamente con la tentación la salida, para que podáis soportar"** (*1 Corintios 10:13*). **Dios te dice que con la situación, Él provee** la victoria, pero lo primero que tienes que hacer es admitir que tienes un problema. ¡Todo comienza con la confesión. Aceptando la responsabilidad del problema! Tú no podrás tener victoria si no admites que hay un problema. Este principio incluso se utiliza en centros profesionales especializados como: **"Alcohólicos Anónimos y Hogar Crea"**. Estas son instituciones para ayudar contra la adicción al alcohol y a los narcóticos o drogas.

Según la Palabra de Dios, es indudable que hay demonios que fomentan ciertos pecados y vicios con la intención de destruirnos por medio de ellos. Como por *ejemplo:* Demonios de vicios nocivos contra la salud como es el del tabaquismo, demonios de alcohol, droga; demonios de juego, demonios de perversiones sexuales, de homosexualidad, etc. Esos son algunos de los vicios más evidentes, ¡pero muchos no se dan cuenta de que cosas como: El odio, el sentimiento de culpa, el rencor, la preocupación, el orgullo, la envidia, los celos, la santurronería, el temor, decir mentiras y engañar; son también ¡malas costumbres y vicios!, y las fuerzas espirituales que atan a las personas a esos vicios y costumbres pueden ser igual de intensas y destructivas que la adicción que impulsa a algunos irresistiblemente a jugar, consumir drogas o abusar del alcohol y del tabaco.

Existen demonios en este mundo que intentaran hacerte daño y destruirte en casi todas las facetas de tu vida ; siempre y cuando tú se lo permitas. Satanás va a aprovechar cualquier momento de debilidad para tentarlo a uno constantemente por lo que debemos estar siempre alerta. A continuación otros malos hábitos.

OTROS MALOS HÁBITOS

Otros hábitos que también entorpecen al ser humano a llegar a tener el nivel más alto de potencialidad y de comunión con el Creador son los hábitos que expongo a continuación.

El Alcoholismo es un vicio que ha atormentado a la humanidad durante miles de años, y aunque beber vino con moderación era muy común en tiempos bíblicos, la Biblia habla mucho en contra del abuso constante y exceso de vino y otras bebidas alcohólicas. En la Biblia encontramos expresiones como: **"¿De quienes son los Ay?...De estos que se dejan seducir por el vino"**, **"He aquí que el vino le agrada a la carne y la sidra alborota al cuerpo, pero todo aquel que por culpa de ellos cometa un error, no es sabio"** *(Proverbios 20:1)*. El Señor no sólo te puede liberar del espíritu que produce el alcoholismo, sino que también te puede dar las fuerzas para seguir resistiéndolo una vez te ha librado.

Las Drogas también causan un hábito difícil de quitar y son muy perjudiciales. Eso no sólo sucede con las drogas ilícitas, sino también, con los **medicamentos legales** recetados que compran millones de personas en la farmacia. ¡Muchos producen hábito y, sean cuales sean sus "efectos beneficiosos" sea evadirse de la realidad o aliviar el dolor, casi todos tienen efectos secundarios negativos, son perjudiciales y caros! Pero hay una buena noticia: ¡El Señor ha librado a incontables miles de personas de la adicción a todo tipo de drogas! ¡Milagrosamente! ¡Y en muchos casos sin los síntomas que se tienen cuando se deja la droga!

Los Juegos de Azar es un vicio que produce tanto hábito como el alcohol o las drogas, y es un ejemplo claro de malos espíritus que lo impulsan a uno a jugarse un dinero que ha ahorrado con mucho esfuerzo al número que salga en los dados, lo que indique la ruleta, la velocidad de un caballo o una partida de cartas al azar. La razón del juego es que se puede ganar dinero fácilmente sin esfuerzo, que es exactamente lo contrario de los valores de diligencia, esfuerzo y ahorro que enseña la Biblia. Asimismo, depender de la suerte es depender de las bendiciones del Diablo.

La HOMOSEXUALIDAD, O SODOMIA- Trataré este tema en detalles, en el capítulo: **"LA SOCIEDAD, SU ORGANIZACIÓN Y SU DESCALABRO".**

LA GULA O GLOTONERIA-, El impulso irremediable de comer, es con frecuencia un hábito que tiene causas espirituales, y hace falta determinación para deshacerse de un hábito tan malo y tan fuerte. Muchas veces, la gula o glotonería es un hábito tan terrible como las drogas o el alcoholismo, y la Palabra de Dios hace muchas advertencias en contra de ella. El sabio Salomón nos advierte: **"No te juntes con los bebedores de vino, ni con los comilones de carne, porque el bebedor y el comilón se empobrecerán"** *(Proverbios 23:20). Leer tema:* **"UNA ALIMENTACION ADECUADA".**

EL HABITO DE CRITICAR- Si ves que siempre estás juzgando, criticando y menospreciando a los demás, y te crees mejor que ellos, tienes que orar sin falta para librarte de los espíritus negativos que producen división y te hacen ser de esa manera. El señor **Jesús** sintetiza la crítica de la siguiente manera: **"No juzguéis, para que no seáis juzgados. Porque con el juicio con que juzgáis, seréis juzgados; y con la medida con que medís, os volverán a medir. Y ¿por qué miras la mota que está en el ojo de tu hermano, y no echas de ver la viga que está en tu ojo? O ¿cómo dirás a tu hermano: Espera, echaré de tu ojo la mota, y he aquí la viga en tu ojo? ¡Hipócrita! Echa primero la viga de tu ojo, y entonces mirarás en echar la mota del ojo de tu hermano."** (*Mateo 7:1-5).*

LA SANTURRONERIA O GAZMOÑERIA- Aquel que aparenta ser muy devoto y que se considera lleno de virtudes y superior a los demás. Está muy estrechamente relacionada con el orgullo, y proviene directamente de espíritus de maldad. ¡Y aunque a todos nos asedia el pecado del orgullo y nos estimamos y preocupamos por nosotros mismos, el enemigo de nuestra alma puede muchas veces aprovechar dicha debilidad humana natural aumentándola hasta convertirla en el más grave de los problemas! El orgullo fue lo que originó la caída de Satanás ¡El Señor detesta el orgullo!

EL ODIO Y EL RENCOR- Son dos malos hábitos comunes que tienen innumerables consecuencias adversas. Son indudablemente, debilidades causadas por malos espíritus. El sabio Salomón lo describe de la siguiente manera: **"El odio despierta rencillas, pero el amor cubre todas las faltas"** *(Proverbios 10:12)*. Esos malos hábitos, no solamente son dañinos y hasta peligrosos para los demás, sino que la ciencia médica, ha demostrado que producen toda clase de enfermedades psicosomáticas a los que guardan rencor u odian a alguien, porque segregan verdaderos venenos en el torrente sanguíneo. *Leer tema:* **"REALIDAD MOLECULAR Y NUESTRA VISION DEL MUNDO"**.

Además de nuestra propia voluntad, tenemos que depender del poder de Dios para combatir los hábitos. El apóstol Pablo hablando a los habitantes de Filipos dijo que podemos decir: **"Todo lo puedo en Cristo que me fortalece"** *(Filipenses 4:13)*. Cuando se habla de la libertad, **Cristo** puede hacer en un momento lo que a los doctores le cuestan ser en una vida entera. Él es nuestra fuente de poder. No trates de hacerlo sólo con tus propias fuerzas. Depende de Él y tendrás la victoria.

Recuerda, los malos hábitos tienen que ser remplazados por buenos hábitos. Dios le dijo a Moisés que ellos tenían que sacar a los bárbaros de la tierra, sino, estos mismos iban a ser piedra de tropiezo. Si nosotros no sacamos lo que hay mal primero, lo bueno que tratemos de meter se va a ligar y tarde o temprano, lo malo lo vencerá. Remplacemos esos malos hábitos con hábitos tales como: Memorizar versos bíblicos, buscar el apoyo de otros que también padecen del mismo problema, congregarnos con otras personas que pudieron vencer hábitos similares. Recordemos que también, es importante orar el uno por el otro; en la unión está la fuerza y para vencer, muchas veces se necesita más de uno. **¡TODO LO PODEMOS EN CRISTO, QUE NOS FORTALECE!**

CAPÍTULO 17

LA SOCIEDAD, SU ORGANIZACIÓN Y SU DESCALABRO

LA SOCIEDAD HUMANA se formó con la propia aparición del hombre. En la prehistoria, la sociedad estaba jerárquicamente organizada de tal manera, que uno de los integrantes de la misma, generalmente el más fuerte y/o sabio del grupo, ocupaba el poder absoluto. Como sabemos, siempre ha existido la necesidad de un líder, para dirigir a todos los miembros de una comunidad o grupo social. Muchas veces, estos líderes eran escogidos por el pueblo democráticamente y otras veces, por un grupo poderoso con posesión de armas o más fuertes físicamente. También encontramos situaciones, donde un líder fue escogido directamente por el mismo Dios (*esto lo podemos leer en la historia de los Hebreos,[Éxodo 3:9-12] cuando Dios escogió a Moisés, como la persona ideal para libertar al pueblo hebreo de manos de los Egipcios*). Lamentablemente, la historia da testimonio sobre algunos de esos líderes que se convirtieron en tiranos y opresores, dueños de todos y de todo.

Donde exista un grupo de personas compartiendo en sociedad siempre veremos dos factores que formarán parte de la cultura de esta. Estos dos factores a los que me refiero se llaman: **"Político-Económico"**, los cuales determinan el crecimiento y desarrollo de la misma. La sociedad griega dio inicio a un sistema social en el que los estamentos inferiores de la sociedad podían ocupar el poder o unirse para ocuparlo; esto originó, la aparición de la **"política"** (*actividad humana tendente a gobernar o dirigir la acción del estado en beneficio de la sociedad o el proceso orientado ideológicamente hacia la toma de decisiones para la consecución de los objetivos de un grupo*). Pero no fue hasta 1789 con la **"revolución Francesa"** cuando la sociedad existente se cansó de la opresión ejercida por unos pocos afortunados, haciendo un revuelo al sistema de cosas de la época y de esa forma, se cambió radicalmente el sistema existente. Permitiendo que cualquier persona tuviera la misma oportunidad de escalar a un estamento superior, algo imposible en aquella época. El fin del antiguo régimen también dio comienzo a filosofías políticas que pretendían suprimir la jerarquía constituida en la sociedad, esto es: La **"Monarquía"** (*gobierno de un sólo hombre, o Rey*).

Al pasar el tiempo, varias etapas de desarrollo social han tomado cuerpo. Entre esas etapas o sistemas políticos se encuentra: **"El Comunismo"** (*Sistema social que algunos países adoptaron al cansarse del régimen monárquico absolutista o régimen de un sólo hombre, dando lugar a una participación más compartida*).

Es importante mencionar que ningún sistema cambia de la noche a la mañana; tienen que darse cambios importantes dentro de la sociedad, como por *ejemplo*: "Disgusto de los ciudadanos debido a la opresión y abuso de sus gobernantes, carencias de necesidades básicas para vivir, falta de libertades esenciales para el individuo desarrollarse como persona, etc."

Esos cambios o sistemas políticos se pueden medir en una escala de valores a través del espectro político. Esto es, el nivel de poder que tiene un gobierno para dirigir o gobernar a sus ciudadanos.

Cuando el nivel de poder en el sistema establecido es: **"0 %"**, no existe gobierno. Todos los ciudadanos hacen lo que se le plazca. A esta condición política se le llama: **"Anarquía"**. El otro extremo, es cuando el nivel de poder en el sistema establecido es: **"100 %"**. **En este caso,** el gobierno lo controla todo; es un absolutismo completo. Como *ejemplo* de estos gobiernos absolutistas están los sistemas: **Comunistas, Socialistas, Nazista, Fascista, Reyes, Príncipes, Dictadores.** Estos sistemas significan: "Un control total del gobierno hacia el pueblo o sociedad".

Es importante señalar, que en el medio del espectro político, se encuentran: "**Los Moderados**". Estos son los que de acuerdo a su filosofía, protegen los derechos de los ciudadanos en la sociedad. Los dos sistemas políticos moderados son: "**Democracia**" (*sistema gobernado por la mayoría del pueblo*) y "**República**" (*sistema gobernado por la ley*).

Tomando en cuenta el espectro político, entonces podemos decir: que existen **5** formas de gobernar a la sociedad.

- **Monarquía**—Sistema establecido gobernado por un "**solo hombre (rey, dictador)**".
- **Oligarquía**—Sistema establecido gobernado por un "*grupo*"
- **Democracia**—Sistema establecido gobernado por la "*mayoría*".
- **República**—Sistema establecido gobernado por las "*leyes*".
- **Anarquía**—Sistema establecido gobernado por "*nadie*".

Haciendo un análisis más minucioso, encontraremos que en realidad no existen **5** formas de gobierno, sino más bien, **4**. Esto es debido a que la "**Monarquía**", es siempre un grupo de hombres que pone a uno de sus miembros al frente. Ese es el líder que da la cara, pero tiene un consejo de hombres o gabinete que lo soportan y ejecutan sus planes. Las ideas no vienen de un solo hombre, sino de un grupo. Esto sucede en las dictaduras. Por lo que podemos decir: que en sentido práctico, no existe la "**Monarquía**" como gobierno, sino: "**La Oligarquía**" (*Un grupo poderoso que gobierna al pueblo*). Algo que es común en nuestro planeta.

Por otro lado, y debido al abuso ejecutado por los gobiernos establecidos, el pueblo decide que es mejor estar sin gobierno. "**Anarquía**", entonces es peor, porque al no existir una fuerza mayor que indique el deber de cada ciudadano, todo el mundo se ve obligado a defender sus intereses como mejor pueda; tomando las armas si es necesario. Por eso las sociedades civilizadas han tenido la necesidad de encargar o nombrar a alguien para vigilar y proteger los intereses de los ciudadanos dentro de una sociedad; de ahí, la existencia de los sheriffs, fuerzas de la policía, o cualquier otro tipo de fuerza del gobierno. De esta manera, los ciudadanos al sentirse protegidos, pueden desarrollarse en otras áreas para el progreso de la sociedad o comunidad donde residen.

Podemos decir que: "**La Anarquía**", no es más que un paso o etapa revolucionaria para pasar a otro sistema. Muchas veces ese mismo grupo que hizo posible la anarquía, es el mismo grupo que ofrece soluciones y por ende termina en: **"Oligarquía"** (*gobierno controlado por un grupo. El mismo grupo que inició la revolución o cambio*).

Como solución a estos dos tipos de sistemas políticos mencionados en los párrafos anteriores, *"anarquía y oligarquía"*, recurrimos al **"Sistema Democrático"** (*gobierno de la mayoría*). Lo hacemos para finiquitar ser dirigidos por un grupo. Pero esto también tiene sus consecuencias funestas; esto es, supongamos que la mayoría desea quitarnos lo que nos pertenece (*nuestros hijos, casas, iglesias, etc.*), no tendríamos otra opción que acatar la voluntad de la mayoría. Por lo tanto, no consideraríamos que sea justo, por lo que es necesario que exista un límite en ese sistema. De ahí que la mejor forma de gobierno seria: **"República"**, debido a que es el juicio y criterio de la ley la que manda y no un grupo o mayoría. La forma como trabaja este sistema: es estableciendo un orden de cosas o leyes; y se acatan esas leyes, si todos, están de acuerdo con ellas, es decir, unánimemente (*todos tienen que estar de acuerdo, de lo contrario, no es válida*).

Viéndolo desde el punto de vista económico, el sistema político-económico que predomina en nuestros días es el llamado: **"Capitalismo"** (*sistema económico heredado de la Revolución Francesa, en el que los individuos privados y las empresas de negocios llevan a cabo la producción y el intercambio de bienes y servicios mediante complejas transacciones en las que intervienen los precios y los mercados*).

El capitalismo, divide la sociedad en clases, y como característica, los individuos tienen la oportunidad de ascender o descender en la escala social utilizando como medio, el dinero; por lo que en este sistema, la posesión de dinero, significa: "poder".

En el **"Sistema Comunista"**, sin embargo, se promulga la repartición de las riquezas entre todos los individuos del entramado social; por lo que en este sistema en particular, no puede existir la propiedad privada. Es decir, todos los recursos pertenecen al estado para una distribución común. Este sistema es contrario a los demás sistemas políticos donde existe la propiedad privada en los medios de producción, ya que el gobierno, en esos sistemas democráticos, no pone límites a la interacción comercial que sus ciudadanos hacen. Eso sí, siempre y cuando paguen sus contribuciones al estado (*Impuestos*).

Los Inicios de la Gran Nación, llamada: "USA"

No debemos olvidar que los primeros **peregrinos** (*nombre que se le dio a los protestantes que salían de Europa con tal de defender sus convicciones religiosas*) de esta nación, eran protestantes separatistas de la Iglesia "Católica Romana" y se refugiaron en **América** debido a la persecución que existía en Inglaterra durante el reinado de Jacobo I. **Es importante señalar que ya para 1603, Enrique I, había comenzado a presionar a los grupos que se habían separado de la iglesia católica a que se sometan a su autoridad y por consiguiente en 1608 una congregación de separatistas huyó a Holanda atraída por la libertad que ofrecía ese país, pero aquí también encontraron resistencia.* Así decidieron abandonar Europa definitivamente y comenzar una nueva vida en **América,** donde podían practicar su religión libremente.

Después de 2 meses de travesía en el Océano Atlántico a bordo del **"Mayflower",** estos 100 peregrinos (*entre adultos y niños*), llegaron a cientos de kilómetros al Norte de la colonia británica de **Virginia** (*Lo que hoy se le llama: "Plymouth"*). Al llegar allí, el cruel invierno mató a la mitad del grupo, pero ellos no estaban dejados a la suerte; pues llegó la primavera, y les brindó un gran alivio. Los sobrevivientes construyeron casas y los indígenas americanos les enseñaron como cultivar alimentos en la zona. Para el otoño del año 1621, los peregrinos gozaban de tal prosperidad, que apartaron tiempo para agradecer a Dios la bendición que habían recibido. De ahí surgió la fiesta del día de ***"Acción de Gracias"** que se celebra en la actualidad en **Estados Unidos de América.** (*No podemos olvidar, que si Dios no hubiese intercedido por ellos, enviándoles ayuda a través de los indígenas americanos de la tribu de Wampanoag, quienes les enseñaron el modo de cultivar el maíz, donde pescar, como obtener otros productos y sobre todo, brindarles protección contra otras tribus indígenas; la historia hubiese sido distinta*).

*Un dato que merece ser mencionado, es el hecho de que las celebraciones del día de *"Acción de Gracias"* por parte de los primeros colonos, tenía un significado distinto a los de hoy. No era una mera reunión familiar para comer pavo y pastel de calabaza, era un *día de profunda meditación religiosa, servicios eclesiásticos y oración.*

Continuó la inmigración desde Europa, y la población de Plymouth rebasó las 2,000 personas en menos de 15 años. Siguieron llegando más peregrinos a las costas de Massachusetts y ya para el año 1640 la población en Nueva

Inglaterra era de unos 20,000 inmigrantes ingleses. Boston se convirtió en el centro espiritual de los **"Puritanos"** (*Creyentes que se separaron de la iglesia católica romana y buscaban una purificación de la iglesia, eliminando cualquier rastro del catolicismo*) ¡Con razón vemos tantas iglesias en el estado de Massachusetts!

Esta parte del Continente Americano que albergó a esos peregrinos, se convirtió 400 años después en la nación económica más poderosa que existe en el planeta en estos momentos, y como leímos más arriba, esta gran nación, empezó sus orígenes a través de la inmigración Europea, quienes trajeron sus costumbres, sus creencias religiosas y tradiciones; seguida por otros inmigrantes de diferentes partes del mundo.

Este país que acogió a esos inmigrantes, estuvo subyugado bajo una forma de gobierno impuesta por una de las potencias de ese entonces, Inglaterra. El pueblo cansado por los atropellos y abusos de la corona inglesa, decidió rebelarse y constituir una sociedad libre de opresión y una forma de gobierno al estilo **"República"** (*Como lo afirma el juramento a la bandera de la Unión Americana*) con la firme confianza, en la protección de la **"Divina providencia"** (*como lo indica la declaración de independencia del 4 de Julio de 1776 por las 13 colonias de ese entonces*). Como podemos observar, esa declaración, tenía un fundamento religioso. Los líderes que sentaron la base para la fundación de esta gran nación creían en la **"Divinidad"**. Es tanto así, que el juramento a la bandera de los **Estados Unidos de América** menciona la palabra: **"Bajo la dirección de Dios"** (*Incluida en el juramento a la bandera en 1954 por el presidente Dwight Eisenhower*).

En la historia de los inicios de esta gran nación, observamos que los hombres que la originaron, eran hombres moralistas y religiosos; y por ende, la nación fue constituida bajo un concepto de respeto a lo divino, pero lamentablemente, estos mismos hombres, se vanagloriaron del poder adquirido y se apartaron de esos preceptos religiosos que habían adoptado y creído; siendo el principal de estos: el **"Amar al prójimo como a sí mismo"**. El afán de explotación y la codicia dieron riendas sueltas a la "esclavitud"; destruyendo familias y tratando a otros semejantes en condiciones paupérrimas. Condiciones donde no existía lugar para el clamor humano, y donde un animal, valía más que cualquier esclavo. *¡Puritanos en las iglesias y ángeles del mal en sus haciendas y hogares!, ¡A Dios aclamando por perdón y prosperidad y con el mazo maltratando a los infelices esclavos!* Dios escuchó el clamor de aquellos que sufrían y permitió que se originara una de las guerras más sangrientas que jamás se haya conocido en esta nación desde sus orígenes: **"La guerra de Secesión o guerra Civil Americana"** (1861-1865) entre los ejércitos del Sur y sus 11 colonias (*Estados Confederados*) y los ejércitos de Norte (*Estados de la Unión*).

Hagamos una pequeña reseña histórica de la guerra civil americana.

Todo comenzó con una vieja y polémica doctrina llamada: **"Abolicionismo"** (*doctrina que propugna la anulación de leyes, preceptos o costumbres que se consideran atentatorios a principios humanos y morales. El término se aplicó principalmente a la corriente que propugnaba la abolición de la esclavitud, ya que considera a toda persona sujeto de derecho, en oposición a objeto de derecho*). Esto empezó a principios del siglo **XVI** (*siglo 16*) cuando el fraile español Bartolomé de las Casas, quien consternado por el trato inhumano que recibían los nativos en el nuevo mundo, proclamó la primera ley en Europa aboliendo la esclavitud en las colonias españolas. Ya en el siglo **XVII** (*siglo 17*), grupos religiosos condenaron esa práctica por considerarla anti-cristiana; seguido por movimientos nacionalistas en el siglo **XVIII** (*siglo 18*), dando lugar al surgimiento de movimientos anti-esclavistas en todo el continente. En América, el primer estado que aprueba un tratado de abolición gradual de la esclavitud fue el estado de Pennsylvania en el año 1780 y para 1808 los Estados Unidos de América prohíbe la importación de esclavos africanos en sus colonias.

En 1859, John Brown, un partidario del abolicionismo, había tratado de iniciar una rebelión de esclavos en Virginia atacando un depósito de municiones del ejército. Brown fue rápidamente capturado, juzgado y sentenciado a la horca. Tras su ejecución muchos habitantes del Norte lo aclamaron como mártir. Sin embargo, los blancos del Sur se convencieron de que el Norte no estaba dispuesto a mantener las libertades estatales dentro de la confederación de estados que constituían entonces los Estados Unidos de América. Dando así a una larga disputa entre los que apoyaban la esclavitud y los que estaban en contra de ella.

En la elección presidencial de 1860, el partido republicano liderado por Abraham Lincoln, adoptó como lema de campaña: **"Alto, a la expansión de la esclavitud en los Estados de la Unión"**, encontrando una fuerte oposición por su rival del partido demócrata, Steven Douglas, quien consideraba que los estados eran libres de elegir su estatus. (*Es importante mencionar, que estos dos contrincantes, Lincoln y Douglas, ya se conocían, por la disputa de la silla senatorial ganada en ese entonces por el señor Douglas en 1858 y por tener punto de vista diferente a la esclavitud*).

Al ganar el señor Lincoln la presidencia de la nación, siete estados declararon su rompimiento con los Estados de la Unión antes de que éste tomara el poder el 4 de Marzo de 1861. Las hostilidades empezaron el 12 de Abril de 1861 cuando las fuerzas de los estados confederados atacaron una fortaleza militar en Carolina del Sur. Esto dio lugar a un contra ataque de parte de Lincoln reconquistando la fortaleza, lo que incendió la llama para que cuatro estados esclavistas se unieran a los otros siete estados confederados. En Septiembre de 1862, Lincoln declaró el tratado de emancipación, proclamando así la libertad de 3.1 millones de esclavos en toda la nación americana. Estalló la guerra Civil y como consecuencia, una cantidad de decesos entre ambos ejércitos que se remontó según los historiadores entre 620,000 a 700,000 personas. Una cifra espeluznante. *¡Qué tremendo castigo por la soberbia y la falta de humanismo!*

Los Estados Unidos de América aprendió una gran lección con respecto a la esclavitud y comenzó a abandonar esa práctica pecaminosa en todos los Estados de la Unión después de la guerra de secesión o guerra civil. Pero no crean que abandonaron esa práctica inmediatamente, lo hicieron paulatinamente; ya que existían comunidades que lo aceptaron a regaña dientes. Ya abolida la esclavitud con la declaración de 1865, empezó entonces una gran batalla para aceptar a las personas de raza negra a integrarse o ser parte de la sociedad existente. "*Ya no puedo tenerte como mi servidor o esclavo, pero no te voy a aceptar como mi semejante*"; dando surgimiento a grupos de supremacía blanca, la segregación racial y por ende, dando inicio a los focos de racismo, y como consecuencia, el mal trato hacia las personas de piel oscura. Esto incluía desde luego, pisotear los derechos constitucionales de todo individuo de la raza negra, al igual que catalogarlos y tratarlos como ciudadanos de tercera o de cuarta categoría. Lo grave de este asunto, es que todo se llevaba dentro de un entorno de aceptación por las doctrinas religiosas; era gente que promulgaba el absolutismo blanco y condenaba a las personas de raza negra por ser parte de la sociedad. Estos fervientes creyentes de la fe cristiana, se parecían a los fariseos de los tiempos de **Jesús** *(fervientes oradores y puritanos ante el altar de las iglesias, pero verdaderos demonios cuando salían a la calle).*

No obstante, y debido al abuso excesivo, el gobierno comenzó a promulgar leyes, castigando la segregación racial y forzando a esos extremistas, a aceptar el nuevo orden de cosas. Fue entonces, cuando las organizaciones o movimientos reformistas negros se dieron paso para exigir mayor derecho como ciudadanos de esta nación, ser aceptados como parte de la sociedad y contribuir de una manera directa al desarrollo de la misma sin represalias ni maltratos.

Como podemos apreciar, el desarrollo de esta nación ha sido una evolución constante hasta llegar al sistema de cosas que poseemos hoy. Pero todo, basado dentro de un principio moral y religioso. Aunque los nuevos ideólogos consideran que existe una separación entre la **"Iglesia y el Estado"** (* *Ver: Concepto "Separación entre Iglesia y Estado"*) y por tanto, la moral es sólo subjetiva, por lo que la religión, no debe inmiscuirse en el comportamiento de los ciudadanos.

Los Estados Unidos de América, es un país de libre albedrío y por tanto, los ciudadanos, hacen lo que les plazca; siempre y cuando no rompan las leyes establecidas por los organismos existentes. Esta bien que cada persona tenga libertad para hacer lo que le plazca como individuo libre en una sociedad, siempre y cuando no rompa las normas y leyes impuesta por la misma; pero ahora, los términos se han modificado y los ideólogos comienzan a impulsar un nuevo concepto de ver las cosas: **"La Sociedad Pluralista". Según este nuevo concepto, e**xiste de todo y para todos, y el mismo derecho que tú tienes, lo tengo yo. Y por ende, tenemos que aceptarnos como somos y punto. No importa el concepto moral, ni una religión en particular o lo que el mismo Dios piense. Por tanto, estos ideólogos con este tipo de filosofía, exigen y demandan más libertades, más aceptación y más control para modificar a su antojo las cosas que consideran: "muy apegadas a principios cristianos". Con este nuevo concepto, dejamos de ser una nación moralista, con preceptos y principios religiosos, como fueron los inicios de esta gran nación, a una "sociedad pluralista", donde todo es aceptable.

La separación entre la Iglesia y el Estado

Existe un concepto legal y político que establece que: el Estado o instituciones del gobierno, son completamente autónomas en sus decisiones y juicios. Bajo este concepto, el Estado, no interactúa o toma como base, ningún tipo de doctrina religiosa. Las decisiones del Estado, son basadas en el marco de las leyes establecidas por los organismos encargados de crear las leyes, sin tomar como base, ningún tipo de doctrina o religión. Bajo este mismo concepto legal, las instituciones religiosas, gozan del mismo privilegio de autonomía, sin tener que apegarse al Estado. Cada una tiene autonomía para tratar los asuntos o temas que le atañen independientemente de lo que estime o piensa la otra institución.

Según los estudiosos del tema, lo que se persigue con este tipo de concepto, es un Estado o gobierno **"Laico"**; es decir, una posición neutral en cuanto a lo que se refiere a la decisión que quieran seguir sus ciudadanos, sin que el Estado regule en lo absoluto esas decisiones; otros piensan, que debido a la secularización de la sociedad como resultado directo de varias corrientes de opinión, tanto multirracial, como multicultural, es mejor que el Estado adopte una postura neutral para no obligar a nadie a una religión específica; otros promulgan que esa separación es debida a la extensión que provee el gobierno de libertad de culto o dicho de otro modo, el Estado no interfiere o aboga por ningún tipo de religión y por consiguiente, los ciudadanos pueden elegir, profesar y seguir la religión que les plazca.

Según los estudiosos de este fenómeno, la separación de la iglesia y del Estado tiene sus orígenes en el principio filosófico del **"Humanismo"** (*corriente o movimiento filosófico y artístico cuyo origen se sitúa en el siglo XIV en la península itálica, especialmente en Roma, Venecia y Florencia. Esta corriente filosófica está ligada con el renacimiento de las artes y la ciencia en Europa, su ideología básica predica la esencia del individuo como figura principal tanto individual como colectiva, donde destaca la admiración, exaltación y elogio de la figura humana y el hombre tanto en la cultura, en el deporte, en el arte y en todo lo que hace. El objetivo es enaltecer la dignidad humana*). Esta filosofía tomó auge durante la época del **"Renacimiento"**, *época donde los movimientos de revitalización cultural del hombre como en el campo de las artes, la literatura y las ciencias, tomaron auge en Europa Occidental en los siglos XV (siglo 15) y XVI (siglo 16)*. Este gran movimiento de filosofías y ciencias se consolida con otro movimiento intelectual histórico llamado: **"El Despotismo Ilustrado"** Los líderes intelectuales de ese movimiento, se consideraban a sí mismos como, "la élite de la sociedad", y cuyo principal propósito, era liderar al mundo hacia el progreso; sacándolo del largo período de tradiciones, superstición, irracionalidad y tiranía (*tiempo que ellos creían iniciado durante la llamada edad oscura de Europa*).

En este período de renacimiento de las artes y de las ciencias, el hombre explotó su capacidad creadora a su máximo esplendor; sacándole provecho a la industrialización y el desarrollo. Es como decir, un ciclo positivo de prosperidad y de avance. Pero como toda característica ondulatoria, después de ese ciclo positivo, empieza uno negativo. El *"Despotismo ilustrado"* trajo consigo, el marco intelectual en el que se producirían las revoluciones, tanto de la guerra de independencia de los Estados Unidos, como la Revolución Francesa; así como el auge del **"Capitalismo"** y el nacimiento del **"Socialismo"** como tipo de gobierno, rompiendo la relación que existía entre el trono y la iglesia. Algunos autores han interpretado que el origen de la separación entre Iglesia y Estado, se encuentra en las propias palabras de **Jesucristo** (*Mateo 22:21*) en referencia a **"Dar al César lo que es del César y a Dios lo que es de Dios"**. Pero esto más bien, fue una manipulación de Satanás para que el hijo de Dios, interviniera en los asuntos del poderío romano sobre el pago de los tributos o impuestos. Lo que **Jesús** quiso dejar claro, es que como ciudadanos de un país, debemos cumplir con el orden y las normas establecidas y no romper la ley impuesta por el hombre en sociedad. En otras palabras, **Jesús** nos llama a ser buenos ciudadanos y nos deja claro, que si obedecemos al hombre, también debemos obedecer a Dios, y por tanto, estas dos cosas no se deben mezclar.

Actualmente, *"la separación entre iglesia y Estado"*, se contempla en muchos gobiernos del mundo, mediante el establecimiento de un *"Estado laico"* o neutro, pero existen diversos modelos en diferentes países donde la relación entre el Estado y la religión es otra.

Paul Cliteur, catedrático de Jurisprudencia de la universidad de Leiden, en su libro: **"Esperanto Moral"**, establece cinco modelos en la relación entre el Estado y la religión:

1. **Ateísmo político o totalitario.** Cuando el ateísmo es la doctrina estatal. La Unión Rusa Socialista Soviética creada en 1917 fue el

primer Estado ateo, sus defensores ideológicos fueron: **Vladimir Ilyich Lenin** y **Joseph Stalin**.

2. **Estado Laico o religiosamente neutral.** Admite todas las religiones pero no apoya ni financia a ninguna. Hay varios modelos, entre ellos la **laicité francesa**; **la Wall of Separación de EE UU** y el **modelo turco**.

3. **Estado multi-religioso o multicultural.** Ayuda y financia a todas las religiones por igual. Mantiene a sus clérigos, sus templos y sus actividades. Este modelo se reivindica, fundamentalmente, por religiones que se encuentran en minoría en distintos países.

4. **El Estado que tiene una Iglesia Oficial.** Mantiene una colaboración estrecha con la iglesia oficial en tareas de gobierno y mantenimiento del orden público. Se toleran otras iglesias pero no se financian. Entre este modelo, se encuentran los grupos fundamentalistas del catolicismo, Islam y el Judaísmo.

5. **Teocracia.** Es el sistema opuesto al ateísmo político. Una sola religión es favorecida, el resto se prohíbe y suprime. Este Modelo en total retroceso en Occidente, pero se mantiene en Arabia Saudita y se instauró en el poder en Irán a partir del 1979.

Ese Estado laico o posición neutral que ha adoptado la constitución americana, ha dado lugar a diferentes vertientes de adoración incluyendo sectas satánicas que profesan su lealtad al príncipe de las tinieblas. Esto es posible debido a la interpretación que se le da constitución creada por los fundadores de esta nación cuando declararon su independencia. *¡Que de hecho, eran creyentes del Dios altísimo y seguidores de la fe cristiana!...* Entonces podemos ver la contradicción que existe entre los orígenes de esta nación con sus primeros peregrinos y los ideales políticos de hoy y la interpretación a la libertad de religión.

¿Por qué sigue esta nación celebrando el día de "Acción de Gracias" si adoptamos otros principios y dogmas diferentes a lo que le dio inicio a esta nación?... ¿Será debido a que creemos en una corriente idealista, donde todo es permitido y por ende tenemos que respetar a otros individuos, rompiendo con nuestras tradiciones, creencias y principios morales, aunque estos nuevos principios que permitimos solapen los principios cristianos?... ¡Nos estamos convirtiendo en otra Roma de la antigüedad

donde el libertinaje, la falta de moral y las grandes virtudes del ser humano como tal dejaron de ser, para satisfacer los gustos más bajos y degradantes!

LA HOMOSEXUALIDAD, ¿DERECHO INALIENABLE O ELECCIÓN INMORAL?

Primero, entendamos el significado de la palabra: **"Inalienable"**. Del latín *inalienabilis*, **inalienable:** es aquello que no se puede enajenar. Que no se puede pasar o transmitir a alguien el dominio de algo, por lo tanto, no se puede vender o ceder de manera legal en la sociedad. De ahí que los **"derechos inalienables",** son derechos fundamentales que posee todo ser humano al nacer y no pueden ser negados; ni una persona puede renunciar, desprenderse o transferirlos; ni siquiera por su propia voluntad, porque son derechos inherentes al individuo por el sólo hecho de su condición humana. *Por ejemplo: "No existe la esclavitud voluntaria". Una persona no puede renunciar a su libertad y someterse de forma voluntaria a los mandatos de otro hombre.* Dicho esto; se puede decir, que no existe ningún orden jurídico posible o castigo que pueda privar de estos derechos a un ser humano, ya que son independientes de cualquier tipo de factor particular. Además, estos derechos, están protegidos por diversas legislaciones internacionales, por considerarlos como una base ética y moral para resguardar a la dignidad de las personas en todas las naciones del mundo. Es tanto así, que en 1948 las Naciones Unidas adoptaron la **"Declaración Universal de los Derechos Humanos (DUDH) o Carta Internacional de los derechos Humanos"** haciendo un pacto internacional para velar por esos derechos. Ahora bien, *¿Cuáles son esos derechos inalienables que cada persona posee?*—Derecho a la vida, a ser libre, a la expresión, a la opinión, a un nombre, a una familia, a la igualdad, al libre tránsito, a la justicia.

Según los propulsores de la ley a favor del matrimonio entre personas del mismo sexo, los homosexuales y lesbianas tienen el derecho inalienable de la expresión, y elegir vivir con quienes ellos desean y adoptar niños para ser una familia completa. Pero esto es un juego de una doble moral, porque la sociedad siempre ha concebido **"la familia"** como: "la unión entre parejas de diferentes sexos, para llevar una vida en común y procrear niños; niños que al final, formarán parte de las generaciones futuras".

No necesariamente tenemos que aceptar una disposición jurídica porque la haya aprobado un grupo de individuos jugando a una doble moralidad. Por lo tanto, cada ciudadano que no esté de acuerdo con leyes que aprueban el *"matrimonio entre personas del mismo sexo"*, tiene el **"derecho inalienable de la objeción de conciencia"**; derecho legal que posee cada ciudadano de manifestar su disconformidad a la imposición de una ley contraria a lo que considera, pisotea las normas éticas, morales y religiosas; por lo tanto, cualquier imposición a la fuerza, de leyes que vayan en detrimento de ese derecho, puede considerarse como una violación o invasión de campos de la conciencia o agresión a las objeciones de conciencia. Es decir, que si un funcionario del Estado o un **juez del registro Civil** (*quien es la persona que interviene en la celebración de matrimonios*) no está de acuerdo con este tipo de casamiento, él/ella tiene todo el derecho legal de negarse a realizar ese acto, por considerarlo violatorio del **"derecho de objeción de conciencia"** por lo que la ley no tiene jurisdicción para condenarlo/a por desacato a la ley.

"El Hombre no nace, se hace". En palabras más concretas, el hombre no nace homosexual, se inclina al homosexualismo y elige ser homosexual. ¡El sistema en que vivimos está carcomido con la insensatez y la falta de integridad! Al permitir legalmente, que un individuo adopte cualquier tipo de creencia en una nación de orígenes cristianos, esto acarrea como consecuencia, el aceptar también, concepciones mucho más denigrantes para la dignidad humana y el principio de la creación. Entre estas cosas está: La aceptación como algo normal, de la unión entre **"Hombre con Hombre "y "Mujer con Mujer"**. Es como una sed de buscar placer en los confines de la oscuridad y en desobediencia total de las leyes de Dios.

Cuando Dios creó al hombre, lo creó semejante a Dios mismo. **"Hombre y mujer los creó, y les dio su bendición"**. Y dijo Dios: **"Y creó Dios al hombre á su imagen, á imagen de Dios lo creó; varón y hembra los creó"**. (*Génesis 1:27*). **"Y los bendijo Dios; y les dijo: Fructificad y multiplicad, y henchid la tierra, y sojuzgadla, y señoread en los peces de la mar, y en las aves de los cielos, y en todas las bestias que se mueven sobre la tierra"**. (*Génesis 1:28*).

Varón y Hembra los creó, para que formaran el núcleo de la sociedad: la **"Familia"**. No existe otra forma de poblar la Tierra, si no es a través de la relación entre un hombre y una mujer. Es un compromiso moral con el Creador; para que tanto, el hombre como la mujer, vivan en armonía con lo creado, darse amor y sobre todo, protegerse mutuamente. La revelación bíblica ilumina también el misterio de la sexualidad humana. En efecto,

Dios creó a cada ser humano con una sexualidad definida. En contraste con mucha mentalidad actual, que reduce la sexualidad a «**género**», es decir, algo accidental y secundario. La Biblia afirma que el sexo con el que uno nace es dimensión esencial y constitutiva de su personalidad. Por otro lado, la Biblia pone de relieve que el hecho de haber nacido varón o mujer, son dos acontecimientos igualmente grandes y valiosos. Ninguna de las dos formas es superior o inferior a la otra. Y sólo si cada uno acepta y asume su propia sexualidad; sólo entonces, estará en condición de realizarse plenamente como persona. La sexualidad, por tanto, marca una diversidad insoslayable entre el hombre y la mujer. Sin embargo, esta diversidad lejos de ser un inconveniente, o un hecho negativo, contribuyen al aspecto más positivo y fascinante para el desarrollo de nuestras respectivas personas. Es la diversidad, en efecto, la que hace posible e interesante el encuentro, el diálogo, el intercambio. En palabra más simples, **"el Amor mismo"** entre dos seres del sexo opuesto.

Los grupos de homosexuales y lesbianas han batallado sin cansancio, para ser aceptados como parte de la sociedad moderna. La dinámica de estos grupos y el avance del pluralismo, han dado paso a exigencias mayores. No sólo exigen derecho a ser respetados por su elección de ser homosexual, sino también exigen que se legalice de una vez y por todas las uniones entre ellos; incluso poder adoptar niños para ellos sentirse que son una verdadera familia. Esos grupos consideran que tienen los mismos derechos que cualquier otro ciudadano y se quejan de **"Intolerancia social o discriminación"**. Reclaman que tienen **"Derecho a expresar sus sentimientos"** e inclusive recurren a la **"Libertad que les confiere la constitución a elegir y practicar lo que ellos desean"**. Por tanto, estos grupos se valen de la política y de las leyes para obtener legalidad ante las instituciones sociales. El auge político que ellos han alcanzado es tan grande, que hoy en día están logrando su cometido. Legisladores están promulgando leyes permitiendo el casamiento entre "hombre con hombre y mujer con mujer".

Estados Unidos de América, nación escogida por Dios como la casa de los primeros peregrinos para ser una gran nación devota a sus mandatos, se está corrompiendo desde el mismo seno de los aparatos legislativos, donde se aprueban las leyes para convivir en sociedad. Con la aprobación de **"La ley de Igualdad de Matrimonio"** el 24 de Junio del 2011 por el senado estatal de New York, ya son seis, los Estados donde la unión matrimonial, **"Sacramento de Dios reservados para un hombre y una mujer"** es

FRANK ZORRILLA

permitida entre *"hombre-hombre* y *mujer-mujer"*. Estos Estados son: *Massachusetts, Connecticut, Iowa, Vermont, New Hampshire y New York.*

Este tópico genera polémica entre los ciudadanos y la reacción ha provocado la aprobación de enmiendas constitucionales por medio de **referendos** (*consulta popular, donde el pueblo da su opinión a través del voto, depositado en una urna*) en diversos estados de la unión americana, estos son: *Misisipi, Oregón, Texas, Missouri, Luisiana, Arkansas, Kentucky, Michigan, Montana, Dakota del Norte, Ohio, Oklahoma y Utah* los cuales establecen taxativamente la definición de matrimonio como: **"La unión de varón y mujer y prohíben que otro tipo de uniones se le equiparen".**

El ex presidente de Los Estados Unidos, George W. Bush durante su mandato, quiso impulsar la aprobación de una **"Enmienda a la Constitución"** (*cambio o modificación a leyes establecidas al principio de la creación de la nación*) sometiendo al congreso de los Estados Unidos, la denominada: **"Enmienda Federal al Matrimonio"** para reafirmar—según sus palabras: **"la santidad del matrimonio"**. Esta enmienda no prosperó en el Senado americano debido a la división de opiniones que suscitó esta iniciativa en la cámara legislativa. Según los expertos, ¡es improbable que enmiendas como esta pueda prosperar y convertirse en ley debido al conflicto de intereses que existe!

Este tipo de iniciativa trae grandes polémicas, debates y enfrentamientos entre los diversos grupos de la sociedad, como fue el caso del estado de **California** cuando en los años 2005 y 2007 se aprobó una ley que *"extendía la institución del matrimonio a las parejas del mismo sexo"*, pero esta ley fue **"Vetada"** (*autoridad que tiene un gobernante para rechazar un proyecto de ley aprobado por el Congreso y evitar que se convierta en ley*) por el Gobernador de turno, **Arnold Schwarzenegger** con el argumento de que los electores Californianos ya habían elegido a través de un referendo celebrado en el año 2000, la definición del matrimonio como: **"La unión de un hombre y una mujer"**. No obstante, en el 2008 los grupos de homosexuales y lesbianas apelaron a la Corte Suprema del estado y esta, declaró: *"inconstitucional la prohibición del matrimonio entre personas del mismo sexo y legalizó estas uniones en el Estado"*. Ante esta decisión de la corte, el pueblo californiano no se quedó de brazos cruzados y el 4 de Noviembre del 2008 convocó a otro referendo donde por abrumadora mayoría de votos, revirtieron el fallo de la corte enmendando la Constitución del Estado para solo reconocer el matrimonio entre **"un hombre y una mujer"**.

Si repasamos la historia, encontraremos que las uniones homosexuales son muy antiguas, la Biblia relata de relaciones homosexuales en el libro de Génesis, cuando nos narra la historia de los **"Sodomitas"** y el castigo que recibieron como consecuencia de esas prácticas. (*Leer Capítulo: SODOMA Y GOMORRA, LASCIVIA QUE SE REPITE"*). En la sociedad actual, el verdadero movimiento en busca de un reconocimiento legal de esta práctica abominable ante los ojos de Dios, surge a fines del Siglo **XX** (*siglo 20*) y especialmente con la revolución sexual. La usual definición de matrimonio empezó a ser interpretada por algunos grupos sociales en su vertiente laica como: *"La suscripción a un contrato jurídico que representa la relación y convivencia de una pareja basada en el afecto y un proyecto de vida en común; especialmente cuando la pareja desea comunicar formalmente sus preferencias ante el resto de los miembros de su comunidad, adquiriendo los derechos y deberes pertinentes a la formulación jurídica vigente"*. Bajo esa re conceptualización del matrimonio, la idea de la unión homosexual o unión entre pareja del mismo sexo encaja en la definición del siglo **XX** (*siglo 20*) en la que los dos contratantes tienen iguales derechos y deberes.

En muchas legislaciones ya están reguladas las uniones entre parejas del mismo sexo que les otorgan algunos o todos (*según la legislación regional*) los derechos patrimoniales y de sucesión (*herencia*), y algunos derechos de los que gozan las parejas heterosexuales; parejas conformadas por un hombre y una mujer en el contrato matrimonial. Ciertos autores han interpretado como un capricho las pretensiones de algunos grupos de homosexuales de intentar cambiar el clásico concepto de matrimonio y usarlo para sí mismos, debido a la existencia de estas leyes que reconocen parcialmente las uniones del mismo sexo; sin embargo, los que están de acuerdo a este tipo de uniones sostienen que, para las minorías sexuales, la prohibición es una marginación que convierte a sus ciudadanos de segunda clase, ya que no tienen acceso a los mismos derechos ni a las mismas leyes que el grueso de la población, y según ellos estableciendo de esta manera una situación jurídica peligrosa e injusta porque otros derechos pueden ser negados. **¿Qué les parece a ustedes esta explicación?**…

¿Qué podemos decir, de este tipo de relación entre "hombre y hombre y mujer con mujer" a nivel mundial? Actualmente, el matrimonio entre personas del mismo sexo es totalmente legal en 10 países: Bélgica, Canadá, España, Noruega, Holanda, Sudáfrica, Suecia, Portugal, Islandia y recientemente el senado Argentino aprobó la ley del matrimonio homosexual; convirtiéndose así en el primer país de América Latina en autorizar el matrimonio entre personas del mismo sexo.

En América Latina, las uniones entre parejas homosexuales y lesbianas tienen validez legal a nivel nacional en Colombia y Uruguay, así como a nivel regional en la Ciudad de México, Coahuila, en el estado brasileño de Río Grande do Sul.

Uruguay se convirtió en el segundo país de Suramérica en legalizar la unión civil de parejas homosexuales, tras la promulgación por parte del presidente Tabaré Vázquez de una ley que consagra las uniones concubinarios de distinto o igual sexo. En Venezuela, la diputada Romelia Matute sometió al Congreso Venezolano la propuesta de la Ley Orgánica para la Equidad e Igualdad de Género; ley que establece las asociaciones de convivencia constituidas entre dos personas del mismo sexo. De aprobarse, Venezuela se convertiría en el tercer país de Suramérica y en el cuarto de América en aprobar este tipo de unión.

Como podemos apreciar, este resurgimiento de la homosexualidad, está en todos los niveles y países. La historia se repite, como dije anteriormente: *"Son ciclos periódicos que existen en la historia de la humanidad, y como en los tiempos antiguos la manera de operación, es a través de los medios de masa"*. Estos grupos de homosexuales y lesbianas, presionan a los políticos de turno para que favorezcan el paso o aprobación de leyes que permita el matrimonio entre personas del mismo sexo, a expensas de que si no apoyan esas gestiones, arman un aparato de represalia y de propaganda para evitar su relección al cargo que ocupan. Muchos de estos políticos que le venden su alma al mejor postor o que también tienen tendencias homosexuales aprueban esas leyes para beneficiarse ellos mismos y al grupo que representan. No está de más, mencionar la cantidad de escándalos que se han suscitado con algunos políticos o gente de opinión pública donde se pone de manifiesto su orientación sexual, incluso padres y abuelos de familia, con edad avanzada.

Las grandes Metrópolis como New York, Los Ángeles, New Orleáns, Río de Janeiro (*Brasil*), son centros de grandes demostraciones de grupos homosexuales y lesbianas, organizando desfiles donde portan pancartas alegóricas a su orientación sexual y usando prendas de vestir proclamando su: **"Orgullo Homosexual"** sin ningún tipo de pudor o respeto hacia los niños, como hacia los adultos heterosexuales y muchas veces, poniendo de manifiesto su pasión y sentimiento desenfrenado en la vía pública.

Lamentablemente, volvimos a los tiempos antiguos de **"Sodoma y Gomorra"**. Ya la dignidad humana está en una etapa o ciclo de decadencia donde el respeto a Dios, a nuestros semejantes y a la moral son cosas del pasado. Males sociales como: **"La Pedofilia"** (*abuso de niños/niñas a través del sexo*), la **"trata de blanca"** (*tráfico de mujeres como objeto sexual*), el **"Metro Sexualismo"** (*Hombres usando ropa de mujer, cambiando su cuerpo como mujer y actuando como mujer*), etc. **¡El nivel de perversión es intolerante!** Y Dios ha prometido poner fin a este sistema como lo hizo en tiempos antiguos.

En el próximo tema hablaré de la historia de dos pueblos de la antigüedad destruidos por la ira de Dios ante la soberbia y la corrupción existente en ellos. La comunidad científica, curiosa por verificar la historia bíblica de estos pueblos, han realizado a través de los años, un sin número de estudios geológicos y antropológicos en la zona del Mar Muerto (*área donde menciona la Biblia, existieron esos pueblos*), con el objeto de verificar o desmentir las narraciones bíblicas.

Los científicos ya admiten que en efecto, esos pueblos existieron, pero ahora no quieren admitir que como menciona la Biblia, fueron destruidos con Fuego y Azufre, por lo tanto, existen dos versiones, las cuales hago mención: *1—la versión del Meteorito y 2—la versión del Terremoto.*

Dejemos que la comunidad científica se ponga de acuerdo en la forma que fueron destruidos esos pueblos. Lo importante es que los datos bíblicos concuerdan exactamente con el lugar donde están los vestigios encontrados, por tanto, la **¡Palabra de Dios no se equivoca y está llena de Verdad!**

CAPÍTULO 18

DESARROLLO DE LA SOCIEDAD Y LOS AVANCES CIENTÍFICOS

D ESDE LA CREACIÓN del mundo, el hombre ha tenido la necesidad de agruparse con otros de su especie; ya sea para protegerse uno al otro, alimentarse y/o compartir una cultura común; al igual que para mantener ciertas costumbres, lenguaje y tradiciones. De ahí el nombre: **"Sociedad"** (*Conjunto de individuos que comparten una cultura y se relacionan entre sí cooperativamente para formar una comunidad o grupo*). La formación de los grupos fue algo esencial para poder sobrevivir a diferentes cambios y situaciones adversas. En el principio, el primer elemento que dio vida a una sociedad o grupo de personas asociadas o agrupas con un fin común fue **"La familia"**. Personas descendientes de la misma sangre (*Padre, madre, hijos y luego la formación de pequeñas familias entrelazadas, esto debido al casamiento o unión de los hijos e hijas); es decir,* que la familia dio inicio a las grandes sociedades que han existido desde el origen del hombre, por eso muchas veces escuchamos que *la familia* es el "núcleo de la sociedad".

Las sociedades humanas son entidades poblacionales, por lo tanto, existe una interrelación entre las personas que habitan ese lugar geográfico y el entorno; y al realizar actividades en común, les da una identidad propia. La esencia de esta asociación de individuos, es precisamente para que el hombre pueda desarrollarse entre grupos y hacer un frente unido para un bien común; por lo tanto, existen reglas que la sociedad impone a sus individuos para poder compartir armoniosamente entre ellos. Esas reglas o normas están basadas en conceptos afines que beneficien a todos y que no vayan en detrimento del grupo; de ahí los conceptos o valores morales que se establecieron como normas de conducta. En la antigüedad, todo miembro que no acataba esos valores establecidos con la fundación del grupo, se le apartaba del mismo, evitando de ese modo que ciertos actos o conducta, pusieran en peligro la supervivencia de los demás miembros.

Dentro de la sociedad existen varias culturas que son creadas por el hombre, y esas culturas tienen su propio territorio para poder desarrollar una interacción acertada con los sujetos de mismas creencias, costumbres, comportamientos, ideologías e igual idioma. Los habitantes, el entorno y los proyectos o prácticas sociales hacen parte de una cultura, pero existen otros aspectos que ayudan a ampliar el concepto de sociedad y el más interesante y que ha logrado que la comunicación se desarrolle constantemente, es el *"avance tecnológico"*. Hoy en día vivimos en una sociedad globalizada gracias al avance de la tecnología. Pero también es importante resaltar, que la sociedad está conformada por las industrias culturales. La industria es un elemento fundamental para mejorar el proceso de formación socio-cultural de cualquier territorio. Este concepto, surgió a partir de la revolución industrial, y de esta, se entiende que fue la etapa de producción en serie. El hombre inventó la maquinaria, siendo la principal *"La imprenta"* creada por Johannes Gutenberg. Desde ahí en adelante, los avances tecnológicos se fueron ejecutando en la sociedad en la medida en que el hombre adquiría más conocimientos y los explotaba en la colectividad.

En nuestros tiempos, donde existen grandes metrópolis y los medios de transporte hacen posible la inmigración a diferentes zonas y regiones del planeta; los grupos de masas o *sociedades* están integrados por diversas culturas y cada una tiene sus propios fundamentos e ideologías que hacen posible la diversidad y por ende, enfrentamientos, debido a la aceptación o aprobación de ciertos criterios y valores que se conservan como parte latente de su propia existencia. El entendimiento de esas conductas humanas ha sido el rompecabezas que han tenido que armar los sociólogos con hipótesis que se formulan a través de la observación de la vida en ese gran laboratorio que es la propia sociedad.

El siglo **XX** (*Siglo Veinte*) parece haber combinado los mayores extremos de civilización y de barbarie (*falta de cultura, crueldad*) en lo que tal vez no sea más que el reflejo de la condición del hombre, quien es capaz de hacer el bien, como también de hacer el mal. Un *ejemplo* de esto son los países Occidentales, los cuales han alcanzado unas cotas de desarrollo económico y de bienestar social nunca vistas en la historia de la humanidad, disminuyendo la mortalidad infantil, ofreciendo asistencia sanitaria en una forma muy generalizada, prolongando la esperanza y calidad de vida por medio de grandes adelantos médicos, como resultado directo los grandes avances científicos y tecnológicos, incrementando la educación en todos los niveles de la sociedad, permitiendo el avance de la democracia política como forma de gobierno, promoviendo el respeto por los derechos humanos, reconociendo las libertades civiles de sus ciudadanos, aceptando el pluralismo, mejorando la situación de la mujer y su valor en la sociedad, etc., etc. Pero las partes negativas de este mismo siglo son no menos impresionantes; guerras mundiales, **"genocidio"** (*exterminio o eliminación sistemática de un grupo social por motivo de raza, etnia, religión, política o nacionalidad*), filosofías e ideales macabros y llenos de insensatez, **limpieza étnica** o eliminación de una raza o nación, **"holocausto"** (*gran matanza de seres humanos*), fabricación de armas de destrucción o de exterminio masivo como la bomba atómica, armas químicas y biológicas, torturas, manipulación, totalitarismo, terrorismo, abortos masivos, y muy seguramente, **"eutanasia"** (*que es la práctica de terminar con la vida de una persona que padece de una enfermedad ya sea con o sin su consentimiento*), etc.

Ante el espectáculo de tanta violencia, podemos formular las siguientes preguntas. *¿Es la violencia algo genético, que está en nuestra naturaleza, o más bien algo aprendido, adquirido con el proceso de la socialización o de la interacción social?, ¿Somos hoy más o menos violentos que en el pasado?, ¿Se respetan la vida y la dignidad humana hoy más que antes?* Seguramente no hay una respuesta neta y fácil a estas preguntas. En cualquier caso, los contrastes entre los logros de la civilización y las aberraciones de la barbarie resultan particularmente intensos. Ante los portentosos logros que nos ha conseguido el desarrollo científico y tecnológico, cabría exultar de satisfacción y orgullo, pero no nos sentimos del todo satisfechos. Hay conciencia de que algunos obstáculos, tal vez no del todo visibles, entorpecen el funcionamiento del maravilloso engranaje de nuestra cultura moderna.

La Biblia señala que no existe nada nuevo bajo el sol. Todo cuanto existe y ocurre en esta Tierra son fenómenos repetitivos. El predicador en el libro de **Eclesiastés** se pregunta y se contesta. **"¿Qué es lo que fue?… ¡Lo mismo que será! ¿Qué es lo que ha sido hecho? ¡Lo mismo que se hará, pues nada hay nuevo debajo del sol!"** *(Eclesiastés 1:9).* Recordemos que todo es parte de un sistema que representa un círculo, por tanto, tiene ciclos que se repiten con el factor tiempo. Períodos positivos y períodos negativos. Leer: **"OSCILANDO A LA FRECUENCIA DEL CREADOR".**

Para entender el tratamiento que nuestra sociedad da a la vida, será oportuno mencionar algunos de los rasgos más característicos de la cultura occidental contemporánea y por tanto observar lo que hemos logrado a través de los siglos.

El hombre moderno, apoyado en los extraordinarios progresos de la ciencia y la tecnología, se considera emancipado de trabas seculares o de cualquier creencia o tradición que dirija su vida, condiciones que durante milenios aherrojaron la existencia de las sociedades y de los hombres. La libertad se entiende ahora como: **"Emancipación"**, como ruptura con los más diversos tabúes. Es lícito, incluso deseable, probarlo todo, adentrarse por nuevos caminos a la búsqueda de experiencias distintas. *¡Los valores del pasado dejan de merecer respeto!* En general, todo lo tradicional se vuelve sospechoso, hay que innovar, ser original. El hombre ya no acepta tutelas de fuera, ya sea de la tradición, de la naturaleza o de la religión. Lo propio de este nuevo hombre adulto y emancipado es no aceptar más normas que las que él mismo se impone; si es que tiene sentido aceptar limitaciones, algo que no se tardará mucho en poner en duda. El hombre se siente en condiciones de erigirse en soberano de su propia existencia. *"El hombre, al erigirse soberano, no necesita más a Dios ni sus designios"* el **"Yo"**, *Lo ocupa todo.* El progreso, necesario e ilimitado, se convierte así en el gran mito de la modernidad. En cierto modo, ese progreso ocupa ahora el lugar que tradicionalmente había correspondido al **"bien"**. Así, los calificativos **"progresista"** y **"bueno"** terminan siendo la misma cosa. Y de modo correlativo, lo **"reaccionario"** es el **"mal"** en absoluto, sin paliativos. Nada puede detener ese progreso, cuyo sujeto es en última instancia el conjunto de la humanidad. La **"astucia de la razón"** ocupa el lugar de Dios en el gobierno del mundo.

Según los científicos, el motor del progreso es la ciencia, la cual persigue un conocimiento objetivo de las leyes que rigen el funcionamiento de la realidad física. El hombre clásico y medieval vivía en un mundo del que formaba parte como un ser natural más, aunque dotado de entendimiento y voluntad, lo que le servía para conocer esa realidad y destacarse de ella. Al éste ser **"rey de la creación"**, la naturaleza quedaba sometida a su gobierno. Así, no resulta extraño, que una de las primeras tareas de Adán en el Paraíso consistiera en poner nombre a los animales. *¡Dar el nombre implica dominio, pero también parentesco, familiaridad con aquello que nombramos!* Dios autorizó al hombre y lo nombró administrador de todo cuanto existía en la Tierra: **"Llenad la Tierra; sojuzgadla y tened dominio sobre los peces del mar, las aves del cielo y todos los animales que se desplazan sobre la tierra"** (*Génesis 1:28*). Es como si el hombre, fuera su dueño; pero también, existía una **"realidad"**, y esa realidad se regía bajo el criterio de la **"verdad y del bien"**. *La verdad*, consistía en la adecuación o a la capacidad del hombre de acomodarse a esa realidad y portarse éticamente haciéndole justicia; respetarla y tratarla como se merece. Esta realidad significaba: la obediencia al Creador, y después, la contemplación del orden de lo creado. *La realidad* es la misma existencia de Dios y la relación del hombre en armonía con las cosas creadas por Dios para su beneficio. Esta armoniosa relación entre hombre y mundo se desbarata en el comienzo de la modernidad con la percepción de la realidad a través de ideales filosóficos inventados por el hombre como modo de entender la naturaleza. En efecto, la ciencia moderna y los grandes científicos que inauguraron la etapa clásica de la ciencia moderna como: Descartes, Galileo, Kepler, Newton y posteriormente Einstein, eran creyentes de la fe cristiana y creían conocer y entender la voluntad de Dios por medio del estudio de la naturaleza utilizando como medio el inequívoco lenguaje de las matemáticas.

Las siguientes etapas de esta iniciativa idealista dieron como resultado final, ideologías bien conocidas:

- **Deísmo**—*Doctrina que reconoce un dios como autor de la naturaleza, pero sin admitir revelación ni culto externo.*
- **Agnosticismo**—*Filosofía idealista que declara que el ser humano es incapaz de entender lo divino y se vale más que todo a experiencias vividas.*
- **Ateísmo**—*Doctrina que no cree en la existencia de Dios.*
- **Anti-teísmo**—*Movimiento que es contrario a creer que Dios existe.*

Es importante señalar que mientras el **Ateísmo** niega la existencia de Dios como ente sobrenatural, permite creer en eventos sobrenaturales que trascienden lo experimentable. El *Agnosticismo, en cambio,* es una doctrina basada en las observaciones y experiencias, por lo tanto, declara como inaccesible, todo fenómeno que escape de la experimentación o reproducibilidad. La Biblia nos enseña lo siguiente: **"En la mucha sabiduría hay mucho sufrimiento y el que añade ciencia, añade dolor"** *(Eclesiastés 1:18).*

La palabra de Dios no se equivoca, con respecto a la ciencia y el afán desmedido del hombre en buscar su propio camino. La sabiduría que se puede alcanzar mediante la observación y el razonamiento es útil y deseable. Pero esa sabiduría no logra dar respuesta satisfactoria a las preguntas que más inquietan al espíritu humano; ni asegura a los sabios, un destino mejor que el de los necios. De ahí que la mucha sabiduría sea también una fuente de pesadumbre e insatisfacción. Por lo que la instauración del reino del hombre exige eliminar a Dios, quien es un competidor peligroso por la soberanía absoluta; dando lugar a movimientos como el **"*Deísmo*",** que se caracterizó en el siglo **XVIII** (*Siglo dieciocho*) con la participación de individuos como Charles Swinburne quien fue un controversial poeta inglés que declaró en 1871 lo siguiente: *"¡Gloria al hombre en las alturas! Porque el hombre es el señor de todas las cosas".*

Después de la crisis de fundamentos que atravesaron de modo particular la física y las matemáticas en el primer tercio del siglo **XX** (*Siglo veinte*), estas dos ciencias se vuelven más modestas en sus pretensiones cognoscitivas. David Bohr, quien recibió el premio Nobel de Física por su contribución en el entendimiento de la estructura atómica, expresa el nuevo estado de opinión al afirmar, por *ejemplo,* que: *"La Física no averigua lo que es la naturaleza, sino que se limita a ocuparse de lo que se puede decir acerca de la naturaleza".*

Desde el plano científico, el hombre quiere dejar a un lado a Dios y convertirse en el héroe salvador a través de la ciencia, por lo que las cuestiones que ocupan a los científicos tienen casi siempre amplias repercusiones económicas y políticas. Las inversiones necesarias para realizar investigaciones científicas alcanzan cifras descomunales, pero los beneficios según ellos, va a proporcionar la explotación comercial de la ciencia y los descubrimientos son todavía mayores. Como declaró el premio Nobel de Química, Richard

Ernst: *"La ciencia tiene la responsabilidad de mirar hacia el futuro y decir a la sociedad lo que debe hacer".* El hombre se basa enteramente en el desarrollo de la tecnología y la tecnología viene a ser el dios que ayuda a resolver su existencia.

Dios ya conocía las consecuencias del conocimiento de la ciencia cuando advirtió al hombre sobre ella. **"Pero del árbol del conocimiento del bien y del mal no comerás, porque el día que de él comas, ciertamente morirás"** (*Génesis 3:3*).

Como podemos observar hoy día, los acontecimientos científicos suceden con una rapidez vertiginosa:

- **Fecundación in Vitro**-Técnica que se utiliza para fecundar el Óvulo proveniente de la mujer y el espermatozoide del hombre fuera de la mujer para luego introducirlo en el útero.
- **Ingeniería Genética**-Tecnología de la manipulación y transferencia de ADN de un organismo a otro, que posibilita la creación de nuevas especies.
- **Clonación**-Proceso por el cual se obtiene un conjunto de células u organismos genéticamente idénticos, originado por reproducción asexual.
- **Geriatría**-La especialidad médica que se ocupa de los aspectos preventivos, curativos y de la rehabilitación de las enfermedades del adulto mayor prolongando la vida de personas envejecientes.
- **Nanotecnología**—La alianza de disciplinas que hasta ahora habían trabajado por separado, como es el caso de la *biología, la física y la química.*
- **Ciencia Cibernética**-Ciencia que se ocupa de los sistemas de control y de comunicación en las personas y en las máquinas, estudiando y aprovechando todos sus aspectos y mecanismos comunes.
- **Ciencia Robótica**-Desarrollo de equipos electromecánicos diseñados con la capacidad de realizar trabajos propios de un ser humano y utilizados ampliamente tanto en la industria como para trasplante del cuerpo humano.
- **Las neurociencias**-Estudio de la función y la estructura química, farmacológica y patología del sistema nervioso y de cómo los diferentes elementos de este sistema interaccionan y dan origen a la conducta.

Tanto avance en los diferentes ramos de la ciencia produce en una persona sensata tanto miedo, como estupor, bebido a declaraciones de científicos como es el caso de James D. Watson, descubridor junto con Francis Crick de: la *"Estructura Helicoidal del ADN"* (*ácido que contiene el material genético de las células y su estructura molecular*)—lo que les valió el premio Nobel en 1962 quien dijo hace ya un tiempo que: ***"Consideraba un imperativo ético no dejar en las manos de Dios el futuro del hombre"***.

Ray Kurzweil, uno de los científicos cognitivos más destacados de la actualidad, da por supuesto que en un plazo breve, y al hilo de la conjunción de las revoluciones computacional, genética y nanotécnica, podremos conectar cerebros humanos y ordenadores, algo que según él es: ***"sensato, deseable e inevitable"***, lo que producirá unos híbridos tal vez algo repulsivos para nuestros actuales cánones estéticos, pero mucho más capaces. Por cierto, ya se ha dado, por *ejemplo*, la implantación de un transmisor en el cerebro de un **"tetrapléjico"** (*Persona que padece de parálisis en las 4 extremidades*).

El hombre con el uso de la ciencia quiere manipular y querer ser dios haciendo uso de: **"Embriones Humanos"**, alterando **Cromosomas** (*portadores de la mayor parte del material genético y acondicionador de la organización de la vida y las características hereditarias de las personas*) para hacer que las nuevas criaturas que nazcan sea al gusto y preferencia del que esté dispuesto a pagar. Con ese tipo de ingeniería genética, la pareja que quiere concebir un niño puede elegir el sexo, color de pelo, color de la piel y color de ojos al gusto que desee. Es como decir: *"Me voy al mercado para seleccionar el parecido de mi nuevo hijo o hija"*.

Aunque el avance de la ciencia parezca imparable, muchas son las voces de protesta que se dejan escuchar tanto de las iglesias como también de destacados miembros de la comunidad científica que todavía conservan la ética por la vida humana y han denunciado y advertido los males causados por esos genios que juegan con la genética. Un *ejemplo* palpable es el caso de Erwin Chargaff, uno de los padres de la investigación genética quien expreso su sentir diciendo: ***"Vivimos en una época terrible, tan ves me he convertido en un reaccionario, pero hace tiempo que pienso que la biología molecular se ha desmadrado y hace cosas de las que no se puede responsabilizar. La ciencia comete hoy auténticos crímenes"***. Es tanto así que el mismo científico que hizo la primera clonación (*Oveja Dolly*), no se cansa de llamar la atención de la opinión pública sobre los peligros de la clonación. Pero hasta el día de hoy, parece que nadie es capaz de detener el avance de esa lógica del descubrimiento y de su aplicación. El hombre en sí es curioso por naturaleza y esa curiosidad la quiere utilizar para querer convertirse en dios creando otro ser humano, manipulando genes y queriendo jugar a la ruleta rusa con resultados impredecibles.

El hombre definitivamente quiere jugar a ser supremo y se olvida de los preceptos morales. Pero lo peor de esos delirios tecnológicos se encuentra en las palabras con las que Kurzweil termina su exposición: *"Creo que tenemos la capacidad de configurar el destino del hombre de acuerdo con nuestros valores, tan pronto como consigamos ponernos de acuerdo en el contenido de esos valores"*.

Toda cultura tiene un carácter complejo, esto como resultado de una articulación de tecnologías, reglas y símbolos, al menos tendencialmente. Ni los individuos ni los pueblos pueden vivir fácilmente instalados en la contradicción o la incoherencia y pedir a los científicos que se detengan, que recapaciten y den marcha atrás, sería una pérdida de tiempo y una maniobra que resultaría difícil de implementar. La inercia arrastrada es elevada, y como habría mucho que cambiar, ese giro radical se hace improbable. Otra opción consiste en mostrar las consecuencias perversas del rumbo adoptado, tanto las que padecemos ya como las que previsiblemente nos esperan en el futuro.

A mi entender, Albert Einstein vio el futuro de la ciencia y los efectos colaterales que ella causará en el mañana en uno de sus señalamientos que dice: *"¡No estoy seguro con qué tipo de armas se peleará la tercera guerra mundial, pero de algo sí estoy seguro; que la cuarta guerra mundial se peleará con piedras y palos!"*. Considero que, Einstein, era un genio visionario porque sabía de antemano que la ecuación de la humanidad en estos tiempos modernos sería: *"La avanzada de la ciencia, el desarrollo desmedido de las armas de destrucción masiva y por último el desenfrenado afán del hombre por conquistar o ser dueño de lo que le pertenece al otro"*. Definitivamente al paso que vamos, no nos deja otra alternativa que decir tajantemente: **"¡El Hombre va camino a su propia destrucción!"** y por eso Dios se encuentra cada día más cerca en venir a buscar a su pueblo antes que empiece el **"Armagedón" O "Batalla final"**.

CAPÍTULO 19

EL HOMBRE Y SU HÁBITAT EN EL PLANETA TIERRA

E N EL PRINCIPIO de la creación, Dios le dio al hombre libertad para reproducirse y fructificar la tierra, de igual modo, le dio potestad sobre todo ser vivo que circundaba los cielos, como todo lo que vivía debajo de las aguas. Lo nombró administrador o mayordomo del planeta que había creado.

¿Qué es el planeta Tierra en donde nacemos, crecemos, nos desarrollamos, nos reproducimos y luego morimos? Es una nave espacial cuya estructura según los científicos estudiosos de la geología del planeta, consta de un centro o Núcleo de masa sólida con un diámetro de alrededor de 1,700 millas y en la parte exterior de ese núcleo, un espesor de 2,600 millas de hierro en forma líquida, seguida de una capa sólida de Hierro y Silicato de Magnesio (*Sal compuesta de ácido silícico*) de un espesor de 3,600 millas; seguida por otra capa superior compuesta de semi-fluido y finalmente, alrededor de esa capa se encuentra la coraza exterior, llamada: ***"Corteza Terrestre"***. Esta parte a su vez, compuesta de roca liviana tiene un espesor de 10 a 30 millas en espesor.

Es importante señalar de que la mayoría de esa corteza está cubierta por agua y la parte que está seca se le llaman: **"Continentes"** *(Parte de tierra que sobresalen).* Los continentes, son como regiones de rocas livianas flotando en la capa terrestre, como si fueran cubos de hielo flotando en una cacerola de agua; éste es el hábitat del hombre y todo el *"ecosistema"* *(comunidad que comprende todo organismo viviente en sus respectivos ambientes).* Como se sabe, 2/3 del planeta está cubierto por agua *(Los Océanos),* **"la Biosfera"** *(parte de la atmósfera terrestre en donde existe oxígeno, elemento esencial para la vida),* es una zona relativamente delgada que está formada por los océanos, lagos y ríos, la tierra firme y la parte inferior de la atmósfera, que es capaz de mantener la vida en el planeta y comprende un área de 10 Kilómetros desde la atmósfera hasta el suelo del océano más profundo. Esta contiene abundantes ecosistemas complejos que colectivamente contienen todos organismos vivientes del planeta. Las perspectivas únicas de la Tierra nos ayudan a darnos cuenta de la inmensidad y complejidad de la biosfera del planeta.

Los seres vivos sólo sobreviven en presencia de oxígeno, con alimento y calor suficiente. Casi todas las formas de vida se encuentran sobre la superficie de la tierra o cerca de ella, y en los mares y océanos, en los primeros 150 metros de profundidad; por lo que prácticamente, estamos limitados a vivir en un espacio pequeño. Esto considerando que, a mayor altura menos cantidad de oxígeno y menos condiciones favorables para la vida, como por *ejemplo:* Las cumbres montañosas, que son demasiado frías y ventosas y debajo de los 1000 metros de profundidad, el agua de los océanos y mares resultaría demasiado oscura y fría para que las algas, alimento de muchos animales marinos, sobrevivan.

Sin embargo, algunos animales están adaptados a la vida en los hábitats más duros; por lo tanto, el hombre está limitado a vivir en cierto espacio reducido. De ahí la importancia de la buena administración de los recursos que hacen posible la existencia de los seres vivos en nuestro planeta. Y te podrías preguntar, **¿Por qué es la Tierra una nave espacial?** Porque nuestro planeta viaja alrededor del astro Sol a una velocidad de 66,000 millas por hora *(273,580 Km./segundo).* Es el único objeto volador donde existe vida, que tiene la capacidad de trasladarse a través del universo y a la vez rotar en un eje imaginario a una velocidad de rotación de 1000 millas/ hora *(1,669.79225 Km. /h medido en el ecuador O 463.831 metros/segundo).* Es importante saber que esta velocidad es constante y debido a ello no se siente nada. Nosotros los seres humanos somos los tripulantes de esa gran nave intergaláctica creada por Dios con todos los recursos necesarios para la existencia del hombre. Ahora la pregunta, **¿Es el hombre buen administrador de esta nave espacial?** Lamentablemente, *¡No!* El hombre está destruyendo día a día, el único lugar que se conoce en el universo donde puede existir vida.

El desarrollo de la ciencia y de la industria, además de traer comodidad de vida, trae consigo el deterioro del medio ambiente, y por ende, destrucción de los recursos naturales, sin los cuales no podemos vivir. *¡Contaminamos el agua, el aire, la tierra y los alimentos!* Todo por el desarrollo, comodidad y sobre todo por el afán egoísta y desmedido del hombre por apoderarse, controlar otras regiones y ser dueño absoluto de todo, recurriendo a experimentos científicos y prácticas que deterioran el medio ambiente.

¡Todos los seres humanos que habitamos este planeta, somos responsables del mismo y tendremos que rendir cuenta a Dios de nuestras acciones en el gran día del juicio final! Como lo menciona las Sagrada Escrituras en la parábola del buen administrador, cuando el siervo fue llamado ante su amo para rendir cuentas de los recursos dejados en su poder o bajo su mando. No es suficiente ir a la iglesia, y llamarnos *"buenos cristianos"*, debemos comportarnos reverentemente ante lo que Dios creó con sus manos... Te preguntarás, *¿Qué debo hacer?, ¿Es esta una tarea que sólo compele a las autoridades y a los gobernantes?*—*¡Es una labor de todos y compete a todos los habitantes que existimos en el planeta!*

Existen muchas maneras para conservar y proteger el medio ambiente, empezando con nuestra propia actitud, cambiando nuestra manera de pensar y de actuar. Muchas veces la falta de conocimiento y de información permiten desastres ecológicos que podrían evitarse con medidas preventivas sencillas y fáciles de aplicar; otras veces, esos desastres ecológicos son resultado de la codicia y ambición del hombre no importándole los daños colaterales que resultan de la explotación indiscriminada de los recursos naturales. *¡No importa las razones!*, lo importante es que estamos socavando y destruyendo lo que nos pertenece a todos, tanto a la presente como a la futura generación.

Las actividades del hombre están cambiando el clima y las condiciones atmosféricas de nuestro planeta, cambiando la composición química de nuestra atmósfera des-balanceando de esa forma la delicada capa térmica que nos protege de los rayos ultravioleta del Sol *(Leer: "Composición de la*

Atmósfera, su Destrucción y Efectos Colaterales") y también, afectando la temperatura de nuestro planeta, lo cual puede traer como consecuencia la desaparición de islas debido al derrite de los glaciares. Los fenómenos climáticos que acontecen hoy en día, como el llamado: **"Fenómeno del niño"**, **"Oscilación del Sur"** (*síndrome climático, erráticamente cíclico, que consiste en un cambio en los patrones de movimientos de las masas de aire provocando, en consecuencia, un retardo en la cinética de las corrientes marinas normales, desencadenando el calentamiento de las aguas sudamericanas; provocando estragos a escala mundial*) no es una casualidad, este fenómeno en combinación con otros fenómenos climáticos da lugar a huracanes de inmensa magnitud afectando también la fauna y la vida marina.

Es importante saber que existen 3 factores que tienden a crear y a mantener el balance interno de un ecosistema, estos 3 factores son: **1—Alimentación, 2—Reproducción** y **3-Protección**. Sin estos 3 factores toda las especies estuvieran extinguidas, esto debido esencialmente a la dependencia que existe entre ellas. No podemos cambiar uno de estos factores sin esperar cambiar los subsiguientes, por lo tanto el hombre al crear ese desbalance, afecta el ecosistema en una forma directamente proporcional. *Ejemplo:* La tala de los bosques, crea un desbalance en esa región afectando el hábitat natural de todo organismo vivo que depende de esas condiciones para poder vivir; por lo tanto, afectando la cadena de alimentación de alguna especie y sus dependientes; también afectando al subsuelo, porque cesarán las lluvias por falta de la transpiración de los árboles y al final el terreno se convertirá en tierra árida. Los mismos resultados obtendremos si contaminamos los Océanos, los Mares, los Lagos y los Ríos. ¿Qué obtendremos como consecuencia? La extinción de todas las especies que viven en ellos, por tanto, como desbalanceamos esos ecosistemas, también nos afectará en nucstra alimentación porque dependemos de ellos para vivir. Cuánta razón tiene las Sagrada Escritura cuando dice: **"¡Lo mismo que siembras, eso cosecharás!"**. La razón de esto es, que en el universo existe un intercambio de energía, donde todo se compensa para que exista un balance.

Podemos destacar, la importancia que tiene el constante proceso de relación dentro y entre ecosistemas para el balance de la naturaleza. Este balance depende básicamente de la tendencia que tienen los seres vivos de adaptarse y recobrar estabilidad ante condiciones externas que puedan distorsionar ese balance. Si no existiese esa capacidad de readaptación ante estas situaciones externas, indudablemente todo ser vivo moriría.

Como había mencionado antes, el hombre es el único ser que cambia y destruye su propio hábitat. Un descubrimiento reciente indica que así como las personas aprenden de sus errores, ciertos animales incorporan nuevas conductas observando a aquellas especies que compiten en el mismo medio, o a sus rivales. Los diversos hábitos que los animales van incorporando a lo largo del tiempo sirven para obtener ventajas en la carrera por sobrevivir. Si las nuevas pautas resultan nocivas o contraproducentes a la hora de adaptarse a un lugar, este conocimiento tiende a desaparecer mediante el mismo proceso de aprendizaje o por los cambios que genera la evolución. Sin embargo, la intervención del hombre en el medio ambiente y la contaminación que genera éste, están entrometiéndose en el aprendizaje social de las especies y haciendo que, en ciertas ocasiones, genere más daños que ventajas.

Janne-Tuomas Seppänen, un investigador que trabaja en el Departamento de Ciencias Biológicas y Ambientales de la Universidad de Jyväskylä, Finlandia, encontró a través de un experimento realizado con diferentes aves, que la incorporación natural de hábitos de otra especie puede causar cambios que perjudican a la especie que copia esos hábitos. Cuando las condiciones ambientales cambian rápidamente debido al impacto del ser humano, copiar a otra especie puede conducir a una trampa ecológica. El investigador explicó que, cuando existen variaciones súbitas en el lugar, un comportamiento puede dejar de ser beneficioso tanto para los animales que normalmente lo practican como para los que lo están comenzando a utilizar; esto es debido a que tanto los animales como los seres humanos viven en comunidad y pueden aprender de cada uno, aun siendo de otra especie. De hecho, una especie que depende del conocimiento de otros animales puede llegar a tener problemas de adaptación si ya no puede copiarlos. *Por ejemplo*, si un tipo de ave que reside habitualmente en un bosque empieza a tener crías más temprano porque la primavera se adelanta, las aves que migran en el cambio habitual de estación ya no van a poder imitarlas porque va a ser muy tarde. Con la modificación del clima, una especie daña a la otra, se lamentó Seppänen.

Si nos ponemos a observar el balance de la naturaleza, nos daremos cuenta que envuelve innumerables ciclos de transformación de la materia. Porque esta pasa de un estado sólido a líquido, de líquido a gas, de gas a líquido y así sucesivamente. Y podemos preguntarnos, *¿Quiénes interactúan en ese proceso o ciclo?* Todos los seres vivos, incluyendo plantas y animales (*Por animales, no solo me refiero a animales mamíferos, sino también todo tipo de* organismo que pertenece al reino animal, incluyendo insectos, peces, aves, reptiles, etc.). El punto que quiero señalar en todo lo expuesto, es que: el hombre con sus acciones, está interrumpiendo el balance de la naturaleza y por tanto, desestabilizando el medio ambiente. *¡No te parece increíble que el hombre entre todo tipo de especie que vive en este planeta, es el único ser vivo que a medida que avanza y se desarrolla, tiende a destruir su hábitat! Causa tristeza, escuchar estas palabras, pero lamentablemente, es la realidad.*

COMPOSICION DE LA ATMOSFERA, SU DESTRUCCION Y EFECTOS COLATERALES.

La atmósfera está formada por una gran masa de dos gases incoloros los cuales rodean nuestro planeta. A la combinación de esos dos gases, le llamamos: **"aire"**. Aproximadamente ¾ o 78.084 % de esos dos gases es Nitrógeno y ¼ o 20.946% parte es Oxígeno; sin estos dos elementos, la vida en nuestro planeta sería imposible. Cabe señalar, que además de esos dos gases esenciales que mencioné, la atmósfera también tiene en su composición otros tipos de gases como: El Argón, y el Dióxido de Carbono (*CO2*) los cuales están presentes en cantidades pequeñas. Es importante señalar, que aunque el Dióxido de Carbono está presente en la atmósfera en una proporción muy pequeña; alrededor de un 0.03 %, éste tiene un papel muy importante en el balance de radiación del sistema Sol-Tierra-Atmósfera, porque colabora al calentamiento de la Tierra en el proceso de: **"Efecto Invernadero",** y también contribuye de una manera decisiva, al mantenimiento de la vida, al formar parte del proceso de la **fotosíntesis** (*proceso por el cual una planta produce su alimento usando energía solar, dióxido de carbono del aire, y agua del suelo*). Otros componentes que también podemos encontrar en la atmósfera son: El Monóxido de Carbono (*CO*), el gas Metano (*gran parte del cual es de origen biológico*), el Amoniaco, el Ozono y el Dióxido de Nitrógeno. Además de estos componentes que mencioné, hay que considerar la presencia de elementos originados por la actividad humana ó de los seres vivos, como lo son las partículas químicas, polen, bacterias, polvo, humos, gases diversos, sales, etc.

En la atmósfera también nos encontramos con vapor de agua (*este vapor, puede variar desde ser inexistente, en zonas desérticas, hasta un 4 % en otras zonas*). *¿Sabías que este vapor, es el responsable de la formación de las nubes?, ¿que ese vapor, también interviene en muchos fenómenos meteorológicos, y que* *tiene mucha importancia en el intercambio energético entre la atmósfera y la superficie terrestre?*

La Tierra es el único planeta que tiene una atmósfera donde el agua se puede encontrar en sus tres estados: Sólido, líquido y gaseoso.

A gran altura sobre la Tierra, el aire contiene una pequeña cantidad de un gas llamado: **"Ozono" (O3)**. El Ozono es oxígeno enriquecido. En su estado natural, se encuentra libre en las altas capas de la atmósfera, formando un filtro que nos protege de los rayos ultravioleta, producidos por el Sol.

Si no existiese la atmósfera, nuestro planeta se enfriaría bruscamente como ocurre en la Luna, donde la temperatura varía con gran rapidez, de más de 100°C durante el día lunar, a menos de 100°C bajo cero, durante la noche. Su importancia en cuanto al desarrollo y mantenimiento de la vida en el planeta es fundamental.

El Oxígeno, elemento que se encuentra en nuestra atmósfera es un componente muy reactivo y es el responsable de los procesos de **"oxidación"** (*proceso químico que nos permite respirar*). Las combustiones son posibles gracias a la presencia de Oxígeno; también la respiración de los seres vivos, animales y plantas, es una forma de oxidación y es posible gracias a la contribución de este elemento.

La atmósfera tiene un importante papel en el calentamiento de la Tierra. Si esta no existiese, la temperatura del planeta sería de 22ºC bajo cero. ¡No se comporta como un receptor pasivo de las sustancias contaminantes, sino que las distribuye, las dispersa o las concentra según unos factores como son el viento, la lluvia, las inversiones térmicas o la turbulencia! Como ya sabemos, la biosfera es la capa baja de la atmósfera en donde funcionan los ecosistemas y es la que hace posible la existencia de los seres vivos en este planeta. Es importante señalar, que en la atmósfera inferior de la **"biosfera"** (*370 pies sobre la superficie de la tierra*). ¡Es en donde el hombre libera los contaminantes producidos por su actividad y donde la problemática de la contaminación atmosférica se manifiesta más! Esta franja, en contacto con la Tierra, no es independiente de las capas superiores, algunas de las cuales tienen una importancia fundamental en el desarrollo de la vida y aquí radica el problema que da inicio a los cambios drásticos que pueden sufrir los ecosistemas como producto directo de esos contaminantes. Como mencioné antes, todo lo que hacemos en un ecosistema, se manifiesta de una forma proporcional en otro ecosistema. Mientras más contaminación produzca el hombre, menos la calidad del aire, y por ende más enfermedades respiratorias (*enfisemas*); más fina la capa de ozono, menos protección de los rayos solares, y por ende, más enfermedades de la piel (*Cancel de la epidermis*).

¿Qué es la capa de Ozono? La vida en la Tierra ha sido protegida desde su creación por una capa de veneno vital en la atmósfera. Esta capa, compuesta de ozono, sirve de escudo para proteger a la Tierra contra las dañinas radiaciones ultravioletas del Sol. Hasta donde sabemos, es exclusiva de nuestro planeta. Si desapareciera esta capa, la luz ultravioleta del Sol esterilizaría la superficie del globo y aniquilaría toda la vida terrestre.

El Ozono forma un frágil escudo, en apariencia inmaterial pero muy eficaz. Está tan esparcido por los 35 Km. de espesor de la estratosfera que si se lo comprimiera formaría una capa en torno a la Tierra, no más gruesa que la suela de un zapato. Sin embargo, este filtro tan delgado es suficiente para bloquear casi todas las dañinas radiaciones ultravioletas del Sol. Cuanto menor es la longitud de la onda de la luz ultravioleta, más daño pueda causar a la vida, pero también es más fácilmente absorbida por la capa de ozono. (*A menor longitud de onda mayor es la frecuencia, o son inversamente proporcional*).

La radiación ultravioleta de menor longitud, conocida como **UV** (*Ultra Violet*), es letal para todas las formas de vida y es bloqueada casi por completo. La radiación **UVA** (*Ultra Violet A*), de mayor longitud, es relativamente inofensiva y pasa casi en su totalidad a través de la capa. Entre ambas está la **UVB**, menos letal que la **UVC**, pero peligrosa; la capa de ozono la absorbe en su mayor parte. Es importante señalar que aunque la **UVB** no es tan dañina por ahora, cualquier daño a la capa de ozono aumentará la radiación **UVB** (*Ultra Violet B*).

El aumento de la contaminación del aire en las últimas décadas ha ocultado cualquier incremento de este tipo de radiación, pero esta salvaguardia podría desaparecer si los esfuerzos para limpiar la atmósfera tienen éxito. *¡Se han observado aumentos bien definidos de la radiación UVB en zonas que experimentan períodos de intensa destrucción del ozono!* Cualquier aumento de la radiación **UVB** que llegue hasta la superficie de la Tierra tiene el potencial para provocar daños al medio ambiente y a la vida terrestre.

Los resultados indican que los tipos más comunes y menos peligrosos de cáncer de la piel, no melanomas, son causados por las radiaciones **UVA** y **UVB**. Estudios recientes revelan que de seguir la tendencia del calentamiento terrestre, para el año 2025 tendremos un incremento de 1,5 grados centígrados con respecto a 2007. Se calcula que para ese año la pérdida de la capa de ozono será del 9% al 11% para las latitudes medias durante el verano.

Según los datos actuales una disminución constante del 10% conduciría a un aumento del 26% en la incidencia del cáncer de la piel. Las últimas pruebas indican que la radiación **UVB** es una causa de los melanomas más raros pero malignos y virulentos. La gente de piel blanca que tiene pocos pigmentos protectores es la más susceptible al cáncer cutáneo, aunque todos estamos expuestos al peligro.

El aumento de la radiación **UVB** también provocará un aumento de los males oculares tales como: **"Catarata"** (*opacidad del cristalino del ojo, o de su cápsula, que impide el paso de los rayos luminosos y conduce a la ceguera*), la deformación del cristalino y la **"presbicia"** (*defecto de la visión consistente en que los rayos luminosos procedentes de objetos situados a cierta distancia del ojo forman foco en un punto posterior a la retina*). Se espera un aumento considerable de las cataratas, causa principal de la ceguera en todo el mundo. Una reducción del 1% de ozono puede provocar entre 100,000 y 150,000 casos adicionales de ceguera causada por cataratas. Las cataratas son causa de la ceguera de 12 a 15 millones de personas en todo el mundo y de problemas de visión para otros 18 a 30 millones. La radiación **UVC** es más dañina que la **UVB** en causar la ceguera producida por el reflejo de la nieve, pero menos dañina en causar cataratas y ceguera.

La exposición a una mayor radiación **UVB** podría suprimir la eficiencia del sistema inmunológico del cuerpo humano. La investigación confirma que la radiación **UVB** tiene un profundo efecto sobre el sistema inmunológico, cuyos cambios podrían aumentar los casos de enfermedades infecciosas con la posible reducción de la eficiencia de los programas de inmunización.

La inmunosupresión por la radiación **UVB** ocurre independientemente de la pigmentación de la piel humana. Tales efectos exacerbarían los problemas de salud de muchos países en desarrollo.

El aumento de la radiación **UVB** además provocaría cambios en la composición química de varias especies de plantas, cuyo resultado sería una disminución de las cosechas y perjuicios a los bosques. Dos tercios de las plantas de cultivo y otras sometidas a pruebas de tolerancia de la luz ultravioleta demostraron ser sensibles a ella. Entre las más vulnerables se incluyeron las de la familia de los guisantes y las habichuelas, los melones, la mostaza y las coles; se determinó también que el aumento de la radiación **UVB** disminuye la calidad de ciertas variedades del tomate, la patata, la remolacha azucarera y la soja.

Casi la mitad de las jóvenes plantas de las variedades de **coníferas** (*grupo botánico de plantas que engloba a los árboles y arbustos con características cónicas como el cedro el pino y plantas de jardín*) con las que se experimentó fue perjudicada por la **UVB** limitando inclusive, el crecimiento de algunas plantas (*por ejemplo el centeno, el maíz y el girasol*). Sin embargo, es difícil hacer predicciones cuantitativas ya que otros factores ambientales entran en juego. De igual manera, la radiación **UVB** afecta la vida submarina y provoca daños hasta 20 metros de profundidad, en aguas claras. Es muy perjudicial para las pequeñas criaturas del **plancton** (*organismos diminutos o microscópicos que flotan en las aguas*), las larvas de peces, los cangrejos, los camarones y similares, al igual que para las plantas acuáticas. Puesto que todos estos organismos forman parte de la cadena alimenticia marina, una disminución de su número puede provocar asimismo una reducción de los peces. La investigación ya ha demostrado que en algunas zonas del ecosistema acuático está sometido a ataque por la radiación **UVB** cuyo aumento podría tener graves efectos perjudiciales. Los países que dependen del pescado como una importante fuente alimenticia podrían sufrir consecuencias graves. Al mismo tiempo, una disminución en el número de las pequeñas criaturas del **"fitoplancton marino"** (*plantas unicelulares que viven en la superficie de las aguas de los océanos y ayudan a regular el clima*) despojaría a los océanos de su potencial como colectores de dióxido de carbono, contribuyendo así a un aumento del gas en la atmósfera y al calentamiento global consecuente. Por otra parte, los materiales utilizados en la construcción, las pinturas y los envases y muchas otras sustancias son degradados por la radiación **UVB**.

Los plásticos utilizados al aire libre son los más afectados y el daño es más grave en las regiones tropicales donde la degradación es intensificada por las temperaturas y niveles de luz solar más elevados.

La destrucción del ozono estratosférico agravaría la contaminación fotoquímica en la troposfera (*5 a 11 millas de altura donde se encuentran las nubes*) y aumentaría el ozono cerca de la superficie de la Tierra donde no se lo desea. La contaminación fotoquímica ocurre principalmente en las ciudades donde los gases de escape y las emisiones industriales tienen su mayor concentración. Esto tendría sus propios efectos sobre la salud humana, al igual que sobre las cosechas, los ecosistemas y los materiales de los que dependemos.

La Tierra y sus habitantes tienen mucho en juego en la preservación del frágil escudo de la capa de ozono; pero inconscientemente hemos venido sometiendo a la capa de ozono a ataques subrepticios y sostenidos.

Durante medio siglo, las sustancias químicas más perjudiciales para la capa de ozono fueron consideradas milagrosas; de una utilidad incomparable para la industria y los consumidores e inocuas para los seres humanos y el medio ambiente; inertes, muy estables, ni inflamables ni venenosas, fáciles de almacenar y baratas de producir. Estos fueron: **Los "clorofluorocarbonos"** (***CFC***), parecían ideales para el mundo moderno. Siendo estos químicos tan formidable, no sorprende en absoluto que su uso se haya generalizado más y más; inventados casi por casualidad en 1928, se los usó inicialmente como líquido frigorífico para los refrigeradores.

A partir de 1950, los clorofluorocarbonos han sido usados como gases propulsores en los aerosoles. La revolución informática permitió que se usaran como solventes de gran eficacia, debido a que pueden limpiar los circuitos delicados sin dañar sus bases de plástico. Y la revolución de la comida rápida los utilizó para dar cohesión al material alveolar de los vasos y recipientes desechables.

La mayor parte de los **CFC** producidos en el mundo se utilizan en refrigeradores, congeladores, acondicionadores de aire, aerosoles y plásticos expansibles, los cuales tienen múltiple uso en la construcción, la industria automotriz y la fabricación de envases, la limpieza y funciones similares. Además de los **CFC**, (*contaminantes dañinos para la capa de ozono*) no podemos ignorar el constante bombardeo que le hacemos a la atmósfera cada vez que lanzamos cohetes, naves espaciales y satélites artificiales, ya sea para fines de investigación y desarrollo del hombre, pero también para fines más egocéntricos y expansionistas. *Más abajo, una breve reseña histórica del bombardeo de la atmosfera con vehículos espaciales.*

La Unión Soviética empezó su programa espacial el 4 de Octubre de 1957 lanzando al espacio el primer Satélite Artificial (*Sputnik 1*). El Congreso de Los Estados Unidos lo vieron como una amenaza a la seguridad nacional y el presidente de ese entonces Dwight D.Eisenhower acordó crear una agencia en los Estados Unidos llamada **NASA** (*National Aeronatics and Space Administration*), esta empezó sus funciones desde el 1 de Octubre de 1958 y su primer lanzamiento al espacio en ese mismo año con el programa Mercurio. Desde entonces estamos contaminando la atmósfera constantemente, con envíos de Satélites Artificiales, pruebas nucleares, cohetes de largo alcance y programas de investigación del espacio; todos ellos afectando la capa de Ozono (*Aunque los Científicos desmienten esta opinión*).

Entonces las preguntas de lugar serían, **¿Es el calentamiento global un mito, una ficción del hombre o es en cambio una realidad tangible?, ¿Qué estamos haciendo para conservar y cuidar el único planeta que se conoce hasta ahora en donde se puede vivir?** Algunas iniciativas se han puesto en marcha por algunas instituciones tanto a nivel gubernamental, como también de instituciones sin fines de lucro para controlar las emisiones de gases; principalmente de **"dióxido de carbono"** a la atmósfera y de minimizar el efecto invernadero, el cual en combinación con el gas *"metano"*, están cambiando las condiciones climáticas del planeta en una forma alarmante. En efecto, el calentamiento de nuestro planeta, se ha venido incrementando desde la revolución industrial que dio inicio en el **siglo XVII** (*diecisiete*) y se ha venido agravando muy seriamente tanto en el siglo pasado, como en éste que dio inicio.

El problema radica, en que las naciones del mundo no llegan a un acuerdo conjunto para afrontar el problema desde un punto común, y esto trae como consecuencia un esfuerzo parcial para erradicar el problema y por ende resultados fallidos que a la larga perjudicará a todos por igual, pero especialmente a las clases desposeídas de las naciones ricas del mundo y a los países subdesarrollados los cuales tienen una infraestructura económica muy precaria para poder lidiar con las necesidades básicas de sus pobladores. Tanto a nivel de la salud (*por la escasez de medicinas, hospitales, etc.*), como a nivel de nutrición (*escasez de alimento debido a la limitada producción agrícola*).

Este fenómeno del calentamiento global, no es ficción, es una realidad latente el cual tenemos que afrontar y tenemos que tomar acción para salvar nuestro planeta.

Según los expertos en la materia, el hombre es culpable del 95% de las emisiones de gases que pueden producir un calentamiento global en el planeta por lo que urgen el uso de energías alternativas como son: **"Las Energías Renovables"** . *Las fuentes renovables de energía se basan en los flujos y ciclos naturales del planeta. Son aquellas que se regeneran y son tan abundantes que perdurarán por cientos o miles de años, las usemos o no; además, usadas con responsabilidad no destruyen el medio ambiente. La electricidad, calefacción o refrigeración generadas por las fuentes de energías renovables, consisten en el aprovechamiento de los recursos naturales como el Sol, el viento, los residuos agrícolas u orgánicos. Lo cierto es, que incrementar la participación de esas energías, asegurará una generación de electricidad sostenible a largo plazo, reduciendo la emisión de* CO_2 *(Dióxido de Carbono) y aplicadas de manera socialmente responsable, pueden ofrecer oportunidades de empleo en zonas rurales y urbanas y promover el desarrollo de tecnologías locales* disminuyendo de ese modo las emisiones de gases hacia la atmósfera. Aunque por ahora, no todas las naciones están de acuerdo en usarlas, esto debido a: *1—El alto costo para aplicarla y 2-Al debate que existe entre agendas políticas.* De todas maneras, nosotros como habitantes de este planeta, debemos concientizarnos más para tomar acción ya sea en forma individual o colectiva, y al mismo tiempo, exigirle más a nuestros representantes políticos para que ellos tengan una mayor participación en la creación de medidas drásticas en contra de empresas privadas y público en general que violen regulaciones que contaminen el medio ambiente y que pongan en detrimento el bienestar general.

Una catástrofe de gran magnitud se avecina en el horizonte, y si no nos unimos y enfocamos nuestras miradas en una sola dirección para lidiar con esta situación, lamentablemente sufriremos las consecuencias de lo que pudo haberse evitado siendo más conscientes y responsables. Tomemos la iniciativa **"Verde"** (*uso de energía que no produce daño ecológico y que tiene cero emisión de Dióxido de Carbono o* CO_2) y adoptémosla en nuestro diario vivir. Solo pregúntate: **¿Qué cambio puedo hacer en mi vida que puede cambiar al mundo?** Si cada persona tomara alguna acción sencilla, esta acción por pequeña que sea, marcará una diferencia para las futuras generaciones. Debemos reducir el uso de la energía y otros recursos naturales que se estén agotando muy rápidamente. Por nuestra salud y la de nuestro planeta, es recomendable usar menos los vehículos de motor, los cuales son fuente de emisiones de monóxido de carbono, caminar más y usar más el transporte público al igual que seguir las instrucciones o recomendaciones de los expertos para minimizar emisiones innecesarias.

Es nuestro deber proteger y defender la creación de Dios y preocuparnos por el bienestar de nuestro planeta. Al final, nosotros somos los únicos culpables de los males que afrontarán las futuras generaciones. *¡De ti depende!*...

CAPÍTULO 20

EL HOMBRE, PROTAGONISTA DE LA CONTAMINACIÓN AMBIENTAL

E L HOMBRE AL cambiar el balance de un ecosistema, cambia proporcionalmente todos los ecosistemas. Ahora bien, ¿te has puesto a pensar cuantos tipos de contaminación puede producir el hombre? Existen varios tipos, como por *ejemplo*: **"Contaminación de la tierra"** por pesticidas, **"contaminación del aire"** por los desechos industriales y los individuales, **"contaminación de la atmósfera"** por las investigaciones espaciales, elementos químicos y radioactivos, **"contaminación del agua"** por los desechos químicos de empresas y deficientes sistemas sanitarios, **"contaminación del ambiente"** por la súper-población, la alimentación y **"contaminación auditiva"** por medio del ruido, etc. En las páginas subsiguientes hablaré un poco de esas contaminaciones que mencioné.

CONTAMINACIÓN DEL AIRE

En ciertas regiones y ciudades, la calidad del aire ha disminuido en una forma alarmante, y esto debido a la industrialización y las toxinas enviadas a la atmósfera por los **hidrocarburos** (*recursos utilizados como medio de combustión, como por ejemplo: El petróleo*). La contaminación del aire causa cada año la muerte prematura de más de dos millones de personas en todo el mundo. Esta cifra, es según datos de la **Organización Mundial de la Salud** (***OMS***). La calidad del aire viene determinada por aspectos meteorológicos y climáticos como: Las erupciones volcánicas, los incendios, las emisiones de la vegetación o las sales marinas, y por causas **"antropogénicas"** (*provocadas por la acción del hombre*), como el tráfico, la quema de combustibles fósiles, la minería o la industria. Todos estos factores dejan una cantidad de gases y partículas en el aire que afectan a la salud humana y provocan asma, cáncer de pulmón, y enfermedades cardíacas, entre otras afecciones. Además, la mala calidad del aire afecta también a la economía, ya que influye en la seguridad alimentaria, los recursos hídricos y el desarrollo sostenible (*al dañar plantas, cultivos y ecosistemas*).

Según el **Organismo Mundial de la Salud** (***OMD***), estimados recientes del aumento de mortalidad diaria indican que en una escala mundial, la causa del 4 a 8% de las muertes prematuras se debe a la exposición a partículas en ambientes exteriores e interiores. Es más, alrededor de 20 a 30% de todas las enfermedades respiratorias ocurren por la contaminación del aire en exteriores e interiores, especialmente en los últimos. Se supone que sin aire limpio, el desarrollo económico adecuado se vuelve prácticamente imposible y los conflictos sociales, inevitables.

Si bien ha habido un gran avance en la elaboración de los planes de acción para mejorar la calidad del aire en zonas urbanas, especialmente en países desarrollados, un considerable número de personas que viven en áreas urbanas (*alrededor de 1.5 mil millones o 25% de la población mundial*) aún están expuestas a altas concentraciones de compuestos gaseosos y partículas en el aire que respiran y actualmente, la quema de **"biomasa *para la cocina*"** (*materia orgánica originada en un proceso biológico utilizado como fuente de energía*) y calentamiento en interiores expone a cerca de 2 mil millones de personas a concentraciones muy elevadas de partículas en suspensión, 10 a 20 veces más que las concentraciones ambientales reportadas en las limitadas mediciones disponibles. Otras fuentes de contaminación del aire son las emisiones industriales y de vehículos, así como los incendios de vegetación.

Los riesgos para la salud humana debido a la contaminación del aire se han evaluado desde los años cincuenta y los valores guía se establecieron en 1958. En 1987, la oficina regional de la **OMS** para Europa *(EURO, por su sigla en inglés)* publicó las guías para la calidad del aire de Europa y a partir de 1993, esas guías se han revisado y actualizado. No fue hasta diciembre de 1997 en una reunión celebrada en Ginebra, Suiza, cuando la aplicación de esas guías se extendió en una escala global y los temas de evaluación y control de la calidad del aire se abordaron más detalladamente. Se ha estimado que cerca de 1.9 millones de personas mueren anualmente debido a la exposición a concentraciones altas de partículas suspendidas en interiores, mientras que la mortalidad excesiva debido a partículas suspendidas y dióxido de azufre en exteriores alcanza a 500,000 personas anualmente. Si bien los datos sobre aire en ambientes interiores son escasos debido a la falta de vigilancia, estos estimados indican que puede existir un problema de contaminación del aire en interiores en países en desarrollo.

Los espacios interiores son microambientes importantes, especialmente cuando se evalúan los riesgos de la contaminación del aire. La mayor parte de la exposición diaria a muchos contaminantes, por inhalación, ocurre en locales cerrados debido a la cantidad de tiempo que se pasa en interiores o a los niveles de concentración. La calidad del aire dentro de los edificios se ve afectada por muchos factores. En un esfuerzo por conservar la energía, el diseño de los edificios modernos ha favorecido las estructuras con tasas bajas de ventilación. Por contraste, en algunas áreas del mundo, sólo se usa la ventilación natural; en otros, lo más usual es la ventilación mecánica. En los edificios modernos, la mayoría de problemas de contaminación se debe a las bajas tasas de ventilación y a los productos y materiales que emiten una amplia variedad de compuestos, mientras que los habitantes de muchos países menos desarrollados enfrentan problemas relacionados con contaminantes generados por actividades humanas, en particular por los procesos de combustión.

FRANK ZORRILLA

Efecto del Tabaco en el Medio Ambiente.

Ni hablar sobre el efecto que causa el humo de cigarrillos a la contaminación del aire que respiramos y su perjudicial daño a la salud. Un artículo publicado en la Revista Internacional **"Tobacco Control".** (*revista que da cobertura a la naturaleza y las consecuencias del uso del tabaco a nivel mundial, los efectos del tabaco en la salud general, la economía, el medio ambiente y la sociedad*), nos relata que en Italia se llevó a cabo una experimento donde científicos demostraron los efectos del humo del tabaco en el medio ambiente comparativamente con el dióxido de carbono producido por un motor de combustión diesel. He aquí los resultados y base del experimento.

El Experimento demostró cómo el humo de algunos motores diesel contaminan menos que el humo de tabaco producido por ciertos cigarrillos. La metodología seguida para realizar la investigación que se realizó en **Chiavenna** (*un pueblo al sur de **Italia** con bajos niveles de contaminación*) fue la siguiente:

- Durante unos 40 minutos se midió la concentración de elementos contaminantes en el aire en un garaje de 60 m3 con ventilación.

- Después se cerraron las puertas y ventanas, y se mantuvo encendido un motor **Eco Diesel** (*eco diesel es una remodelación hecha a los motores diesel para producir menos contaminación al medio ambiente*) durante 30 minutos (*El vehículo elegido fue un **Ford Mondeo***) y luego, se volvieron a realizar mediciones.

- Se volvió a ventilar el garaje y se cerró la puerta, una vez los niveles de contaminación bajaron al nivel inicial. En ese momento, se encendieron 3 cigarrillos seguidos durante 30 minutos y se midieron los niveles de contaminación una vez más.

Aunque pueda resultar increíble, *después del resultado de las mediciones ambientales, se comprobó que el humo de tabaco, fue más contaminante que el del motor eco diesel.* De hecho, los cigarrillos lograron provocar niveles de concentración de partículas contaminantes hasta **"diez veces"** mayores. El mensaje es bastante claro. El daño que se produce por el humo de tabaco en el medio ambiente no puede discutirse; especialmente en lugares cerrados donde tanto se expone el fumador como los no fumadores, estos últimos, debido al efecto del humo de segunda mano (*fumador Pasivo*). El asunto es, que la contaminación que le hacemos al aire que respiramos a través del mal hábito de fumar cigarrillos, tiene efectos colaterales altamente dañinos a nuestra salud.

El TABACO, ASESINO SILENCIOSO DE LA SOCIEDAD.

¿Sabías que el humo del tabaco incrementa su toxicidad en contacto con algunos alimentos que consumimos? Esto según un informe de la **SEPAR** (*Sociedad Española de Neumología y Cirugía Torácica*). Los **Neumólogos** (*doctores especializados en enfermedades respiratorias*) opinan que cuando no existe una adecuada ventilación en los lugares donde se manipulan los alimentos de consumo humano, estos pueden ser contaminados gradualmente y producir toxinas que al ingerirlos producen daño a la salud.

El humo del tabaco contiene partículas sólidas como: **"alquitranes"** *(producto obtenido de la destilación de maderas resinosas, carbones, petróleo)*, Cadmio, Níquel, algunos **"fenoles"** *(alcohol extraído del aceite de alquitrán)* y sustancias **"radioactivas"**. *Sustancias* perjudiciales para la salud.

El depósito y el cúmulo de estas partículas en el ambiente alteran algunas de las **"características organolépticas"** de los alimentos de consumo; es decir, la capacidad de discernir si el producto es fresco; como su sabor, textura, olor y color de los alimentos y además, su contacto con algunas sustancias utilizadas en la elaboración de productos incrementa el riesgo de toxicidad, multiplicando los daños para la salud que por sí mismas ya producen. Así lo asegura Juan Antonio Riesgo, (*Coordinador del área de tabaquismo de la* **SEPAR**). Por tanto el fumar tabaco mientras se preparan los alimentos debe ser considerado un factor de riesgo para la salud humana. Por lo tanto, el Doctor Riesgo, destaca la importancia y necesidad de conseguir una buena y adecuada ventilación en los lugares donde se manipulen alimentos, de modo que se garantice un ambiente libre del humo tóxico del tabaco.

Los **Neurólogos** (*Médicos especialistas en el cerebro*) insisten en que el aire ambiental contaminado con humo de cigarrillos contiene sustancias peligrosas para la salud que pueden encontrarse en forma de vapor o de partículas sólidas. Estas partículas se concentran en mayor cantidad en el ambiente que en lo que inhala el propio fumador. Por ello, la **SEPAR** recomienda trabajar y vivir en ambientes sanos y saludables que, por definición, deben estar libres de humo de tabaco.

A continuación, datos estadísticos de muertes, consumo y gastos relacionados al uso de tabaco a nivel mundial.

España:

- El tabaco causa más de 46,200 muertes al año.
- Entre 1978 y 1992 el tabaco fue responsable de 621,678 muertes.
- En 1997 se consumieron 2,361 cigarrillos por habitante.
- Sólo en gastos hospitalarios el tabaco costó a los contribuyentes españoles la suma de 250,000 millones de pesetas en 1993.

Europa:

- Hoy hay más de 105 millones de fumadores en los países del Oeste de Europa y más de 122 millones en el Este europeo.
- El 34% de los europeos fuma.
- Más de medio millón de europeos mueren cada año por causa del tabaco.
- El 30% de las muertes por cáncer en Europa son causadas por el tabaco.

- Uno de cada cuatro fumadores europeos muere prematuramente de cáncer, enfermedad coronaria o enfermedad pulmonar crónica.

Latinoamérica:

- Hoy hay más de 100 millones de fumadores en Latinoamérica y El Caribe.
- Para el año 2020 el tabaco será el causante del 9% de las muertes que se produzcan en Latinoamérica.
- Más del 30% de los latinoamericanos son fumadores, el 40% de los hombres y más del 20% de las mujeres.
- Más del 50% de los hombres en Bolivia, Cuba, República Dominicana y Nicaragua son fumadores.
- En México, casi 68 de cada 100 personas de 18 a 29 años de edad consumió tabaco alguna vez en su vida.

El Mundo:

- Hoy hay en el mundo más de 1,000 millones de fumadores, la mitad morirán a causa de su hábito.
- Casi 13 millones de personas entre 18 y 65 años que viven en áreas urbanas son fumadores. Considerando a los residentes urbanos y rurales en este rango de edad, más de 12.6 millones de personas son fumadores pasivos; esto es, que absorben el humo por segunda mano.
- El tabaco causa más de 10,000 muertes diarias. 500 millones de personas que hoy están vivas morirán a causa del tabaco.
- El tabaco mata hoy a más de 4 millones de personas cada año y para el 2030 esa cifra habrá aumentado a 10 millones.
- Los países en vías de desarrollo consumen más el 70% del tabaco mundial.
- Casi la mitad de los estudiantes de secundaria (12-15 años) ha probado el tabaco alguna vez en la vida; una de cada cinco personas de ambos sexos en esta edad fumó en los últimos 30 días.
- Entre los estudiantes de secundaria que fumaron en el último mes, cada año más de vida aumenta en 37% la probabilidad de ser fumador; si algunos o la mayoría de sus amigos fuma, esa probabilidad incrementa en 54%, y si todos sus amigos fuman la posibilidad de convertirse en fumador aumenta en 87 por ciento.

- Para el año 2020 el tabaco estará produciendo casi 6 millones de muertes en los países en vías de desarrollo.

Como podemos apreciar, las estadísticas son espeluznantes y no muy halagadoras, ellas hablan por sí solas. Pero de aquí la pregunta, **¿Por qué empezamos el hábito de fumar?** Para algunos fumadores constituye una liberación de la ansiedad y la tensión, pero para otros se convierte en una carga física y psicológica. Se cree que el tabaco de puro y pipa, aunque presentan ciertos riesgos para la salud, es menos peligroso que el cigarrillo. Veamos otras estadísticas asociadas con el tabaquismo y el factor de riesgo que nos exponemos a diario.

El número de muertes por causa del tabaco es cuatro veces superior al originado por accidentes de carretera. El tabaco de cigarrillo daña los pulmones, los vasos sanguíneos y en un grado mucho menor, otros órganos como el corazón. El riesgo más conocido es el cáncer de pulmón, cuyo máximo de incidencia en el hombre se produce a una edad comprendida entre los 55 y 65 años *(siendo una de cada 7 muertes por causa de cáncer de pulmón)*. 2 de cada 5 fumadores empedernidos mueren antes de los 65 años. En las mujeres que fuman, la tasa de mortalidad se produce diez años antes que en el hombre, pero solo una muerte cada 20 se produce por cáncer de pulmón.

Cada cigarrillo que se fuma reduce la esperanza de vida en unos diez minutos aproximadamente. Se estima que el hombre de 35 años que fuma un paquete de cigarrillos por día puede esperar vivir 5 años menos que un hombre de la misma edad que no fuma. La gente que fuma no solo daña su salud, sino también la de los demás. Diversos estudios han demostrado que las personas que tienen que vivir o trabajar en ambientes congestionados por el humo del tabaco, aunque no sean fumadores, poseen un riesgo elevado de desarrollar trastornos respiratorios.

Iniciativa en Contra del Tabaquismo A Nivel MUNDIAL

A este respecto, la **Organización Mundial de la Salud (*OMS*)**, la **UNICEF**, el **Centro para el Control de Enfermedades (*CDC*)**, la **Oficina de Fumar y Salud (*OSH*)** desarrollaron la Iniciativa **"Libre de Tabaco"** *(Tobacco Free Initiative)* que busca brindar elementos que permita a los países tener una mayor conciencia del problema y desarrollar acciones para su control. Como parte de esta iniciativa se diseñó la Encuesta **Mundial de Tabaquismo en Jóvenes** *(EMTAJOVEN)* como un sistema global de vigilancia epidemiológica en tabaquismo. A nivel mundial 147 países han participado en esta encuesta, incluyendo todos los países Latino Americanos.

Últimamente las medidas en contra del tabaquismo han aumentado a nivel mundial y ya existen convenios mundiales para el control del tabaco. Es tanto así, que los países que se reunión en Ginebra, Suiza los cuales equivalen a 74% de la población mundial, planificarán la aplicación efectiva del tratado. Entre las medidas adoptadas en todo el mundo, se encuentran por *ejemplo*: "el reforzamiento de la legislación, el uso de etiquetas de advertencia y la prohibición de la publicidad". Esos cambios positivos refuerzan el compromiso adquirido por los más de 110 países que se reunieron para acordar los pormenores de la aplicación del convenio: **Marco de la Organización Mundial de la Salud para el Control del Tabaco** (*CMCT*).

Muchos de esos países, que participaron en la primera conferencia de las partes, en Ginebra, ya han aplicado algunas de las medidas previstas en el tratado. España, Irlanda, USA y Noruega, por *ejemplo:* han prohibido recientemente fumar en lugares públicos cerrados. La India ha aplicado amplias prohibiciones de la publicidad del tabaco, y en Australia, el Brasil, el Canadá, Singapur y Tailandia se imprimen gráficos de advertencia en los paquetes de cigarrillos. Estos son sólo algunos ejemplos de los esfuerzos que contribuirán a reducir sensiblemente el número de muertes provocadas por el tabaco.

Las medidas concretas que figuran en el tratado podrían ayudar a salvar 200 millones de vidas de aquí al año 2050, si se consiguiera una reducción progresiva del 50% en las tasas de inicio del hábito de fumar y de consumo de tabaco. Algunas de las medidas del convenio **"Marco de la OMS"** fijan plazos y establecen directrices claras. *Por ejemplo:* desde la entrada en vigor del tratado, los países tienen tres años para imponer la inclusión de advertencias sanitarias en los productos del tabaco y cinco años para promulgar prohibiciones generales en materia de publicidad, promoción y patrocinio del tabaco.

"Es un momento crucial para las personas que sufren las consecuencias del consumo de tabaco", ha dicho el Dr. Mochizuki-Kobayashi, Director de la iniciativa Liberarse del Tabaco, de la **OMS,** además de señalar que: *"El tabaco*

sigue siendo la primera causa evitable de mortalidad. Y el objetivo es desplazarlo de ese primer puesto en un futuro próximo con el compromiso sostenido de los Estados Miembros".

Parece insólito, pero es una realidad, **"el consumo de carne"** en nuestra dieta, contribuye directamente al deterioro del medio ambiente, a las condiciones climáticas y al calentamiento global; ya que el comer carne, *es otra forma de contaminar el ambiente.*

EL CONSUMO DE CARNE Y EL MEDIO AMBIENTE

Un reporte publicado por la **FAO** (*Organización de las Naciones Unidas para la Alimentación y la Agricultura*) en el 2006, titulado: *"La gran sombra del Ganado Vacuno"* concluyó que la **"Industria Cárnica"** (*Industria relacionada a la carne de consumo humano*) causa casi más de un 40% de las emisiones de gases de **"efecto invernadero"** (*fenómeno donde ciertos gases se acumulan en la atmósfera terrestre reteniendo energía emitida por el suelo produciéndose así, el calentamiento del planeta*) en comparación con todos los sistemas de transportación a nivel mundial. Esto es, todos los carros, camiones, SUVs, aviones y barcos combinados. Es tanto así, que estudios realizados en la Universidad de Chicago sobre: *"¿Cómo evitar el calentamiento global?"*, concluyó que: ***Cambiando el estilo de alimentación tradicional Americana a una dieta más vegetariana, es más efectivo, que tratar de cambiar el sistema de combustible tradicional a híbrido.***

En el reporte de este organismo especializado de la **ONU**, se determinó que la *"industria cárnica"*, *es causante de problemas ambientales tanto a nivel local, como mundial; incluso más allá del calentamiento global.* Esta organización señaló: que la industria cárnica, deberá ser la atención principal en todas las discusiones sobre la degradación del suelo, cambio de clima y contaminación del aire; al igual que de acortamiento de los abastecimientos de agua y su contaminación, como también de la pérdida de **biodiversidad** (*variedad de especies animales y vegetales en su medio ambiente*).

Otro aspecto importante y que sirve de catalizador para empeorar la situación del medio ambiente, es el uso de *"nitrógeno"* (*como fertilizante*), en la agricultura para la alimentación del ganado. El **nitrógeno** contribuye a la contaminación del aire y causa problemas de salud como: *El asma, cáncer,* *hipertensión, etc.* **Los nitratos** en agua, son perjudiciales para la salud humana y daña la vida silvestre incluyendo los criaderos de peces.

De acuerdo al departamento de protección ambiental, si cada americano dejara de comer carne por una semana sustituyéndola por comida vegetariana, el ahorro de *"dióxido de carbono"* sería lo mismo que sacar de circulación más de medio millón de carros de las carreteras de los Estados Unidos por esa semana. Por favor ver el siguiente reporte de la **FAO** *y las 7 razones que la carne contribuye al deterioro del medio ambiente.*

1. La cría de ganado deja una huella muy fuerte de residuo de *"Carbono"*, lo que representa el 18 % de las emisiones mundiales de gases de efecto invernadero. Más que todos los coches y vehículos todo terreno (*SUVs*) combinados en el mundo.

Es importante señalar, que aparte del **CO2** (*dióxido de carbono)*, el sector ganadero emite 37 % de **gas metano** (*gas altamente potente que contribuye al calentamiento global*) a nivel mundial; que por cierto, es un gas que tiene un *efecto invernadero* mucho peor que el **CO2** (*dióxido de carbono*), y el 65 % del **N2O** (*óxido nitroso*) el cual es un gas incoloro y tóxico.

2. 2,400 millones de toneladas de ganado induce a emisiones de **CO2** como resultado de la deforestación de más de 7.4 millones de acres de árboles cortados para pastos y **cultivos forrajeros** cada año. Ésta pérdida de bosques supone la destrucción de miles de millones de árboles, cada uno de ellos tenía el potencial para compensar unos 1.400 kilos de **CO2**. De acuerdo con el informe de la **FAO**: *"un 70 por ciento de las tierras deforestadas previamente en la Amazonía se utilizan como pastizales y los* **cultivos forrajeros** *(hierva para el ganado) cubren una gran parte del resto."*
3. Un 60% de los cultivos de maíz y un 40% de la *Soya* en USA son utilizados como alimento para animales. Tierras y recursos que podrían utilizarse para la siembra de alimentos de consumo humano. En cambio, lo utilizamos para alimentar animales de granja, los cuales son convertidores de granos ineficientes, ya que para que un animal vacuno produzca una libra de carne tiene que utilizarse de 6 a 10 libras de grano en su alimentación.
4. La producción ganadera, es la principal causante de la erosión del suelo en **USA**. Sin tierra vegetal sana, no podemos crecer los cultivos

que son necesarios para alimentar a la gente. Muchas civilizaciones a lo largo de la historia se han venido abajo por esta razón. En los Estados Unidos, se estima que se han perdido un tercio de la capa superficial en los dos últimos siglos.

5. La producción de carne depende en gran medida de los pesticidas, que son tóxicos, tanto para las personas, como para el planeta. *"El 70 % del volumen de herbicidas utilizados en la Agricultura se puede atribuir al estilo de producción de alimentos animales en la forma de la soja, el maíz"*, y según el estudio de la **FAO**, de todos las emanaciones de hidrocarburos clorados en forma de pesticidas en **USA**, 55% son suplidos por la carne, mientras que solo un 6% por vegetales, 4% por frutas y un 1% por granos. **NOTA:** *"**Los hidrocarburos clorados**", son una amenaza para la salud humana y salud ambiental. Si se libera en el medio ambiente, pueden causar enfermedades, defectos congénitos y otros problemas.*

6. El sector pecuario, es el principal contribuyente a la contaminación del agua por *"nitrógeno"* y *"fósforo"* en **USA**. También este mismo sector hace una importante contribución a la contaminación del agua por *"plaguicidas y antibióticos"* (*que representa el 50 % del volumen de antibióticos que se consumen en los Estados Unidos*).

7. La agricultura animal consume 1/3 de los combustibles fósiles producidos en **USA**. Según un estudio publicado en la revista americana de nutrición clínica, la producción de una caloría de proteína animal requiere más de 10 veces la cantidad de combustible fósil que se necesita para producir una caloría de proteína vegetal. Los combustibles fósiles se utilizan en gran medida en la producción de herbicidas, fertilizantes, la maquinaria de alimentación en la granja, y para el transporte entre la granja y la tienda.

Si escudriñamos las Sagradas Escrituras encontraremos lo siguiente: **"Y dijo Dios: He aquí que os he dado toda planta que da semilla, que está sobre toda la tierra, y todo árbol en que hay fruto y que da semilla; os serán para comer. Y a toda bestia de la tierra, y a todas las aves de los cielos, y a todo lo que se arrastra sobre la tierra, en que hay vida, toda planta verde les será para comer. Y fue así"**. (*Génesis 1:29*). En este texto, Dios no le da instrucciones al hombre para matar y comer carne, sino más bien, los vegetales y las frutas. Es tanto así, que después que el hombre desobedeció, el Señor rechaza la ofrenda de Caín. Ofrenda que consistía en productos vegetales. Al contrario de Abel, que ofrece de los animales que pastorea:

"Y aconteció andando el tiempo, que Caín trajo del fruto de la tierra una ofrenda a Jehová. Y Abel trajo también de los primogénitos de sus ovejas, de lo más gordo de ellas. Y miró Jehová con agrado a Abel y a su ofrenda; pero no miró con agrado a Caín y a la ofrenda suya". (*Génesis 4:3-5*). Parece claro, que este pasaje sobre las ofrendas de Abel y de Caín implica: que, Dios ve desobediencia por parte de Caín, ofreciendo lo que es de su consumo como había ordenado.

Solo después del diluvio (*más de 1,650 años después de la creación de Adán*) encontramos que Dios permite o autoriza a los hombres el consumo de carne. Es decir, que antes del diluvio, el consumo de carne significaba desobedecer a Dios. *¡Era un pecado!*

¿Es el consumo de carne, dañino a nuestro cuerpo? Se ha demostrado que el consumo de carne o proteína animal no sólo contribuye al deterioro de nuestras células, y por ende afectando nuestra salud, sino también, nos convierte en personas agresivas debido a la acumulación de toxinas en nuestro cerebro. La misma Biblia nos relata que la gente antes del diluvio era consumidora de carne, y que: *"La tierra estaba llena de violencia y que toda carne había arruinado su camino sobre la tierra"* (*Génesis 6:11*). Hecho que ha sido establecido y demostrado por la historia, la paleontología y la antropología.

La ciencia moderna, en coincidencia con las *Sagradas Escrituras,* ha venido a demostrar que la dieta vegetariana establecida por el Creador, fue el tipo de dieta alimenticia de los **homínidos pre-sapiens** (*primeros hombres de la raza humana*). Esta dieta vegetariana fue cambiada por alimentos cárnicos por la nueva generación llamada según la ciencia la era: **"Homo-Sapiens"** (*raza humana*).

En resumen, el Señor predestinó la dieta vegetariana como alimento del hombre en este planeta desde el origen de la creación. La introducción del pecado por Satanás, desbandó al hombre para tomar un camino distinto al del Creador, por lo que *"si nos importa nuestra salud y nuestro planeta"*, debemos acatar las leyes que fueron establecidas desde el principio por el Creador del universo. En cuanto al cuidado de nuestro planeta, no importa cambiar bombillas de alta eficiencia y cambiar las bolsas de plástico por bolsas de tela, la mejor manera de **"tomar la iniciativa verde"**, es cambiando nuestra dieta. Teniendo en cuenta la contaminación alarmante que produce la industria de la carne en el medio ambiente, lo mejor que podemos hacer para salvar al planeta es: *"Convertirnos en vegetarianos"*.

EL RUIDO Y SU CONTAMINACIÓN

¡El ruido es también otro contaminante, que no se puede dejar por desapercibido! Hablemos un poquito de la contaminación ambientar a través del ruido.

¿Sabías que el ruido afecta el buen desenvolvimiento de los seres humanos, tanto biológicamente, como psicológicamente? Es una realidad que no podemos pasar por desapercibida.

¿Qué es el Ruido? El ruido es un sonido no deseado por un receptor. Su *"intensidad"* (*volumen*) se mide en *"decibelios"* (*dB—Unidad de medida utilizada para saber la magnitud o fuerza de una onda sonora*). La escala de decibelios es logarítmica, o proporcional, por lo que un aumento de tres decibelios en el nivel de sonido representa una duplicación de la intensidad del ruido. *Por ejemplo*: *una conversación normal puede ser de aproximadamente 55 dB y, por lo general, un grito es de 80 dB.* La diferencia es de tan sólo *25 dB*, pero el grito es 30 veces más intenso. Por lo que la fuerza o intensidad del ruido suele medirse en decibelios con *ponderación A* (*dBA—Tabla de compensación para diferenciar la frecuencia del sonido y la presión sonora en el aire*). Esto debido a que en Acústica la mayoría de las veces el decibelio se utiliza para comparar la presión sonora, en el aire, con una presión de referencia. Un ejemplo de esto es

El oído humano está diseñado por nuestro Creador de una forma muy peculiar y compleja. La variación de presión en el aire produce vibraciones que son detectadas por la parte externa del **oído o "Pabellón"** (*funciona como una antena que direcciona el origen del sonido*) para luego ser transmitidas a la parte media donde la vibración de las ondas sonoras producen un martilleo proporcional a las vibraciones recibidas, no obstante el martilleo pasa a la parte interna del oído donde se convierte en presión de líquido que estimula unas células especiales, llamadas: **"Células Ciliadas"** y estas a su vez envían impulsos eléctricos al cerebro a través del nervio Auditivo. *¡Fantástico Verdad!* Este órgano de nuestro cuerpo reacciona a un nivel de frecuencia determinada, todo cuanto nos rodea tiene característica Ondulatoria o Cíclica.

El Oído humano empieza a percibir los sonidos a una frecuencia de **20 Hz** (*baja frecuencia*)—**20,000 Hz** (*alta frecuencia*), frecuencias menores o mayores a estas quedarían desapercibidas. Es importante saber, que el oído humano no se comporta igual para el mismo nivel de presión en diferentes frecuencias. Un *ejemplo* de esto es que, si aplicamos un sonido lineal de **30 dB** en toda la banda de **20 Hz** a **20,000 Hz**, y si nuestro oído fuese lineal, oiríamos con la misma intensidad auditiva las frecuencias más bajas, las medias y las agudas. Sin embargo, esto no es cierto, ya que el oído humano tiene menos sensibilidad a las frecuencias más graves y agudas. Lo que significa: que respondemos mejor a las frecuencias medias. Aunque nuestros oídos, no se comportan igual aun si el sonido tiene la misma intensidad. De aquí la información que nos interesa saber, *¿A partir de cuáles niveles de intensidad o Decibelios el sonido es perjudicial para los humanos?* Por encima de los **100 dBA,** es recomendable utilizar protectores para los oídos; pero esto también es cierto, si el ruido es de menor intensidad, pero la exposición es prolongada. Especialmente en puestos de trabajos de 8 horas de jornada y con maquinarias que producen niveles de ruido de **85 dBA**.

Los daños producidos al sentido del oído por exposiciones a ruidos muy fuertes son acumulativos e irreversibles, por lo que se deben de extremar las precauciones. Para evitar complicaciones auditivas como: *Trastornos nerviosos, cardiacos y mentales; incluso, sufrir daños que ocasionan demencia, falta de tolerancia, mal humor, depresión y una cantidad inmensa de problemas de tipo emocional y social.*

En estos tiempos modernos, la exposición de los seres humanos al ruido es tan constante e intolerable que últimamente todos los gobiernos del mundo están tomado acción para minimizar o evitar ruidos innecesarios en las grandes metrópolis. Un *ejemplo* palpable fue la resolución legislativa llevada a cabo por el alcalde de New York en junio 2004 cuando propuso reacondicionar el código de ruido vigente por los últimos 30 años y de esa forma mantener la ciudad y sus pobladores en un ambiente con menos contaminación auditiva. Según el alcalde, la necesidad de un nuevo código era necesario para remover secciones viejas y caducas, y al mismo tiempo, reemplazarlas con códigos que incluyan leyes sobre tecnología acústica al igual que para hacer cumplir las leyes vigentes.

En lo particular, he residido en la ciudad de New York y me ha tocado transportarme en los trenes subterráneos (*Subway*) de la ciudad y verdaderamente, el nivel de ruido que generan estos trenes al desplazarse sobre los rieles es realmente impresionante. (*Según estudios acústicos, esos trenes generan un ruido de 120 dB*), ni hablar de los vehículos de motor que circulan en nuestras calles y carreteras ya que hoy en día, es una modalidad de los jóvenes instalar "Resonadores" en vez de silenciadores para poder disfrutar del ruido producido por el motor, como si fuera una simulación de efectos sonoros asociados con autos deportivos. Lo mismo sucede con las motocicletas con sistemas de escape modificado y ni hablar de los amplificadores de audio que se instalan en los autos, los cuales son capaces de producir un nivel de sonido con una intensidad tal, que se pueden comparar a una discoteca móvil.

¿Te has encontrado alguna vez en un lugar público, ya sea en un autobús o en un parque donde personas inescrupulosas conversan con una intensidad de voz tan grave que tus oídos quieren reventar debido a la contaminación auditiva emitidas por ellos? Desafortunadamente, estas personas o son ignorantes de lo que causan o no les importa en absoluto contaminar el medio donde se encuentran. Muchas veces olvidamos como vivir en sociedad o dicho de otra manera: En una sociedad civilizada donde exista el respeto mutuo y la simpatía por los demás. Pero éste es un tema que ventilaré más adelante…

Como mencioné anteriormente, la exposición prolongada a sonidos fuertes, implica una serie de consecuencias negativas para la salud. Estos sonidos fuertes, pueden afectar tanto al cuerpo como a la mente y tienen una influencia especial en la salud del oído. Se dice que un nivel más alto de 55 decibelios impide a las personas una comunicación adecuada y un descanso suficiente en el hogar, por lo tanto un hogar que supere este nivel sonoro no será un lugar plenamente saludable para los individuos que en ella habitan. Las ciudades presentan unos niveles sonoros cada vez más elevados hasta el punto que, según la **OMS** (*Organización Mundial de la Salud*), casi el 80% de los que habitan las ciudades modernas están sometidos a niveles superiores de los que serían recomendables. Entre los factores más desencadenantes el principal es el tráfico seguido de las industrias y los locales públicos.

EL RUIDO Y SUS EFECTOS

Entre los efectos más significativos del ruido sobre la salud tendríamos los siguientes:

—**Efectos Físicos:** Dolor de cabeza, hipertensión, problemas digestivos, cansancio, etc. Se ha comprobado que los niños sometidos a ruidos constantes y fuertes poseen unos niveles más elevados de tensión arterial que aquellos que no lo están y que este estado suele continuar con la madurez, posibilitando un mayor índice de enfermedades cardiovasculares.

Profusos estudios concluyen, que un ruido constante por encima de los **55 decibelios**, produce cambios en el sistema hormonal e inmunitario, que conllevan cambios vasculares y nerviosos: como el aumento del ritmo cardíaco y tensión arterial, el empeoramiento de la circulación periférica, el aumento de la glucosa, el colesterol y los niveles de lípidos. Además, repercute en el sueño, produciendo insomnio lo que conducirá a un cansancio general que disminuirá las defensas y posibilitará la aparición de enfermedades infecciosas. Es importante saber, que la exposición constante por encima de los **45 decibelios** impide un sueño apacible.

—**Efectos Psicológicos:** Entre estos mencionaríamos el estrés, insomnio, irritabilidad, síntomas depresivos, falta de concentración, menor rendimiento en el trabajo, etc. Entre los que sufren mucho las consecuencias se encuentran los escolares cuya falta de concentración, incluso en sus hogares, hace que tengan un rendimiento escolar más bajo. A nivel de pareja, se ha relacionado todos estos problemas con la falta del deseo sexual, argumentando que una exposición no adecuada al ruido puede producir inhibición sexual.

—**Efectos Sociales:** Problemas en la comunicación—Ante la incapacidad de comunicarse adecuadamente el organismo tiende cada vez más a evitar la comunicación.

—**Pérdida de audición:** La sordera es el resultado más generalizado respecto a una contaminación sonora excesiva. En parte constituye una consecuencia y una adaptación a los ruidos excesivos. Para evitar los daños físicos o el malestar psicológico que produce el ruido constante, el organismo se habitúa al mismo a costa de perder capacidad auditiva. Pero, si la exposición es continua sin una protección adecuada, se puede desarrollar una pérdida permanente de la audición. Existen trabajadores que poseen más riesgos de perder audición como consecuencia de estar expuestos a ruidos muy fuertes. Entre estos se encuentran, *por ejemplo*: los que manipulan martillos neumáticos u otras maquinarias muy ruidosas, los que trabajan o van muy a menudo a discotecas o a conciertos de música estridente, los que se exponen al ruido habitual de disparos de armas de fuego, los que conducen vehículos deportivos, etc.

Está demostrado que ruidos superiores a *90 decibelios* experimentados de una forma habitual durante mucho tiempo producen la pérdida de audición. Sonidos menores pero continuos, pueden dañar la salud del oído. La sociedad actual, como consecuencia del mayor grado de ruido ambiental, se enfrenta a una pérdida más elevada de capacidad auditiva tanto entre la gente mayor como en la juventud. Igualmente una exposición continua a sonidos de más de *80 decibelios* puede producir los mismos resultados. En la lista siguiente se muestra una tabla con los decibelios aproximados en algunas situaciones de la vida cotidiana, así como sus consecuencias para la salud.

Tabla de Decibelios aproximados (dB)

- ➢ Silencio- **0dB**
- ➢ Pisada- **10dB**
- ➢ Hojas de los árboles en movimiento- **20dB**
- ➢ Conversación en voz baja- **30dB**
- ➢ Biblioteca- **40dB**
- ➢ Despacho tranquilo- **50dB**
- ➢ Conversación- **55dB**
- ➢ Tráfico de una ciudad- **80dB**
- ➢ Aspiradora- **90dB**
- ➢ Motocicleta con tubo de escape-**100dB**
- ➢ Concierto rock- **120dB**
- ➢ Martillo neumático- **130dB**
- ➢ Despegue de avión a reacción- **150dB**
- ➢ Explosión de un artefacto- **180dB**
- ➢ Tren Subterráneo- **120dB**
- ➢ Hospital- **25dB**
- ➢ Restaurante- **55dB**

Recuerda, no es sólo la intensidad del sonido lo que determina si el ruido es peligroso; también es muy importante la duración de la exposición. Para tener en cuenta éste aspecto, se utilizan niveles medios de sonido ponderados en función de su duración. En el caso del ruido en el lugar de trabajo, esta duración suele ser la de una jornada de trabajo de ocho horas.

CAPÍTULO 21

LOS DESPERDICIOS DEL HOMBRE, SU MANEJO Y COMO CONTROLARLOS

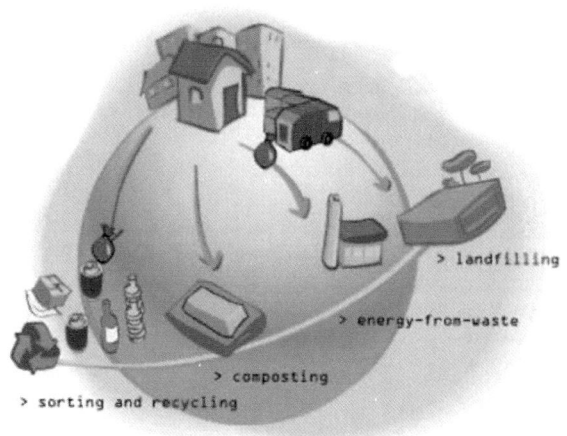

E L HOMBRE Y los animales han usado los recursos de la Tierra para sustentar la vida y disponer de desechos desde el principio de la creación. En tiempos antiguos, la disposición de materiales o artículos no útiles para el hombre no presentó un problema significativo, debido a que la población era pequeña y la cantidad de tierra disponible para la asimilación de desechos era grande. Hoy día hablamos de rehusar el valor energético y fertilizante de los desechos sólidos, pero el agricultor de los tiempos antiguos probablemente tuvo una iniciativa más audaz para deshacerse de estos elementos inservibles. Es tanto así, que hoy todavía se pueden ver indicaciones de reutilización en las prácticas agrícolas primitivas, en muchas naciones en desarrollo donde los granjeros re circulan desechos sólidos por su valor combustible o fertilizante.

Los problemas con la disposición de desechos sólidos pueden ser encontrados desde el tiempo en que los seres humanos empezaron a congregarse en tribus; fue entonces cuando la acumulación de desechos se convirtió en una consecuencia de la vida.

Las inoperantes y deficientes regulaciones para controlar los desechos sólidos en ciudades medievales, la poca higiene de la población de ese entonces de incurrir en prácticas como la de botar desechos en calles sin pavimentar, carreteras y terrenos desocupados condujo a la procreación de ratas y la erupción de enfermedades infecto contagiosas como la peste. La falta de planes para el manejo de los desechos sólidos condujo a la epidemia de peste llamada: **"La Peste Negra".** No fue hasta el siglo **XIX** (*diecinueve*) que las medidas de control de salud pública se convirtieron en una consideración vital de los funcionarios públicos, quienes empezaron a darse cuenta de que los desechos de alimentos se debían recolectar y disponer en forma sanitaria para controlar vectores de enfermedades.

La relación que existe entre la salud pública, recolección y disposición adecuada de desechos sólidos es muy clara. Autoridades de Salud Pública han demostrado que las ratas, moscas y otros vectores de enfermedades se procrean en vertederos a campo abierto, lo mismo que en viviendas pobremente construidas o mantenidas, en instalaciones de almacenamiento de alimentos, y en muchos otros lugares donde hay alimento y albergue disponible para las ratas y los insectos asociados con ellas.

La palabra basura ha significado y aún significa algo despectivo, algo que carece de valor y de lo que hay que deshacerse de cualquier forma; de esta manera lo que un día fue útil, se convierte en un estorbo. Entonces aquí el problema de cómo deshacernos de lo que no utilizamos, consumimos y producimos.

En el medio rural el manejo y control de los desperdicios nunca fue un verdadero problema debido a que los residuos orgánicos seguían un ciclo metabólico sirviendo de abono para las plantas y de alimento para animales, los vertidos o materiales de desechos industriales arrojados a los ríos eran depurados por las propias aguas. En esos tiempos, el gran poder depurador de la naturaleza todavía no había sido derrotado por el ansia de poder del hombre, la mala administración de éste, y sus malas costumbres.

En las ciudades, la basura continúa siendo un problema casi desde el origen de estas, debido a la alta densidad de población, a la falta de ornato de sus ciudadanos y sobre todo, a programas deficientes de limpieza y recogida de basura. Este flagelo, ha producido la proliferación de insectos, roedores y microrganismos patógenos, trayendo como consecuencia enfermedades catastróficas para el hombre como la **"Peste negra"** en Europa, como mencioné antes. (*¿Sabías que en Europa la peste mató a más de 20 millones de personas debido a falta de higiene?*).

Un mal sistema de gestión de la basura, producirá un deterioro y depreciación del entorno debido a la contaminación del aire, del agua y del suelo. Se calcula que la cantidad de basura producida por los seres humanos en el mundo cada año es más o menos 2, 000,000,000 (*Dos billones de toneladas*) de residuos sólidos. Esto, según un estudio realizado en el año 2005 por la Universidad Iberoamericana (**UIA**). Estudios recientes hechos por la Agencia de Protección Ambiental en Estados Unidos, indican que el americano promedio produce aproximadamente 4.6 libras de basura cada día; esto quiere decir, que en un año, una persona produce 1,679 libras de basura. **¡Impresionante!**, *¿Verdad?*

De acuerdo con estimaciones de la **Organización de las Naciones Unidas** (**ONU**), en el año 2025 el mundo quintuplicará la generación de desechos per cápita. Este cálculo está sustentado por la explosión demográfica que se espera en muchas ciudades del mundo, en las que, se podría triplicar la cantidad de habitantes y, sin planificación previa, redundaría en problemas sanitarios, habitacionales, laborales y obviamente, el incremento de residuos representando riesgos para la salud y el medio ambiente. Es importante señalar que *¡los residuos sólidos urbanos que se generan en los hogares se descomponen y liberan sustancias tóxicas que contaminan el aire que respiramos!*, por lo que una de las mayores preocupaciones de los científicos y ambientalistas es la basura orgánica, porque al descomponerse atrae ratas, cucarachas e insectos que afectan la salud.

Otro dato importante es que la basura orgánica no debería tirarse en rellenos sanitarios, porque puede contaminar el suelo y los mantos **"acuíferos"** (*estrato o formación geológica que permite la circulación del agua por sus poros y/o grietas. Dentro de estas formaciones podemos encontrarnos con materiales muy variados como gravas de río, calizas muy agrietadas, arenas de playa, algunas formaciones volcánicas, etc.*).

FRANK ZORRILLA

Existen dos clases de desechos que la gente común y corriente interactúa diariamente: **"El Desecho Orgánico"**, que es aquel que tiene origen biológico, estuvo vivo o fue parte de un ser vivo, ya sea animal o vegetal, *por ejemplo:* hojas, ramas, frutas, legumbres, vegetales, cáscaras y residuos de la fabricación de alimentos en el hogar, etc. y **"Los Residuos Inorgánicos"**, que son aquellos que no son de origen biológico, sino industrial o de un proceso no natural, *por ejemplo:* Plástico, telas sintéticas, el cartón que se utiliza para envoltura de cereales, papel, vidrio, neumáticos, electrodomésticos, etc.

Los papeles, vidrios, desecho de comida, baterías de los equipos electrónicos y plásticos, entre otros, al descomponerse liberan sustancias tóxicas que exceden la capacidad de la naturaleza para degradarlos por ende afectando las condiciones climáticas y el ecosistema, un ejemplo de esto, es el hecho de que los productos fabricados con plástico no se pueden descomponer en elementos químicos naturales y por ende quedan en el lugar donde se tiran hasta por 1000 años enterrados sin destruirse.

Ahora bien, **¿Cómo afecta el mal manejo y control de los desechos al agua potable?**—Según estimaciones recientes de la Organización de Naciones Unidas, en el planeta existen 1,300 millones de personas que carecen de un acceso adecuado al agua potable, y 2,500 millones no disfrutan de un sistema de saneamiento apropiado. Bajo estas batallas locales subyace una crisis mundial del agua, cada vez más aguda, siendo, sin lugar a dudas, la inspiración de futuras guerras a venir.

Según los estudiosos, en menos de un cuarto de siglo, se calcula que dos tercios de la población o alrededor de 4.5 billones de personas, no tendrán acceso adecuado a los suministros de agua dulce.

No es extraño ver que en algunos países las cuencas de ríos y lagos, se convierten a menudo en reservorios de basura, desagües de minas o depósitos de residuos agrícolas e industriales. Para colmo, la mayor parte de las **"aguas residuales"** (*agua proveniente de residuos domésticos o procesos industriales*) se vierte directamente en los ríos, lagos o canales sin tratamiento de ningún tipo.

Y, **¿Qué de los desechos Sanitarios?**—Si ya la basura orgánica e inorgánica representa un problema latente para la población mundial, que podemos decir del mal manejo de las infraestructuras sanitarias para minimizar la contaminación debida a los excrementos humanos (*materia fecal*), las cuales contienen altas cantidades de bacterias perjudiciales para la salud y el medio ambiente. La cantidad de personas, especialmente niños que mueren anualmente debido a la ausencia o baja calidad sanitaria es alarmante. La diarrea clama la vida de cerca de 6,000 niños al día, esto es alrededor de 2,000,000 (*dos millones*) de muerte al año. Estos niños mueren debido al inadecuado sistema de recurso sanitario, mueren debido a enfermedades comunes prevenibles. La mala administración en la disposición de los excrementos humanos se ha convirtiendo en una tragedia de tal magnitud que hoy por hoy, en pleno siglo **XXI,** este fenómeno silencioso se ha convertido en la crisis de salud más grande del planeta. Esto según las estadísticas recogidas por el ***Fondo de Las Naciones Unidas para la Infancia (UNICEF). Ver estadísticas más abajo.***

- 4 de cada 10 personas en todo el mundo o 2,4 billones, están cadentes de adecuados sistemas sanitarios. Esta cifra aumentará en condiciones proporcionales a la mitad de la población mundial para el año 2025.En el continente Asiático la mitad de la población no tienen adecuados sistemas sanitarios.
- Las personas que sufren de enfermedades debido a la contaminación del agua ocupa la mitad de las camas de los hospitales del mundo.
- En China, India e Indonesia la mortalidad debido a la diarrea es el doble de la del **VIH/SIDA.**
- En los países en vía de desarrollo, el 80% de las enfermedades es debido a los escasos o deficientes sistemas sanitarios.

La deficiente eliminación de los excrementos humanos en los países subdesarrollados es uno de los elementos más serios y críticos que afectan la salud. Las estadísticas son alarmantes, al menos 2,4 billones de persona o el 40% de la población mundial, tiene escaso acceso a condiciones sanitarias adecuadas. La mayoría de estas personas residen en el continente Asiático donde más de la mitad de su población o un 52% no tiene un sistema sanitario adecuado. Estadísticas similares se pueden encontrar en otros países subdesarrollados. Observe los datos obtenidos de la **UNICEF.**

- En los últimos 10 años la diarrea ha matado más niños que todas las vidas perdidas debido a todos los conflictos armados desde la segunda guerra mundial.

- En el año 1998, trescientos ocho mil personas murieron durante el conflicto armado en África, pero más de 2, 000,000 (*dos millones*). Seis veces esa cantidad mueren de diarrea.
- 1,5 billones de persona sufren de infecciones debido a parásitos gastrointestinales debido a las secreciones humanas o desechos sólidos en el ambiente. Según la **UNICEF**, los resultados de estudios bacteriológicos realizados a niños en países subdesarrollados, son extremadamente alarmantes. En un momento dado de sus vidas, estos niños pueden tener hasta 1,000 **"Uncinarias"** (*parásito que se encuentra en el intestino delgado*), áscaris y tricocéfalo. Todos estos parásitos pueden causar anemia, raquitismo y otras condiciones debilitantes.

¿Qué efectos colaterales podremos esperar debido a escasos recursos sanitarios, contaminación del agua y poca higiene? Una inmensa gama de enfermedades, como: **1**—*La Disentería*, la que se esparce o propaga a través del contacto entre personas, agua y comida contaminada, **2**—*El Cólera*, enfermedad que se propaga por la contaminación del agua o la comida debido a los excrementos humanos de la persona que padece el mal, **3**-*El Tifus*, que se transmite por los piojos en los excrementos humanos, **4**-*Fiebre Tifoidea*, que se propaga por el bacilo de Salmonella, y se encuentra en los excrementos humanos, 5—*Esquistosomiasis,* infección causada por parásitos o gusanos que penetran por la piel, infectando 200,000,000 (*doscientos millones*) de persona alrededor del mundo, **6**-*Tracoma,* enfermedad ocular que ocasiona la ceguera (*6 millones de persona han quedado siegas debido a esta enfermedad*).

¿Sabías que 1 gramo de excremento contiene:10,000,000 de virus, 1,000,000 de bacterias, 1,000,000 de quiste de parásitos y 100 huevos de parásitos?

De lo expuesto anteriormente podemos deducir que: *¡Aunque queramos o no, siempre existirá basura; tanto orgánica como inorgánica, porque para poder vivir necesitamos comer!...* Somos un sistema que necesita alimentarse para vivir y al comer producimos desperdicios.

La pregunta de lugar es: **¿Qué estamos haciendo para disminuir y controlar los desechos orgánicos e inorgánicos?** Los datos estadísticos a nivel mundial, no son muy halagadores, por lo tanto esta situación ha forzado a los gobiernos de turno poner en agenda campañas de reciclaje y recolección de desechos para evitar brotes de enfermedades. Son muchos los métodos o sistemas que se utilizan deshacerse de los desperdicios, como lo son: Rellenos Sanitarios, depósitos a cielo abierto, incineración, etc., pero algunos de estos métodos no son del todo confiables o aplicables.

Algunas sociedades sostienen que los rellenos sanitarios no son los adecuados para el destino final de los residuos. Esto se debería en parte a que una ineficiente impermeabilización generaría serias dificultades en las **napas** (*capas de agua subterráneas ubicadas a diferentes alturas en el perfil del subsuelo*) por parte de los **líquidos lixiviados** (*líquido que se genera como producto de la degradación de la materia orgánica en el modulo de un relleno sanitario*) que por cierto son cien veces más contaminantes que los líquidos cloacales. No obstante, están los basureros a cielo abierto, los cuales son portadores de enfermedades tales como infecciones respiratorias, intestinales, dengue, otitis, conjuntivitis, neumonía, bronconeumonías, gripe e intoxicación, sin considerar el peligro que representa la ingesta por parte de los animales y el destino final de alguno de ellos. En cuanto a la incineración, aunque es un sistema eficiente, es debatido permanentemente ya que solo los países ricos pueden darse el lujo de instalar plantas incineradoras, debido al costo de instalación y mantenimiento, el cual fluctúa entre los 50 a 70 millones de dólares (*si llevamos esta cifra a la cantidad de plantas incineradoras que se necesitarían en cada país por la cantidad de desperdicios que generan, la cifra sería astronómica, por lo que un país pobre no podría sustentarlo*).

¿Qué hacen los países al respecto?—En vista de esta situación tan delicada como lo es el manejo y control de la basura, los países alrededor del mundo están tomando iniciativas con programas de orientación sobre el reciclaje. Porque debemos estar conscientes que si las sociedades no se les concientiza con los temas urbanos, con programas sólidos y capaces de ser sostenibles en el tiempo, el deterioro será perpetuo y progresivo. Según cifras estimadas, para el 2020, la generación per cápita de residuos sólidos en la capital de México (*tercera ciudad más poblada del mundo*), será de 120 millones de toneladas diarias de desechos (*en el 2009 se calculó 1.4 kilos de basura diaria por persona*). Según la agencia de protección ambiental de Estados Unidos de América, USA produce aproximadamente 220 millones de toneladas de basura al año (*Esto es como enterrar más de 82,000 estadios de futbol a 6 pies de profundidad de basura compacta*).

Todos los países han llegado a un consenso que las mejores soluciones para lidiar con este problema de los desechos o desperdicios son: **"El Reciclaje**

FRANK ZORRILLA

y Sistemas Sanitarios eficientes". La recogida selectiva, o la separación de los residuos en origen, debe ser promovida por los distintos pueblos, en beneficio del medio ambiente al igual que la construcción de sistemas sanitarios para la disposición de los excrementos humanos.

¿Qué es Reciclaje? No es más que una de las alternativas utilizadas en la reducción del volumen de los residuos sólidos. Se trata de un proceso, que consiste básicamente en volver a utilizar materiales que fueron desechos y que aun son aptos para elaborar otros productos o pre-fabricarlos usando la *basura* o material deshecho como materia prima. *Ejemplos* de materiales reciclables son: Los metales, el vidrio, el plástico, el papel o las baterías usadas en equipos electrónicos. Son muchas las razones para reciclar: *1-Se ahorran recursos, 2-Se disminuye la contaminación, 3-Se alarga la vida de los materiales aunque sea con diferentes usos, 4-Se logra ahorrar energía, 5-Se evita la deforestación, 6-Se utiliza el espacio que donde se deposita la basura, 7—Se minimiza la cantidad de impuestos que cobran los gobiernos por la recolección de los desechos.*

La mayor parte de los desechos son reutilizables y reciclables, el problema estriba en que al mezclar todos esos desechos, se convierten en basura. Así que una de las soluciones al problema de la basura es separar lo que es orgánico de lo inorgánico.

Ahora bien, *¿Qué dice las Sagradas Escrituras del reciclaje?*—**"Entonces el Señor Dios tomó al hombre y lo puso en el huerto del Edén, para que lo cultivara y lo cuidara"** (*Génesis 2:15*). La palabra cuidar, en este pasaje bíblico se refiere a mayordomía responsable y no de una explotación irracional del mismo. *¡Dios es un Dios de limpieza y orden!* Desde el principio, Dios le dio pautas al hombre y le enseñó a través de los profetas reglas estrictas que debían seguir al pie de la letra y así evitar esos males que nos aquejan hoy en día. Por tanto, la limpieza es una cualidad que se origina del Dios santo y limpio, Jehová, pues él la posee. Él nos enseña para nuestro propio bien a ser santos y limpios en todos nuestros caminos, como lo enseña las Sagradas Escrituras en el libro de *Isaías 48:17.*—**"Así ha dicho Jehová, Redentor tuyo, el Santo de Israel: Yo Jehová Dios tuyo, que te enseña provechosamente, que te encamina por el camino que andas."** *¡Jehová Dios es ejemplar en lo que a esto respecta!* La limpieza, así como sus otras cualidades invisibles, se ven claramente en su creación visible. Observamos que la creación misma no produce ninguna contaminación duradera. La

Tierra, con sus muchos ciclos ecológicos, es una maravilla que se limpia a sí misma, y está diseñada para que sus habitantes vivan en condiciones limpias y saludables. Algo tan limpio solo puede ser el producto de un diseñador interesado en la limpieza. Por lo tanto, de lo anterior se puede deducir que los adoradores de Dios deben ser limpios en todo aspecto de su vida. Según la Biblia, la santidad y la limpieza física están estrechamente relacionadas. Por *ejemplo*, Pablo escribió: **"Amados, limpiémonos de toda contaminación de la carne y del espíritu, perfeccionando la santidad en el temor de Dios"** *(2 Corintios 7:1)*.

En el Antiguo Testamento, encontramos que Moisés dio a sus soldados, órdenes sanitarias estrictas de cómo proceder cuando tenían que hacer sus necesidades fisiológicas; esto como medida preventiva para evitar enfermedades debido a contaminación de microbios. En el libro de Deuteronomio *(23:12-14)* encontramos lo siguiente: **"Tendrás un lugar fuera del campamento para hacer tus necesidades, tendrás también, como parte de tu equipo, una estaca, y cuando estés allí fuera, cavarás con ella, y luego te volverás para cubrir tus excrementos, porque Jehová, tu Dios, anda en medio de tu campamento, para librarte y para entregar a tus enemigos delante de ti; por tanto, tu campamento ha de ser santo, para que él no vea en ti ninguna cosa inmunda y se aparte de ti"**. Pongan atención en la forma en que Moisés pone énfasis en cómo tratar los excrementos humanos, y lo llama: *"Cosa inmunda"* entre otras cosas y por tanto como Dios es Santo, no puede haber inmundicia donde estamos viviendo para evitar que Dios se aparte de nosotros. Hoy en día, lamentablemente nuestro hogar *(El planeta Tierra)* es una inmundicia y necesitamos aunar esfuerzos para limpiarlo y de esta manera volver a entablar esa comunicación directa con nuestro Creador.

Los epidemiólogos, personas expertas en microbiología se hacen eco del viejo axioma de que más vale prevenir que curar, esto en referencia a las medidas higiénicas y la **"profilaxis antimicrobiana"** *(referente al uso de medicamentos con efectos antimicrobiano, la forma de combatir o prevenir el desarrollo de una infección)* tomando como base las viejas costumbres conocidas por los Hebreos, por tanto, los cristianos *(Creyentes o seguidores de **Cristo**)* deben procurar mantener su cuerpo, su hogar y los alrededores, aseado y ordenado; cooperando fervientemente en las disposiciones que ayuden a controlar y minimizar la contaminación del *"Medio Ambiente",* y lo que fue creado por Dios como nuestro hogar provisional.

¡Contribuimos cuando enseñamos a nuestro hijos a reciclar!, ¡Contribuimos cuando hacemos campañas publicitarias y ayudamos a concientizar a la población que no conoce o es ignorante de los problemas ambientales que nos aquejan!, ¡Contribuimos a través del uso de los medios de comunicación en masa, como son las iglesias, los medios de difusión electrónica, como la radio y la TV, a través de reuniones familiares y de eventos sociales!, ¡Contribuimos cuando enviamos correspondencia a nuestros gobernantes y funcionarios electos que nos representan en los gobiernos locales y municipales cuestionándolos sobre el papel que están desempeñando para legislar nuevas leyes y hacer respetar las ya establecidas y de esa forma castigar a empresas y a personas que no obedecen las normas existentes!

En una primera lectura del libro de Génesis, capítulo 1, y no tomando en consideración otros párrafos del Antiguo Testamento, podríamos apreciar como si la naturaleza debe su existencia exclusivamente para servir al ser humano (*Dios la creó para que esta sea el hogar del hombre*). Sin embargo, son abundantes, los pasajes bíblicos, en que se resalta el valor propio de la naturaleza y se enfatiza el cuidado que se ha de tener de ella, como por *ejemplo* aquél que encontramos en el **Salmo 104**. En este Salmo, Dios se nos muestra como soberano sobre la creación, tanto en la Tierra como también fuera de ella, designando la luna y al sol; éste último para regular las estaciones del año y el ciclo del día y la noche. **"Hizo la luna para los tiempos: El Sol conoce su ocaso. Pone las tinieblas, y es la noche: En ella corretean todas las bestias de la selva"** (*Salmo 104: 19-20*).

El Salmo 104 presenta un análisis equilibrado de toda la obra creadora de Dios y lo maravilloso del mundo natural que Él ha formado, no centrándose sólo en la humanidad sino más bien en todo cuanto existe, incluyendo los animales. En el versículo 24 leemos. **"¡Cuán innumerables son tus obras, Oh Jehová. Hiciste todas ellas con sabiduría: La Tierra está llena de tus beneficios!"**. Y entre los versículos 27 y 30 entendemos que el Señor sustenta toda la vida en la Tierra por su espíritu, tanto los humanos como los animales (*Salmo 104: 27-30*); **"¡Todos ellos esperan en ti, para que les des la comida a su tiempo… Envías tu Espíritu, son creados y renuevas la faz de la Tierra!"**

Respecto al cuidado del medio ambiente y de los recursos naturales, un importante principio que hoy forma parte de la ecológica, es la estrategia productiva llamada: **"Desarrollo Sostenido"**; patrón de recursos usados con la intención de acomodar las necesidades humanas, mientras se preserva el medio ambiente, no solo para esta generación, sino también para la generación futura. *Esto es como decir: ¡Planeemos para el mañana!* Este término, fue usado por la **"Comisión Brundtand"** (*llamada así, para dar mérito a la primera ex-ministro de Noruega, quien dio un gran aporte a los problemas ambiéntales*). **La Comisión Mundial sobre el Ambiente y Desarrollo (WCED) o Comisión Brundtland,** fue convenida por la Naciones Unidas en 1983 y creada con el fin de poner coto al gran problema del acelerado deterioro del medio ambiente y los recursos naturales existentes, al igual que las consecuencias económicas y sociales de ese deterioro. Al establecer esta comisión, la asamblea general de las **Naciones Unidas (UN)** reconocieron que los problemas ambientales concernían al mundo entero, porque era un problema global en naturaleza y determinó de que era de interés común en todas las naciones del mundo establecer pólizas o estatutos, las cuales acuñan lo que ha venido a ser la definición de desarrollo sostenido como: "El desarrollo que reconcilia las necesidades humanas del presente sin comprometer a la futura generación de conseguir el mismo efecto y así sucesivamente". Los ecologistas se hicieron eco de este criterio para de esa forma apuntar que: *"Los límites de crecimiento y las alternativas que presenta un estado económico estable es sumamente importante para poder enfrentar las preocupaciones ambientales".*

Es importante mencionar que este principio del desarrollo sostenido, no tiene nada de moderno, porque acción similar a lo que establece la **"Comisión Brundtand"**, ya se encontraba presente en los escritos hebreos hace ya unos 3,500 años. En síntesis, lo que la estrategia menciona es: *"Explotar un recurso renovable sin llegar a agotarlo, sino permitirle a éste que se recupere y sostenga en el tiempo, para poder proveer a generaciones futuras".* Este principio, ya lo estipulaba la Biblia en aquella ordenanza que señala el hacer descansar la tierra un año entero, después de haberla cultivado seis años. **"Seis años sembraréis tu tierra y recogeréis su producto; pero el séptimo año la dejaréis descansar, sin cultivar, para que coman los pobres de tu pueblo, y de lo que ellos dejen, coman las bestias del campo. Lo mismo haréis con tu viña y con tu olivar".** (*Éxodo 23*). Es en este equilibrio, considerando el contexto global de los escritos bíblicos, en que se ha de entender el dominio y mayordomía del ser humano en la naturaleza.

Todos los organismos vivos al interactuar con el medio ambiente le producen a éste cambios o modificaciones en mayor o menor grado. Estos cambios pueden ser desde muy positivos, hasta en algunos casos perjudiciales. La especie humana como tal no escapa a esta dinámica de interacción con el medio, produciéndole también modificaciones. Es claro que esta capacidad de alterar el entorno se ve potenciada en el hombre por su inteligencia. Sin embargo, los efectos de su actividad fueron relativamente locales, hasta antes que se iniciara la era de la revolución industrial. Esta era industrial trajo por un lado un alto crecimiento de la población humana, y por otro, un acelerado incremento en el consumo de recursos naturales. Como consecuencia se generó una alta producción de desechos de todo tipo, incluyendo los altamente peligrosos desechos nucleares, que hasta antes de esta época eran desconocidos para los diferentes ecosistemas de nuestro planeta.

El acelerado incremento en la explotación de los recursos naturales nos permite visualizar claramente un sistema de capitalismo desmedido donde solo un grupito, dueños de grandes empresas se han beneficiado económicamente a expensas del deterioro del medio ambiente para perjuicio de todos. Aquí podemos aplicar la famosa distribución 80-20 de **Vilfredo Pareto** (*Economista Italiano*), donde el 20% de la población es dueña del 80% de los recursos naturales, haciendo posible la mala distribución de la riqueza mundial. Esto ha sido así, porque la especie humana, a diferencia de las demás, no sólo provee para sus necesidades, sino que sus integrantes compiten entre sí por acumular más y más recursos, o transformar estos, en algún tipo de valores, acordes con los estándares actuales de nuestra sociedad. Muchas veces lo acumulado supera cientos y hasta miles de veces a la cantidad que sería la adecuada para satisfacer sus necesidades, y además, permitirle una vida económicamente holgada. Al parecer, es muy propio de nuestra especie la ambición casi ilimitada que ha generado entre otras cosas, el modelo económico basado en conseguir estándares de vida cada vez más altos y por consiguiente, poseer una alta capacidad de consumo, provocando con ello más desechos, más contaminación, y la destrucción de los ecosistemas; no solo por nuestro estilo de vida desordenada, sino también por nuestros hábitos alimenticios, como veremos en el tema: **"El HOMBRE, PROTAGONISTA DE LA CONTAMINACIÓN AMBIENTAL"**.

Del breve análisis previo, es posible concluir que en lugar de buscar culpables por el deterioro y destrucción del medio ambiente, sería más honesto indagar en nuestra propia naturaleza como especie, para intentar alcanzar las causas últimas que han ido generando la problemática ambiental hasta nuestros días. Por lo tanto, la concienciación no es otra cosa que la toma de conocimientos inherentes a un tema especifico, es este caso el ambiental o los peligros de la contaminación en las que todos somos parte y por tanto, la implicancia que tiene nuestro proceder con nuestra actitud al saber que de nosotros dependen parte de las soluciones siendo más responsables y educándonos más. *¿Qué podemos hacer para ayudar a palear la contaminación?*

- *No desperdiciemos el agua potable, dejando los grifos abiertos mientras nos cepillamos o cuando nos duchamos.*
- *Adoptemos el reciclaje en nuestros hogares, separando la basura inorgánica.*
- *Re utilicemos materiales plásticos, como la bolsa del supermercado.*
- *Ahorremos energía eléctrica, no dejen luces encendidas innecesariamente.*
- *Usemos baterías o pilas recargables, en lugar de las convencionales.*
- *Compremos alimentos que tengan el símbolo de reciclaje.*
- *No utilicemos aerosoles, usemos en cambio pulverizadores y desodorantes de pasta.*
- *Usemos elementos de limpieza ecológicos, como el limón y el vinagre.*
- *La ropa que no usamos, donémosla.*
- *Utilicemos lámparas de bajo consumo, en lugar de las convencionales.*
- *Utilicemos más el transporte público, para ahorrar combustible.*
- *No dejes el refrigerador abierto, para evitar más consumo del necesario.*
- *No tiremos bolsas plásticas o residuos inorgánicas en las alcantarillas y/ o calles.*
- *Cuidemos nuestros bosques, evitando incendios debido al descuido.*
- *Cambiar nuestra dieta alimenticia y dejar de consumir carne.*

El evangelio nos llama siempre a estar en estado de conversión, en estado de arrepentimiento y en reconocer los actos que realizamos. La conversión es la actitud de cambiar las cosas, de transformarlas y de transformarnos nosotros mismos; pero no solo para con otras personas, sino también para con el medio ambiente y las formas cómo nos hemos relacionado con la naturaleza. Necesitamos actitudes penitenciales porque no hemos sido vicarios de Dios en el mundo en relación a la naturaleza y a la creación, en el sentido de ser mayordomos, cuidadores y conservadores de nuestro planeta.

Como cristianos, debemos adoptar nuevas actitudes que impliquen cambios y noticias de esperanza. Nosotros como hijos e hijas de Dios debemos hacer que el mundo sea distinto, que el mundo sea diferente y que este mundo distinto y diferente, sea adoptado con una actitud acorde con principios divinos para que nuestros actos queden reflejados en una relación de justicia y en una relación de equilibrio con la naturaleza. Nosotros debemos recordar lo que el apóstol Pablo dice en una de las cartas más hermosas que ha escrito a los Colosenses. Pablo hace referencia a la presencia cósmica de **Jesús** cuando dice: *"Porque por medio de él fueron creadas todas las cosas en el cielo y en la tierra, visibles e invisibles, sean tronos, poderes, principados o autoridades: todo ha sido creado por medio de él y para él. Él ha sido anterior a todas las cosas, que por medio de él forman un todo coherente"* (*Colosenses 1:16-17*). Cuando Pablo menciona: **¡todas las cosas!**, no solamente se refiere a nosotros los seres humanos, sino más bien al orden las cosas creadas: al medio ambiente, a la naturaleza, a la creación en general. Por lo tanto, **Jesús,** tiene una dimensión cósmica y eso nos lleva a nosotros como cristianos y cristianas, a sentirnos vinculados naturalmente al mundo de las cosas creadas, porque somos parte de ellas. La esperanza nuestra, es que como evangélicos, católicos o protestantes, tengamos mayor conciencia del daño que causamos, ya que si no aportamos en la solución, entonces nos convertimos en parte del problema.

Los que tenemos nuestra esperanza puesta en nuestro Salvador **Jesucristo,** sabemos que llegará el momento en que los actuales cielos y tierra contaminados pasarán; por lo tanto, los que seguimos confiando en sus promesas y en su palabra estamos convencidos de que habrá cielo nuevo y tierra nueva libre de todo tipo de contaminación. En las Sagradas Escrituras encontramos lo siguiente: **"Porque he aquí que yo crearé una tierra nueva y un cielo nuevo; y de lo primero no habrá memoria, ni más vendrá al pensamiento"** (*Isaías 65:17*).

¡Dios nos ayude a ser mayordomos fieles y responsables, cuidadosos de los recursos dejados a nuestro cuidado para que cuando llegue el día en que seamos auditados por nuestro Creador, podamos responder como buenos administradores!

CAPÍTULO 22

SUPER POBLACIÓN Y EL DETERIORO DE LOS RECURSOS NATURALES

D E ACUERDO A datos históricos, la población mundial al principio de la era cristiana era aproximadamente de 1/4 de billón. Para el año 1500 de la era cristiana la población era de 1/2 billón, y desde ahí en adelante el grado de crecimiento aumentó drásticamente (*En el año 1840 en 1 billón, 1930 en 2 billones, principio de 1960 a 3 billones, 1970 a 3 ½ Billones*). Como podemos observar, la población mundial ha seguido una tasa de crecimiento bastante significativa, ya que para el año 2009 la población mundial fue aproximadamente de 6.8 billones de personas (*910.84 millones en África, 4.2 billones en Asia, 725.73 millones en Europa, 594.4 millones en Norte América, 349.3 millones en Sur América y 32.9 millones en Oceanía*). Es importante señalar que el crecimiento poblacional en el período de 1950-2000 fue de aproximadamente 230%, casi cuatro veces más que en el período 1900-1950.

Como podemos observar de los datos expuestos, el mayor crecimiento de la población ocurre en los países de bajos ingresos económicos afectando aún más la ya inadecuada infraestructura y la capacidad técnica y financiera de esos países en vía de desarrollo. Este fenómeno, en combinación con el desequilibrio poblacional, trae como consecuencia situaciones de calamidad tanto a nivel social, ambiental y económica, esto debido a que las personas tienden a concentrarse en grandes números donde los trabajos están disponibles y donde la agricultura es productiva. Esto a su vez es determinado por factores geográficos, incluyendo las condiciones climáticas, topología de la región, cercanía de agua y recursos naturales, al igual que la cercanía de otras poblaciones.

Actualmente, existen relativamente algunas áreas en el mundo donde las condiciones son favorables para el desarrollo y bienestar del hombre, y de ahí alta densidad de población en esas áreas; pero también existen en este planeta grandes regiones inhabitables debido a que las condiciones son imposibles para la vida humana. Esto es cierto en grandes porciones de **Eurasia** (*Zona que corresponde entre el continente Europeo y Asiático*) y **el "Norte del continente Americano"**. Casi 2/3 de todas las personas que viven en este planeta están concentradas en 4 regiones. Estas regiones son:

- **La parte Este de los Estados Unidos y parte del Sureste de Canadá.**
- **La parte Oeste de Europa y la porción Europea de la Antigua Unión Soviética.**
- **India.**
- **China, Japón y Corea.**

Existen otras áreas donde la población es densa como en Egipto, la república Filipina e Indonesia.

Este crecimiento descontrolado de la población mundial se puede convertir en una crisis global con repercusiones sumamente graves; esto debido a la escasez de alimento, recursos naturales, sanitarios y otros. Esa voz de alarma ya se ha dejado saber a través de grupos ambientalistas y grupos elites como los: **"Bildergerg"** (*grupo conformado por personas influyentes, en su mayoría políticos de alto nivel, financieros y empresarios acaudalados, los cuales según ellos, su misión es buscar soluciones a los problemas sociales y económicos del mundo*). Este grupo ha sido objeto de duras críticas por algunos activistas y medios de difusión de masa debido al hermetismo de los temas que se ventilan en sus reuniones, ya que no permiten la presencia de los medios de prensa y debido a esto, se les cataloga como miembros de sectas que buscan el control del mundo a través de un solo gobierno o **"Un nuevo orden de cosas"**, ya que según algunos medios, el objetivo principal de esas reuniones no es más que planear como contener el crecimiento global y la distribución de los recursos. Es importante mencionar que este mismo tipo de acusación es el que se le da al grupo: ***"Los Iluminados" (Iluminati)*** (*Según algunos, esta es una Organización secreta formada por personas muy ricas e influyentes, quienes dirigen los destinos del mundo a nivel económico, manipulando a su antojo todo lo que acontece a nivel global*). Sin embargo, los simpatizantes y miembros del **"grupo Bildergerg"** insisten que el propósito de esas reuniones son con la finalidad de prevenir y planear el control de enfermedades a nivel global, como pandemias y vigorizar la economía a nivel mundial para terminar la pobreza.

El tema de la súper población es tan preocupante, que aun países avanzados, los cuales pueden producir cantidades adecuadas de alimentos y otras comodidades encuentran que el crecimiento de la población, más el desarrollo industrial trae como resultado: Problemas de contaminación, escasez de recursos naturales y la degradación del medio ambiente. Hay que enfatizar que la Tierra es un sistema cerrado. Una esfera con solo 8,000 (*ocho mil*) millas de diámetro, cubierta por una capa delgada de aire. Es decir, que tenemos espacio limitado en la cantidad de oxígeno, de agua, de tierra fértil y de espacio para vivir; por lo que los estudiosos de este asunto insisten que la multiplicación humana tiene que ser detenida o simplemente no existirán recursos para sostener la vida.

Existen 2 puntos importantes en los que coinciden la mayoría de los estudiosos del fenómeno de la súper población.

- *El constante crecimiento de la población mundial incrementa la cantidad de contaminación y amenaza la calidad de vida de todos los que habitamos el planeta aún si existiera suficiente comida y otras necesidades para conservar la vida.*
- *El crecimiento severo de la población en cualquier parte del mundo, aún en regiones distantes, puede tener efectos indeseables en toda la raza humana.*

FRANK ZORRILLA

Si el proceso de urbanización continúa, la proporción de la población mundial que vive en las ciudades aumentará de 45% a 62% en el año 2025, lo cual creará densos centros de **"emisiones antropogénicas"** *(emisiones producidas por las actividades humanas en el clima de la Tierra)*. De manera similar, si viven en las zonas limítrofes de las urbes, entonces significa mayor distancia de los trabajos, por lo tanto más contaminación del aire debido a las emisiones de los autos o medios de transporte. **¿Qué podemos hacer para poder lidiar con esta situación y que dice la Biblia al respecto?**

Al principio Dios le dijo al Hombre: **"Fructificad y multiplicaos; llenad la tierra y sometedla"** (*Génesis 1:22*). Dios le dio al hombre potestad sobre todas las cosas creadas, para su gusto y beneficio; pero el hombre quiso ser como Dios y por tanto al desobedecer se convirtió en un ser pensante e independiente de Dios, conocedor del bien y del mal. Dijo Jehová Dios: **"El hombre ha venido a ser como uno de nosotros, conocedor del bien y del mal"** (*Génesis 3:22*). El hombre al ser pensante, al saber lo que le conviene o al estar en un estado de conciencia, está dotado con inteligencia para elegir, planear, controlar y ejecutar acciones que sean favorables para él. *¡Dios bendijo la creación y creó todo en pleno orden!* Todo iba a ser dirigido y controlado por Dios; pero al hombre desobedecer, Dios le dio libre albedrío para tomar sus decisiones y ser responsable de su conducta y sus acciones. ¡El plan de Dios, no era crear una súper población con escasos recursos naturales, con problemas ecológicos y con problemas ambientales, con más espacio de agua que de tierra fértil, con problemas de fronteras entre países con mayor crecimiento económico! Si así hubiese sido, el plan de Dios no tendría sentido. Él fundó el universo y existen planetas 10, 000,000 (*diez millones*) de veces más grande que este donde vivimos. Por tanto, tenemos que estar consientes que el crecimiento poblacional que tenemos hoy en día, no es culpa de Dios, sino de nosotros mismos. Es cierto que todos tenemos derecho a formar una familia, pero debe existir control. ¡Estoy seguro que ningún padre responsable querrá traer al mundo, niños con deficiencia de alimentación, de salud y de un hogar donde vivir! Entonces la pregunta de lugar sería, *¿Qué podemos hacer?... ¿Abortar la criatura que nace en los vientres maternos?* No, esa no es la solución al problema, *¡Sino más bien, la planificación y la abstinencia!* Somos seres pensantes, por tanto, tenemos que pensar antes de actuar.

Hoy en día es alarmante la cantidad de jóvenes menores de 14 años que están teniendo sexo indiscriminadamente por falta de orientación sexual adecuada, y para colmo de males, la tecnología ha empeorado el problema debido a reproducciones de imágenes a través de los medios cibernéticos (*Internet*), pornografía en todas las esquinas y bombardeo constante de este tipo de información en los medios de difusión de masa (*cine, TV, radio, revistas, periódicos*) en donde es normal que la mayoría de los programas tengan una pizca de contenido sexual explícito.

¡Estamos empeorando la situación cada día y a cada hora, con sus segundos! Por lo que organizaciones privadas e instituciones gubernamentales en algunos países han tenido que tomar cartas en el asunto y legislar medidas drásticas para poder controlar los nacimientos de niños no deseados como también los deseados. Si estos nacimientos continúan en este ritmo tan acelerado, podemos vaticinar sin temor a equivocarnos que llegará el momento en que estas regulaciones que hoy en día se aplican solo en ciertos países súper poblados va a extenderse a nivel mundial. Te podrías preguntar, y **¿Por qué el nacimiento de nuevos niños es un peligro, si todos los días mueren miles de personas?** En realidad la tasa de mortandad en el mundo hoy en día es menor debido al desarrollo de la medicina y el avance de las investigaciones médicas, y ahí estriba el problema, donde los expertos en este tema consideran que si ya la natalidad de por sí es un asunto preocupante a nivel mundial, cuando se combina con el bajo nivel de mortalidad el problema se agudiza de una forma alarmante. Entonces, **¿Cómo haremos si queremos procrear una familia?** La respuesta es: *"a través del matrimonio"*.

El matrimonio es una relación permanente creada por Dios; relación que el hombre y la mujer inician en plena libertad. Es una relación de amor y servicio, y es también un sacramento cristiano. La sociedad íntima de la vida y el amor conyugal ha sido establecida por el Creador y matizada por sus leyes. Esta relación está enraizada en la alianza conyugal establecida por el consentimiento mutuo e irrevocable. En ese acto humano, por el cual los esposos se otorgan y se aceptan mutuamente, surge una relación que, por voluntad divina, y en los ojos de la sociedad, tiene carácter permanente… Un hombre y una mujer, en la alianza matrimonial de amor conyugal, ya **¡no son dos, sino una "sola carne"!** (*Mateo 19:6*) y se prestan ayuda y servicios mutuos, a través de la unión íntima de sus personas y acciones… Los esposos cristianos tienen un sacramento especial por el cual se fortalecen y reciben una especie de consagración en los deberes y la dignidad de su estado.

El matrimonio y el amor conyugal están ordenados, por su propia naturaleza, hacia la procreación y educación de los hijos. Los hijos son en realidad el don supremo del matrimonio y contribuyen substancialmente al bienestar de los padres. El mismo Dios que dijo: **"No es bueno que el hombre esté solo"** (*Génesis 2: 18*) y por tanto, **"hizo al ser humano desde el principio varón y hembra"** (*Mateo 19:4*), también quiso compartir con el hombre una cierta y especial participación en su propia obra de creación. Por eso Dios bendijo al varón y a la hembra, y les dijo: **"Creced y multiplicaos"** (*Génesis 1:28*). Por lo tanto, aunque no disminuye los otros propósitos del matrimonio, la verdadera realización del amor conyugal y el sentido pleno de la familia que de él se deriva, tienen esta dirección: *¡Que la pareja esté dispuesta con corazones firmes a cooperar con el amor del Creador y Salvador, quien, a través de ellos aumentará y enriquecerá su propia familia, día tras día!*

Los padres deben considerar como su misión apropiada la tarea de transmitir la vida humana y de educar a aquellos a quienes se les ha transmitido. Deben estar conscientes que son por esto cooperadores con el amor de Dios y son, propiamente hablando, los intérpretes de ese amor. Ahora bien, *¿Qué tan grande puede ser la familia?* En la Biblia no menciona específicamente acerca del tamaño óptimo de la familia; tampoco enseña, como dicen algunos, que el matrimonio esté obligado a tener todos los hijos que le sea posible. En las decisiones respecto al tamaño de la familia, la pareja, como seres pensantes tomarán en cuenta cuidadosamente tanto su propio bien como el de sus hijos, los ya nacidos, y aquellos que se prevean en el futuro. Los padres considerarán estos elementos a la luz de las condiciones materiales y espirituales de los tiempos, y de su propio estado de vida. En palabras más sencillas, debe existir un razonamiento objetivo.

En el acto natural de la relación marital ocurren dos cosas que no se deben separar; ***primero,*** los esposos se expresan amor mutuo y ***segundo***, se abren a que ese amor sea fecundo. Los métodos artificiales de anticoncepción pretenden separar estos dos aspectos al extinguir la posibilidad creadora. **Jesús** dijo, hablando acerca del matrimonio: **"Lo que Dios ha unido, que nadie lo separe"** (*Marcos 10:9*). Esto también se puede decir del acto sexual, que durante muchos siglos de la historia cristiana ha sido llamado: *"Acto matrimonial"*. Dicho de otro modo, Dios ha querido que el acto sexual sirva para que la pareja casada renueve su alianza matrimonial. En esta unión corporal, los esposos reafirman las promesas originales de su amor matrimonial, la decisión de aceptarse mutuamente en lo bueno y en lo malo, y de permanecer unidos hasta la muerte. El control artificial de la natalidad, de cierta forma contradice la renovación simbólica de la alianza matrimonial. Es una forma de decir: ¡Te acepto en lo que me gusta (*placer, comodidad*), pero no en lo que me exige sacrificio (*paternidad responsable, educar a los hijos, etc.*)! Ahora bien, *¿Cómo podemos evitar la natalidad en el matrimonio?* Existen métodos que algunas iglesias consideran ilícitos como por *ejemplo*: Aborto, pastillas anticonceptivas, ligazón de tubos, vasectomía. También algunas iglesias condenan los métodos artificiales como por *ejemplo*: Dispositivos intrauterinos, espumas, diafragmas, condones, retracción pre-orgásmica, masturbación mutua o solitaria y prácticas sodomitas. Pero existen métodos naturales que el matrimonio puede usar para la planificación familiar, aunque el asunto estriba en el aspecto moral ya que todos los métodos naturales como artificiales tienen el propósito de limitar la familia, pero según la iglesia: *¡Los medios naturales de planificación familiar no separan el amor unitivo y la procreación!* Los esposos respetan la fecundidad y se abstienen en esos días. Ese respeto, según los ministros eclesiásticos fomenta el respeto y amor mutuo entre los esposos. La familia se planifica regulando la concepción humana a través de la limitación del acto conyugal o sexual en el período fértil del ciclo femenino. Esta práctica se fundamenta en el hecho de que el período de la ovulación femenina se puede determinar con gran precisión. La Planificación Natural de la Familia es moralmente permisible cuando hay motivos válidos. Estos métodos naturales, se utilizan para determinar los días fértiles de la mujer con el fin de planificar la familia. Los métodos modernos de planificación familiar son muy eficaces aun cuando la mujer sea irregular.

Dios ha dispuesto, en el contexto integral de su creación, métodos naturales para controlar los nacimientos según los exijan las necesidades personales y sociales. Desde los albores de la creación humana, la crianza natural de pecho ha sido un regulador y **"espaciador"** natural de embarazos. Ver: *Crianza de pecho para espaciar los nacimientos.* En tiempos recientes, científicos y médicos han desarrollado otros medios naturales que funcionan a la perfección, siempre y cuando las personas se guíen por las instrucciones dadas por los facultativos.

Crianza de Pecho para Espaciar los Nacimientos

La lactancia de pecho es el método natural de espaciamiento más universalmente empleado que existe. Este método ha espaciado más embarazos que ningún método adoptado conscientemente, sin embargo, debemos enfatizar que esta propiedad de la crianza de pecho es válida solamente cuando se practica la crianza **"ecológica",** es decir, cuando la madre está consistentemente con el niño y cuando amamanta frecuentemente durante el día. Esta forma natural de espaciar los nacimientos es moralmente aceptable por la iglesia.

El Intervalo normal entre embarazos, en una mujer que use el método de crianza natural, varía entre 18 y 24 meses. Esto es un signo de la unidad orgánica del amor humano y la procreación: *la madre permanece con el niño, lo cría naturalmente, y puede espaciar el próximo embarazo en un contexto moral legítimo.*

A continuación algunos métodos naturales que se pueden usar como planificación familiar.

Método del Ritmo

La primera forma de Planificación natural de la familia fundamentado en la abstinencia periódica fue el: *"Ritmo de Calendario".* Este método se usó durante la década de 1930; el método tenía un índice de efectividad parecido al de los métodos artificiales (*o de contención*) disponibles entonces como los condones y diafragmas. Esta efectividad presuponía, sin embargo, que la madre tuviera ciclos regulares y aprendiera a conciencia el método. Para algunas parejas resultaba poco confiable, bien por la irregularidad del período de la esposa, o bien por ignorancia acerca del use del método. Debe tenerse presente, sin embargo, que los métodos **de Planificación Natural de la Familia** actuales son mucho más avanzados que el antiguo **"método del ritmo".**

Métodos Modernos de Planificación Natural

Los dos métodos más populares de Planificación Natural de la Familia son: El *"Método Sinto-Térmico y el Método de la Ovulación".* Estos métodos de planificación natural hacen posible que una pareja pueda identificar los períodos fértiles e infértiles de la esposa. Las parejas que desean tener hijos tienen relaciones sexuales en los períodos fértiles. Las parejas que quieren, por razones graves, evitar o espaciar los hijos, tienen relaciones sexuales solamente durante los períodos infértiles y evitan el contacto genital durante los períodos fértiles. Ambos métodos son muy superiores al antiguo método del ritmo, que dependía solamente de la historia de ciclos pasados.

El Método Sinto-Térmico toma en cuenta los cambios en la mucosidad cervical de la mujer, y los cambios en su temperatura base; algunas mujeres que usan este método también incluyen la observación de cambios físicos en la cerviz (*ensanchamiento, estrechez, etc.*). Estos signos se cotejan mutuamente para determinar los diferentes períodos de fertilidad e infertilidad del ciclo menstrual. Este método también es conocido como el: *"Método Billings".*

El método de la Ovulación sólo toma en cuenta la variación de la mucosidad. La temperatura de la mujer varía unas cuantas décimas cuando la mujer se encuentra en el proceso de ovulación.

Te podrías preguntar, *¿Exigen estos métodos naturales largos períodos de continencia sexual? ¡Normalmente no!* Muchas parejas sólo tienen una semana de abstinencia, y la mayor parte no tiene que guardar continencia más de 12 a 14 días.

¿Cuán eficaces son los Métodos modernos de Planificación Familiar? El **método Sinto-Térmico** (*conocido como MST*) es más fácil de enseñar y de aprender, y es más eficaz, que el *método de la Ovulación.* Los métodos de **PNF** (*Planificación Familiar*) modernos tienen un índice de efectividad superior a la pastilla y los dispositivos intrauterinos (*IUD*), y es mucho más eficaz que los métodos de contención (*condones y diafragmas*). La efectividad de la **PNF** ha sido ampliamente demostrada por el gobierno comunista de China el cual ha reconocido su efectividad en extensas pruebas.

CAPÍTULO 23

EL PUENTE QUE NOS UNE A DIOS

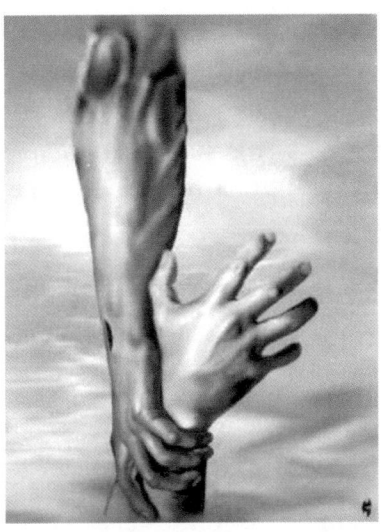

L A BRECHA QUE separa a la humanidad de Dios se hace cada día más grande a medida que pasamos de una generación a otra. Es una terrible realidad que lamentablemente tenemos que afrontar. *¡La falta de comunicación entre padres e hijos, hace desaparecer los valores, tradiciones y las creencias!* Dijo El Sabio **Salomón: "Instruye al niño en su carrera: Aun cuando fuese viejo no se apartará de ella"** *(Proverbios 22:6).* Hoy en día la relación familiar entre padres e hijos es menos eficaz y está más deteriorada que nunca. Esto quizás debido a los factores externos del diario vivir como lo son: El trabajo, la vida social exigente, la modernización, etc. o la falta de voluntad para con la familia. Pero sea cual fuese la causa, este distanciamiento traerá como resultado efectos catastróficos al núcleo de la sociedad, que como ya sabemos es: **"La Familia"**.

Cuando la comunicación no es muy eficaz y se pierde el interés en preservar vigente el legado espiritual y cultural dejado por nuestros antepasados. Los valores espirituales se quedan detenidos en el tiempo y ese colapso en la transmisión de esos valores crea una gran brecha entre generaciones, produciéndose un gran distanciamiento entre Dios y el hombre. Lamentablemente, ese abismo que existe entre Dios y el hombre se va agrandando en la misma medida que se pierden esos valores espirituales.

Según las Sagradas Escrituras, en el inicio de los tiempos, el hombre hablaba con Dios cara a cara (*como es el caso de Adán*). Luego de la desobediencia del hombre, Dios utilizó emisarios o *"Profetas"* (*Embajadores divinos*), hombres escogidos por Él, para enviar mensajes a la humanidad. Ejemplo de esos hombres fueron: Abraham, Moisés, Isaías, (*El Viejo Testamento hace mención de 33 profetas del género masculino y 10 profetas del género femenino y en el Nuevo Testamento 9 profetas del sexo masculino*) y finalmente envió el **"Puente de enlace"** entre lo divino y lo pecador. Envió a su propio hijo, **"Jesús, el Cristo"**.

"No existe otro nombre bajo del cielo, dado a los hombres, en el que podamos ser salvos" *(Hechos 4:12)*, **"Porque hay un solo Dios, y un solo mediador entre Dios y los hombres, Jesucristo hombre"** *(1 Timoteo 2:5)*. Estos son dos versículos bíblicos, en lo que primero, nos señala que no hay otro medio para ir a Dios, sino a través de su hijo amado: *"El gran Conciliador, el gran Canciller y Diplomático entre Dios y el hombre caído por la desobediencia"*. El segundo versículo, nos dice claramente: que *¡Dios nombró a un sólo Embajador o mediador con la autoridad para interceder entre los asuntos de Dios y los hombres!* La palabra de Dios es clara, precisa y no necesita de ningún tipo de artificio o herramienta para hacernos entender esa realidad. *¡Jesús es el gran "Puente Invisible" entre la Tierra y el Creador de todas las cosas!*

Estamos tan ocupados en nuestros quehaceres diarios, que no le damos importancia sentarnos a hablar con nuestros hijos para transmitir esos conocimientos, valores culturales, tradiciones y sobre todo enseñarles e instruirles sobre nuestro Creador y así mantener viva esa relación con Él. **"Toda la escritura es inspirada por Dios, y útil para enseñar, para redargüir, para corregir, para instruir en justicia a fin de que el hombre de Dios sea perfecto, enteramente preparado para toda buena obra."** *(2 Timoteo 3:16)*.

Nos estamos olvidando de transmitir las tradiciones y valores espirituales. *Piensa en alguna tradición o tradiciones cristianas que hoy en día ya no tiene o tienen tanta importancia o el valor espiritual que tenia o tenían en el pasado…*

¿Recuerdas cómo se celebraban las festividades Navideñas y las Pascuas, y el significado de esas fiestas? Hoy en día se ha perdido la esencia y el significado de las mismas; ya no se celebra el nacimiento del *¡Salvador del mundo!, ¡El gran puente entre Dios y el hombre! Ni tampoco recordamos el martirio de su crucifixión en la cruz del Calvario, la redención y su ascensión a las huestes celestiales para librarnos del pecado.*

En esta generación, el regocijo por el valor espiritual que representa esta fecha es opacado debido al asedio del consumismo y fiestas paganas; dándole mayor importancia al intercambio de regalos y comer suculentos platos debido a la euforia de la época mercantil. Hoy en día son muy pocos los padres que toman momento de su agitada agenda para platicar con sus hijos y contarles el valor espiritual de esa fecha tan especial para todos los seres humanos. Por el contrario, prefieren contarles leyendas inventadas por el hombre. En tiempo de la Navidad, a los niños se les enseña acerca de un personaje de historieta, un ser mitológico inventado por el hombre, llamado: **"Santa Claus"** y si se trata de la recordación de la crucifixión y redención del Salvador del mundo, se les enseña de: **"Easter Bunny" o "Conejo de Pascuas"** *¡Que por cierto, pocos conocen la verdadera historia de estas fiestas paganas!*

En cuanto a **"Santa Claus"**, la fábula nos cuenta de un personaje misterioso que reside en el Polo Norte, quien es propietario de una factoría donde trabajan muchos hombres de baja estatura (*enanos*) y que justamente para el mes de diciembre, sale a repartir regalos a los niños que se han portado bien. Utilizando como medio de transporte una carreta empujada por alces voladores los cuales tienen la capacidad de aterrizar en los techos de los hogares, y donde una vez se baja de su carreta, este personaje misterioso procede a introducirse dentro de las casas a través de las chimeneas para comerse las galletas, o golosinas, tomarse el vaso de leche dejado por los niños y al final dejar los juguetes debajo del árbol de Navidad.

¿Dónde empieza toda esta fábula? Esta fábula empieza en Turquía con un arzobispo de la Iglesia Católica en los años 270 de la era cristiana, llamado: **"Nicholas Of Myra"** O Nicholas the Wonderworker quien tenía una reputación de dar regalos en secreto, como por ejemplo: ponía monedas en los zapatos de aquellos que lo dejaban en las entradas de sus puertas como medida de limpieza. Esto comenzó a ser el modelo para **"Santa Claus"**, (*este nombre en inglés, proviene del nombre alemán, Sankt Niklaus*).

En las colonias Británicas de Norte América, que luego pasó a ser Estados Unidos de América, se mezclan las versiones británicas y holandesas de una persona que le gustaba regalar. Un ejemplo de esto es un artículo que apareció en el periódico *"**Washington Irving**"* de 1809, donde se relata la historia de New York y *"**Santa Claus**"*, pero en esta historia ya no tenía su traje de Arzobispo Católico, sino el retrato de un gordo marinero holandés vestido con un abrigo verde de invierno. Desde aquí comenzó la imaginación a volar libremente. A pesar de la mezcla de rasgos cristianos que se le quiso dar al principio, este personaje ha sido siempre un ente independiente y no guarda ninguna relación con la recordación del nacimiento del Salvador del mundo. Es tanto así que un pequeño grupo de protestantes fundamentalistas de las iglesias cristianas condenaron y protestaron el foco de atención que se le daba a este personaje en la parte sumamente materialista de entregar juguetes en estos días festivos, desviando la atención al verdadero significado de la celebración de esa fecha. Esta denuncia no viene solamente del siglo **XX** (*siglo veinte*), sino que empezó en el siglo **XVI** (*siglo dieciséis)* y permaneció con los Puritanos (*primeros pobladores de Estados Unidos de América*) en el siglo **XVII** (*siglo diecisiete*) en Inglaterra y las Colonias Inglesas de América, quienes catalogaron las acciones de **"Santa Claus"** como de origen Pagano o de la Iglesia Católica.

Este personaje de fábula se ha estado introduciendo con mucho más fuerza a la nueva generación y últimamente, en forma muy organizada, utilizando los medios de comunicación en masa (*radio, televisión, redes cibernéticas*), incluyendo el cine. Hollywood ha gastado millones de dólares en la producción de películas caracterizando al famoso **"Santa Claus"**. Desde luego que no podemos olvidar la parte económica, ya que el personaje genera cuantiosas ganancias a la industria cinematográfica y al comercio en general debido a la compra de regalos durante esa época. Todo esto perfectamente estudiado y orquestado por un personaje siniestro que quiere opacar el verdadero significado de la celebración navideña utilizando a sus fieles ángeles caídos para tergiversar y confundir a aquellos carentes de conocimiento cristianos.

Lo mismo sucede con la celebración de la "Crucifixión, muerte y resurrección" de nuestro señor **Jesucristo**. Estos eventos marcan en el cristianismo o seguidores de las enseñanzas de **Jesús,** una recordación de lo que el hijo de Dios hizo por nosotros para salvarnos de la muerte eterna. Sin embargo, cuando muchas personas en nuestra sociedad piensan en estas dos celebraciones, esto es: **"El Nacimiento de Jesús"** y **"La Crucifixión de Jesús"** asocian de manera automática con: **"Santa Claus"** y **"El Conejo de Pascua"** o sus diversificaciones como: *"Huevos de Pascuas"* o *"La cacería de los huevos de Pascuas"* o *"Los Conejos de chocolate"*.

Recordemos que nuestro cerebro trabaja mediante la asociación (*Leer: "EL CEREBRO HUMANO Y SU FUNCIONAMIENTO" sobre los neuropéptidos*) y Satanás sabe esto de sobra, por tanto, él utiliza la asociación de ideas, para afectar nuestros pensamientos y confundirnos sobre la verdadera tradición, haciendo uso de intensas campañas publicitarias durante esos días (*anuncios de radio y televisión*). **La idea es, hacer de esos días lo menos religioso posible** y más hacia las celebraciones paganas. No nos puede extrañar ver compañías y anuncios publicitarios reconociendo estos días de celebración como días donde la gente se reúne en familia y algunas veces compartiendo regalos para desviar la atención de la verdadera celebración o el significado intrínseco de esas fiestas.

Ahora bien, *¿De dónde proviene la idea de "Conejo de Pascua"?*—La verdad es, que **"Easter"** procede de una tradición pagana. La tradición de **"Easter"**, *"Conejo de Easter", y "huevos de Easter"*, no tienen ningún tipo de alianza con la celebración cristiana de las **"Pascuas"**. (**Para los cristianos la palabra "Pascuas" se refiere al espacio de tiempo que envuelve los acontecimientos de la muerte y resurrección de Jesús*) sino más bien, de **"fiestas paganas"** (*pagano es todo aquello que no tiene ninguna asociación con lo religioso*).

Es importante mencionar, que el tiempo de la celebración de las Pascuas paganas, coincide con el **equinoccio Vernal o equinoccio de Primavera** (*21 de marzo y del 22 al 23 de septiembre*) o la llegada de la primavera. Esta celebración pagana, también simboliza la llegada de la luz y el despertar de la vida al redor nuestro. Al principio, la idea de la primavera se asociaba con la vida, ya sea vegetal o animal; y muchas veces humana. El nombre fue engendrado del sajón: *"diosa de Eastre O diosa de Ostara"* la diosa del *"amanecer y de la primavera"*. Según la tradición pagana, en la primavera todo cuanto existía podía sentir la presencia de *"Eastres"*; tanto los árboles produciendo nuevas flores, como los nuevos nacimientos; ya sean de los seres humanos o de animales. Los *"Conejos de Pascua"* se adoptaron como símbolo debido a la asociación que se le da al conejo con la diosa, cuyo animal predilecto era el conejo, por lo rápido que se reproduce y por su fertilidad.

Tanto los "huevos de Pascua" como "los conejos de Pascua", fueron artículos que se usaban como exhibición en las fiestas de la diosa.

Los paganos o gente no practicante de religión, usaban los huevos en la celebración debido a que el huevo es un símbolo obvio de la fertilidad con relación a un nuevo polluelo o la representación de una nueva vida. Durante estas festividades y fiestas el alcalde de la ciudad usaba pintar tanto los huevos, como los polluelos y los conejos con colores brillantes para expresar la apreciación que la diosa había provisto para ellos.

Cuando concebimos el carácter real de lo que *"los Conejos de Pascuas"* y el verdadero significado que trae consigo los famosos *"Chocolates de Pascuas"*, nos daremos cuenta de que esta tradición de regalar chocolates es parte de una leyenda pagana y como podemos apreciar, el calificativo de *"huevos de Easter"* y la similitud con el conejo, es puramente absurda y descabellada, ya que el conejo es un animal **vivíparo** (*animal cuyas crías se desarrollan en el vientre de la hembra*).

Según la leyenda, la diosa se sintió mal por haber llegado tarde una primavera (*quizás cuando empezó esta leyenda acerca de es diosa, la primavera llegó tarde*) y para reparar o enmendar ese daño, ella decidió salvar la vida a una pobre pájaro cuyas alas se habían congelado por el invierno. Entonces, *"la famosa diosa"*, adoptó al ave como compañero predilecto; inclusive, según la tradición, el ave fue su amante. Luego ella, decidió convertirlo en una *"Liebre"* de nieve llamado: *"Lepus"*. A esta liebre, ella le dio la habilidad de correr rápido para evitar a los cazadores de animales y también, le dio un regalo muy especial: En recordación de su vida como pájaro, la diosa le dio la habilidad de poner *"huevos"*. El herbívoro, no sólo podía poner *"huevos"*; ellos podían salir de diversos colores resemblando al arcoíris. Todo esto, con la condición de que *"Lepus"*, el "conejo que pone huesos", sólo podía ponerlos, una vez al año; precisamente en el día del festival de la diosa.

De esta simple leyenda pagana, proviene todo este asunto de los famosos: *"Huevos de Pascuas"* y *"Conejos de Pascua,"* utilizando los *"conejos de chocolate"* como comestible para conservar la tradición. El primer incidente registrado del *"Conejo"* como símbolo de *"Pascuas"* ocurre a finales del año 1,500 en Alemania, siendo los alemanes, los inventores de los chocolates con figura de conejo en los años de 1,800. Sin embargo, los Holandeses radicados en Pennsylvania fueron los que trajeron de Europa la tradición de los *"conejos de pascuas"* a los Estados Unidos de América en los años de 1,700. De ahí en adelante, cada primavera los niños saltan de alegría y regocijo esperando la llegada de **"Oschter Haws"** (*el conejo personalizado inventado para los niños*) al igual que los regalitos que vienen con él.

Como podemos apreciar en estas dos leyendas, tanto la leyenda de *"Santa Claus"* como la de *"Conejo de Pascuas"* son estrategias diabólicas para empañar el verdadero significado de estas fechas y celebraciones. De ti depende que tus niños sigan absorbiendo esta propaganda que nos inclina a dejar atrás el verdadero significado de Dios y la redención del hombre. *¡Lamentablemente, nos dejamos influir por esa corriente Satánica y adoptamos, ya sea de una forma consciente o inconsciente, una tradición basada en la mentira y la falsedad!...* Invento del príncipe de las tinieblas para confundir y conquistar a los ingenuos.

Es nuestra responsabilidad como padres no dejarnos llevar como oveja al matadero por esas corrientes idealistas llena de engaños. Es nuestro deber orientar, enseñar, redargüir a nuestros hijos y contarles de las verdades que se encuentran en las *Sagradas Escrituras*; verdades que están basadas, no en fábula, sino más bien en historia; en hechos reales que hoy por hoy, la ciencia a tratado de negar, pero las evidencias son tan fehacientes que la comunidad científica no tiene, ni ha tenido otro camino que aceptarlas a regaña dientes. Este Legado que ha sobrevivido de generación en generación a través de los siglos, librando una batalla campar contra los hacedores del mal, debe mantenerse latente en nuestra generación y es nuestra responsabilidad fomentarla a la futura generación.

Desde que Dios envió a su hijo para servir de "puente" y restablecer esa comunicación entre Él y el hombre, el príncipe de las tinieblas ha querido impedirlo a toda costa. Él conoce la naturaleza del hombre, por lo tanto, usa la misma astucia una y otra vez. Primero, utiliza la *"duda"* como estrategia en la mente de José (*esposo de María*) para motivar en él sentimientos de traición y congoja debido a un presunto acto de infidelidad de parte de María su mujer. *¿Qué quiere lograr Satanás con esta estrategia?* La muerte de María para evitar que el hijo de Dios naciera. (*Recordemos que era costumbre según la ley Mosaica apedrear a una mujer si cometía adulterio*). Pero la nobleza de José y la confirmación del Espíritu Santo de Dios impidieron que este plan tuviera efecto. Una vez nacido el Salvador del mundo, Satanás hace el segundo intento para arrebatarle la vida a **Jesús** el hijo de Dios. Esta vez utiliza: **"La codicia, la avaricia y la ambición"** como estrategia, usando como carnada, al rey Herodes. El Espíritu Santo de Dios, alerta a José de las intenciones de Herodes y el plan de Satanás vuelve a fallar. *El hijo de Dios se salvó de la ordenanza dada por el rey. Ordenanza que consistió en la matanza de todos los niños menores de dos años que vivían en Belén y todos sus alrededores.* Después de su fracasado plan, ***¿Creen que Satanás desistió de su plan de malograr el plan de salvación del hijo de Dios?*** Pues ¡No!, Satanás continuó sin cansancio para evitar el proyecto de salvación. Ya sea poniéndole obstáculos en sus años de juventud, como querer comprarlo a través de otra de sus estrategias, **"El poder y las riquezas"** ofreciéndole el reinado de este mundo durante la tentación en el desierto. Pero que gran chasco para Satanás; **Jesús no cedió** a sus intrigas, ni tampoco a sus ofrecimientos, porque **Jesús** ya tenía un reinado en los cielos y su misión en esta Tierra era sólo: ¡Salvar a la humanidad de la muerte eterna!

Como podemos observar, Satanás no ha cambiado, ha utilizado las mismas estrategias desde que sedujo al hombre a pecar en el Jardín de Edén aprovechándose de la debilidad de éste.

Al oír la pregunta de los Sabios de Oriente: **"¿Dónde está el rey de los judíos, que ha nacido?"** *(Mateo 2:21).* El rey Herodes se vio amenazado por ese nuevo rey que podía sustituirlo; por tanto quería evitarlo a toda costa ordenando la matanza de todos los niños menores de dos años que habían en Belén y todos sus alrededores. *(Mateo 2:16).* Como el diablo no salió victorioso en matar al niño Dios, quiso después chantajear, comprar y engañar a **Jesús** utilizando todo tipo de artimaña. Dando a entender pleno conocimiento de las escrituras y de lo dicho por los profetas sobre las huestes celestiales. Al no tener éxito en su misión, el ángel acusador, diablo o Satanás, trató de muchas formas y en todo momento hacer pecar al hijo de Dios hecho hombre, tanto en su niñez como durante su ministerio en esta Tierra. Pero en todas fracasó. La estrategia diabólica era tan recia, que aun cuando **Jesús** escoge sus discípulos, el diablo utiliza la codicia y las ansias de poder entre ellos, para dividirlos. ¡Satanás fracasó porque **Jesús** fue hecho hombre, más sin pecado! **Jesús** no desobedeció las leyes de Dios. **¡Un cordero sin Manchas que quita el pecado del mundo!** *(Juan 1:29).*

Durante su estancia en esta Tierra, **Jesucristo** fue acusado, calumniado, difamado, perseguido, golpeado, humillado y finalmente crucificado; aun así, el diablo no logró su objetivo. Satanás creyó que una vez muerto

Jesús, él triunfaría de una vez y por todas, pero que tremendo chasco recibió cuando **Jesús** resucitó entre los muertos al tercer día de haber sido sepultado. *¡Qué derrota más significativa para el hacedor del mal!* Pero el enemigo no se detiene en su lucha y sigue agrediendo a los seguidores de **Jesús** utilizando las mismas artimañas; las mismas que ha utilizado desde el principio de la creación, manipulando a la gente y poniendo duda en la mente del hombre. Una vez **Jesús** resucitó de entre los muertos, el diablo empezó una ardua campaña de acoso a los ex-seguidores o ex–discípulos, introduciendo vacilación o duda entre ellos mismos como también a nivel del pueblo en general.

El imperio romano movilizó cielo y tierra en busca del cadáver del hijo de Dios. *¡Imaginemos por un momento el tumulto o alboroto de la gente cuando se aglomeraron a ver la tumba vacía!* Las averiguaciones, las murmuraciones, el pánico de las autoridades; tanto del gobierno romano, como los escribas y fariseos. Luego las acusaciones y detenciones de los ex seguidores de **Cristo,** los azotes y las torturas llevadas a cabo para que dijeran: Dónde habían escondido el cuerpo de **Jesús.** *¡Imagínense ustedes los largos interrogatorios y las amenazas que recibieron estos pobres hombres iletrados de parte de los Centuriones romanos!…*

Me imagino a estos soldados romanos amenazando a los ex—discípulos de **Jesús** de: *¡Confinarlos en las más crueles mazmorras por el resto de sus días!* O lo que es peor, *¡mandarlos a crucificar!* Sino daban la información que las autoridades demandaban. *¡Imagínense ustedes las búsquedas infructuosas de los soldados romanos yendo vivienda por vivienda sin encontrar rastros del cuerpo de Jesús! ¡Los niños llorando por tanto alboroto, las tumbas abiertas, los gritos de los sacerdotes reclamando a sus secuaces que movieran cielo y tierra si era necesario para encontrar el cuerpo de Jesús!*

Sigamos en este viaje imaginario visualizando en nuestras mentes la conmoción de todo un imperio por la desaparición de un cuerpo que fue crucificado, sepultado y su sepultura sellada o bloqueada con una gran piedra… Pensemos por un momento, la explicación que tuvieron que dar los Centinelas que custodiaban esa tumba, cuya misión era: la de vigilar en todo momento para evitar que alguien se acercara a esa tumba donde habían sepultado al **Salvador** del mundo. Imaginemos, el temor de esos soldados por haber fallado en una misión tan importante y relevante, el miedo de estos hombres, a ser puestos a disposición de la justicia y ser encontrados culpables de negligencia, y por ende, ser llevados al "Coliseo Romano" para perder sus vidas como resultado de la ineptitud, miopía y capacidad para obedecer una orden. Recordemos, que **Jesús,** representaba una amenaza para los mal llamados: **"Líderes religiosos"** y no obstante, ya **Jesús** había profetizado resucitar al 3er día, por tanto, estos escribas y fariseos iban a ser todo lo que estuviese a su alcance para empañar o hacer fracasar cualquier movimiento o intento de los seguidores de **Jesús,** de querer robarse el cuerpo, e impedir que estos dijesen: *"Jesús cumplió su promesa de resucitar al tercer día como él había profetizado"* Claro que para evitar que esto ocurriera, los Centinelas tenían órdenes estrictas de vigilar cuidadosamente esa tumba (*los soldados del imperio romano daban su vida si era necesario para cumplir en un cien por ciento la misión que se les encomendaba*). *¡Imaginemos los ratos de agonía de esos discípulos ante largos interrogatorios y torturas!* ¡La incertidumbre de la población y de aquellos que no creían en el Profeta que se hacía llamar: **"Hijo del Dios Altísimo", "el rey de los Judíos".** Familias desbandadas buscando protección en profundas **"Catacumbas"** (*subterráneos en los cuales los primitivos cristianos, especialmente en Roma, enterraban sus muertos y practicaban las ceremonias de culto*) para protegerse ellos y sus hijos.

Pasado los días cuando ya la calma empieza a reinar, los discípulos se encontraban reunidos en una pequeña habitación como les mandó **Jesús** antes de la crucifixión para esperar noticias de él. Ellos estaban allí comentando lo que había acontecido y el tumulto causado por la desaparición del cuerpo de **Jesús**; los comentarios y pláticas entre ellos, las preguntas sin respuestas, la incertidumbre y la **"duda"**. El diablo estaba obrando silenciosamente… *"Si esos secuaces carnales que representaban al sistema no pudieron encontrar el cuerpo";* pensaría Satanás, *"déjame emplear un artificio que dio resultado con la caída del hombre. Déjame utilizar* **"la duda"** *entre los fieles seguidores"*. Dijo *Tomás* ex-discípulo de **Cristo: "Si no viere en sus manos la señal de los clavos, y metiere mi dedo en el lugar de los clavos y metiere mi mano en su costado, no creeré"** *(Juan 20:24).* Él no podía creer que se trataba del mismo **Jesús** que vio crucificar y luego haber ayudado a sepultar… *¡Lo insólito de este escenario, es el hecho de que la duda proviene de un hombre que anduvo con el divino Maestro, hombre que vio todo tipo de milagros: Como ver ciegos recobrar la vista, ver inválidos caminar, ver sordos oír, ver* **"Leprosos"** *(enfermedad infecciosa en la piel que se caracteriza principalmente por síntomas cutáneos y nerviosos, sobre todo tubérculos, manchas y ulceras) quedar limpios, ver muertos resucitar, ver a* **Jesús** *caminar sobre las aguas, alimentar una multitud de 5,000 personas con escasos alimentos como cinco panes y dos peces!* **¿Cómo** *después de haber visto todo esto, Tomás pudo dudar ante la palabra del divino Maestro?*

El diablo se vio acorralado, sus intentos de socavar y terminar con la obra divina había fracasado por el momento, por lo que comienza la persecución y matanza de los discípulos, al igual que de todo aquel que tratara de enseñar la obra de redención o de tan siquiera hablar de lo que había acontecido en Belén pueblo de Judea; porque el hablar de ello, se consideraba como una humillación al poderío romano, un fracaso de gran envergadura y sin igual en la historia romana y por ende, ellos querían impedir que otros pueblos vecinos se enteraran de lo acontecido en Judea. Esos hechos se consideraban secreto de Estado. Dicho esto, el diablo o Satanás empezó una campaña de persecución en contra de cualquier persona que se dijese seguir la doctrina enseñada por el **gran Maestro de Galilea**, una persecución como nunca se había visto.

Al igual que todas las misiones que Satanás ha llevado a cabo para opacar la obra de Dios, la misión de opacar la difusión del evangelio de Dios ha fracasado y seguirá fracasando hasta que se cumpla lo dicho en las Sagradas Escrituras: **"Y se predicará este evangelio del Reino en todo el mundo como testimonio de todas las naciones, y entonces vendrá el fin"** *(Mateo 24:14)*.

Existe un dicho muy popular que enuncia lo siguiente: *"No incendies el puente que cruzaste, pues no sabes cuando tengas que cruzarlo nuevamente, esta vez de regreso"*. No escatimes ni menosprecies el puente divino que Dios fabricó para tu salvación y la de tu familia. *Enséñales a tus hijos de la misión que vino a hacer el hijo de Dios en la Tierra y que ellos continúen esa enseñanza hasta el final de los tiempos.* La Biblia enseña que la vida cristiana o seguidor de las enseñanzas de **Cristo** es como cuando se libra una guerra. Este tipo de guerra no usa revólveres o bombas, ni las naciones se pelean una con otra. Es una guerra espiritual entre nuestra mente y Satanás; una guerra entre nuestros mismos deseos de la carne. Nosotros peleamos esa guerra dentro de nuestra carne y nuestra mente. *¡Como en otras guerras, tú no persigues al enemigo para acabar con él o con sus pertenencias!* Es una guerra espiritual; no puedes verla con tus ojos físicos, más bien espiritualmente.

En este mismo plano de pensamiento, incendia esos puentes que te unen a la pobreza, a la miseria y a la pereza. En el plano espiritual, debemos destruir esos puentes que nos alejan de la gracia de Dios, destruyendo todo los pensamientos negativos, aquellos que te asedian día a día para sumergirte en el vicio, en el desánimo y en todo lo que te aleja a ser como fue **Cristo** en la Tierra. Incendia esos lazos Satánicos que te impulsan a desobedecer a Dios y a alejarte de Él. Hagamos como dice las Sagradas Escrituras, **"Buscad primeramente el reino de Dios y su justicia, despúes todas las cosas vendrán por añadidura"** *(Mateo 6:33).*

CAPÍTULO 24

EL MAYOR SACRIFICIO
"MI VIDA POR LA TUYA"

EL PLAN DE Dios para salvar a la humanidad ya estaba diseñado desde que el hombre desobedeció en el Jardín del Edén. Como dijo una vez Albert Einstein en una de sus citas: *"Dios no deja nada al azar, ni tampoco juega a los dados"* Dios es supremo y omnisciente por tanto el proyecto de salvación ya tenía su **GP** (*Gerente de Proyecto*), el tiempo de acción y ejecución, las variables o cambios repentinos, los factores de riesgo y el costo. Todo minuciosamente ideado para rescatar a la humanidad del poder de Satanás o diablo, para dar libertad y vida eterna en el amor de Dios.

"He aquí que Dios envió a su hijo unigénito para buscar y salvar lo que se había perdido" (*Juan 3:16*).

¿Cuántas veces has visto por medio de los canales de difusión de masa o TV esos programas donde hombres y mujeres por igual, arriesgan sus vidas para salvar a otras que están en peligro de muerte?¡Impresionante verdad! No importa los factores meteorológicos o condiciones adversas, ellos continúan su misión. Es una labor por la que reciben compensación;

es decir, ese es su trabajo: salvar personas que se encuentran en riesgo o en peligro de perder la vida. Si consideramos que actos de esta magnitud merecen todo tipo de elogio y respeto e incluso tildar de héroes a estos que exponen sus vidas para salvar a otros, *¿Cómo consideraremos a aquel que hace más de 2000 años con su acción salvó no sólo a una persona en particular, sino más bien, a toda la humanidad; tanto a ti como a mí?* Aceptó el reto conociendo de antemano lo que iba a suceder. Él sabía que iba a ser perseguido, calumniado, difamado, azotado, escupido, pisoteado, encarcelado y torturado hasta morir a través de una de las torturas más crueles que conozca la historia de la humanidad; tortura que consistía en clavar sus manos y pies de un madero hasta que muriera en tremenda agonía por un paro cardíaco como consecuencia de la hemorragia y el agotamiento molecular.

Aun conociendo esa verdad tan pintoresca, no le importó pagar el rescate sacrificando su vida por todos nosotros. Te podrías preguntar entonces, *¿Por qué Dios conociendo esta realidad, no impidió que su hijo pasara por esa tortura?, ¿Por qué no cambió el escenario para evitar menos dolor y menos sufrimientos?* Porque si lo hacía, Satanás hubiese sido el vencedor… Satanás ya había tramado esto desde el principio, quiso tentar a Dios en todo momento. **Jesús** con su triunfo en la cruz, demostró el amor de Dios para con nosotros. Siguió los designios del Creador del universo y no desobedeció, ni cambió su ruta al Calvario.

Ya en otros pasajes bíblicos encontramos historias similares donde el diablo o Satanás va a Dios a pedirle que le permita tentar a algún siervo fiel. Lo podemos encontrar en la historia de la tentación de Job, cuando Dios le pregunta al acusador de todos los tiempos: **"¿No te has fijado en mi siervo Job, que no hay otro como él en la tierra: un hombre íntegro y recto, temeroso de Dios y apartado del mal?"** Inmediatamente Satanás le respondió a Jehová, Dios diciendo: **"¿Acaso teme Job a Dios de balde?, ¿Acaso no le has protegido a él, a su familia y a todo lo que tiene? El trabajo de sus manos has bendecido, y sus posesiones se han aumentado en la tierra. Pero extiende, tu mano y quítale todo lo que tiene, ¡y Verás si no te maldice en tu misma cara!"** Satanás argumentaba que la razón por la que Job le era fiel a Dios, no era porque lo amaba, sino más bien, por la abundancia terrenal y las grandes bendiciones recibidas por Él. Satanás prosiguió diciendo: **"Si permites que lo zarandee"**; quitarle todos esos bienes terrenales e incluso las cosas que él más quiere: sus hijos; te demostraré que en efecto, Job te es fiel por las bendiciones que recibe de ti y no por el amor que siente hacia ti. Y Jehová Respondió a Satanás: **"He Aquí, todo lo que él tiene está en tu poder. Solamente no extiendas tu mano contra él"**. En palabras simples, Dios le dijo: **"Puedes tentarlo, quitándole todo, hasta quebrantarlo de salud, pero sin tomar su alma"** *(Job 1:8-12). Es decir, ¡sin quitarle la vida!* Al final, Satanás fracasó en su intento, ya que lo único que hizo Job a pesar de perder sus hijos, sus bienes y propiedades y por último su esposa y sus amigos, fue agradecer a Dios en lo más profundo de su alma por todas las bendiciones recibidas durante su vida e incluso por las vicisitudes que estaba atravesando en esos momentos.

Ahora imagínense ustedes, si el diablo o Satanás quiso burlarse de Dios zarandeando a uno de sus siervos, *¿Cuánto más no haría con el hijo de Dios?... Me* imagino que la plática para salvar a la humanidad de la muerte eterna fue diferente. Cuando Dios le dijo que iba a enviar a su propio hijo para rescatar al gran rebaño de la humanidad, el diablo no iba a tener complacencia alguna ni misericordia. Era la gran batalla que el diablo quería salir airoso, por tanto iba a utilizar todos los recursos habidos y por haber para demostrarle al universo que él vencería *(esto debido a las nuevas condiciones de hasta tentar con la vida del hijo amado).* Si leemos en la Biblia encontraremos que en efecto, el diablo trató en todo momento y a cada hora hacer que **Jesús** desobedeciera, e incluso cuando ya el diablo se ve perdido se encarna en uno de los dos delincuentes que estaban crucificados al lado de **Jesús** para pedirle al Salvador del mundo*: **"Si en verdad tú eres el Cristo, sálvate a ti mismo y a nosotros"** (Lucas 23:39). En otras palabras: **"Desciende de la Cruz y destruye al ejército romano y así evitar tu sufrimiento."** ¡Qué buena astucia de Satanás!* Pero no le funcionó, fue un intento fallido porque el hijo de Dios no se dejó seducir. Él tenía un plan y por tanto, como un buen **"Gerente de Proyecto"**, tenía que seguir adelante con el plan de redención, el cual fue diseñado desde la caída del hombre.

Jesús, en su encarnación como hombre, pasó por las mismas vicisitudes que cualquier hombre viviente como tú o como yo puede pasar; e incluso momentos de extrema ansiedad o tensión ante un evento o situación. Tenía conocimiento de las horas de sufrimiento, de dolor y de angustia que le esperaba. En su mente *él* podía ver como en pantalla gigante, las futuras imágenes de los azotes y de la crucifixión; y aun teniendo la capacidad para cambiar las escenas, no lo hizo para no estropear la promesa de redención.

¡Jesús se inmoló por amor a nosotros! Fue tal su grado de ansiedad, que según las Sagradas Escrituras: **"Jesús sudó sangre"** (*Lucas 22:44*).

¿Es posible que un ser humano sude sangre? Sí es posible, a esta condición se le llama: **"Hematidrosis"** condición en la que un exceso de **"histamina"** (*sustancia que el cuerpo libera durante una reacción alérgica*) es liberada por el sistema nervioso como consecuencia de una gran tensión emocional, lanzando al torrente sanguíneo una gran cantidad de esta sustancia y quebrando los capilares. De acuerdo al **Dr. Frederick Zugibe** (*Director del departamento médico de Rockland County, New York*) esta condición es bien conocida por la ciencia médica y han existido muchos casos que han sido tratados. Según el Dr. Zugibe**,** la razón médica de esto es debido a que alrededor de las glándulas sudoríparas, se encuentran múltiples capilares en forma de red y una vez una persona se encuentra en un estado de ansiedad muy grande, los vasos capilares se comprimen debido al exceso de histamina. Entonces, a medida que la ansiedad incrementa a un extremo de angustia, los vasos capilares se dilatan al punto de ruptura. La sangre se dirige a las glándulas sudoríparas debido a que las glándulas están produciendo gran cantidad de sudor, empuja la sangre a la superficie de la piel en forma de gotas de sudor con sangre. Según describe Lucas, Jesús estaba en **"agonía"**.

Jesús tenía el poder para evitar los futuros eventos. **Él** pudo pedir ayuda al Altísimo, con la seguridad de que legiones de ángeles celestiales acudirían a su socorro para protegerlo y destruir cualquier agresión a su persona. Una sola llamada de auxilio y su situación hubiese cambiado en un abrir y cerrar de ojos, pero no lo hizo; porque él sabía que si actuaba, estropearía el gran plan de Dios para con la humanidad. Es tanto así, que según nos cuenta las Sagradas Escrituras: "Un ángel fue a darle consuelo y a reanimarlo en esas últimas horas antes de su gran misión, ***"rescatar a la humanidad a través de su muerte en la cruz".*** (*Lucas 22:43*).

Todo cuanto existe en el universo tiene balance. Así como una moneda tiene dos lados y una circunferencia tiene dos semicírculos. Todo tiene un costo. Nada es gratis; porque a la larga todo cuanto se haga en el universo tiene una repercusión o efecto colateral. Ya la física había estudiado ese fenómeno cuando se demostró: **"*Que toda acción equivale a una reacción igual o con la misma intensidad a la que le dio origen, pero en sentido inverso",*** es decir, se compensa para que exista un balance. De ahí que cuando actuamos de una u otra forma, tendremos repercusiones de la misma

FRANK ZORRILLA

magnitud. Cuando siembras, cosechas el mismo fruto que sembraste. Es por esto que nuestra salvación de la destrucción a la plenitud, a la abundancia y vida eterna tiene un costo asociado y sólo cuando estamos dispuestos a pagar ese costo, podremos asirnos a la promesa que Dios nos dio a través de su hijo **Jesús**. *¡Ya él pagó por el rescate!* Ahora nos toca a nosotros pagar por la salvación de nuestras almas. La Biblia es clara cuando nos dice: **"La paga del pecado es muerte, más el donativo de Dios es *vida eterna* en Jesús Cristo señor nuestro"** *(Romanos 6:23)*. Por lo tanto, aquel que quiere seguir siendo esclavo del vicio, de los deseos carnales, vivir en desobediencia de las leyes dictadas por Dios desde el principio de la creación; aquel que quiere ser discípulo de Satanás, entonces éste recibirá como pago, **"muerte"**. Más cuando recibes a **Jesús** como tu rescatador personal y lo aceptas como aquel que dio la vida para sacarte del fango y del peligro de muerte donde te encuentras, entonces serás recompensado con las grandes promesas de abundancia y vida eterna.

Resultaría irónico si en un momento dado de nuestra existencia nos encontráramos en una situación de extremo peligro en la que nuestras vidas se vean amenazadas, sin esperanza de que alguien pueda acudir a socorrernos; en un ambiente hostil e inaccesible debido a condiciones adversas. Nuestros cuerpos atormentados por el desgaste y dolor muscular, nuestras mentes fatigadas por la incesante agonía de pensar en lo inevitable… Cuando de pronto, vemos un rescatista que puso en riesgo su vida para ir a salvarnos y llevarnos a un lugar seguro donde podamos sentirnos a salvo, donde podamos curar nuestras heridas, encontrar la paz, gozo y tranquilidad que anhelábamos; pero en vez de alegrarnos y abrir nuestros brazos para asirnos a él y ser rescatados, le decimos: *"Sabes que, cambiamos de opinión, ya no queremos que nos salves. Nos sentimos bien donde estamos y nos gustaría morir aquí llenos de sufrimiento"* *¡Resultaría irónico! ¿Verdad?* Eso es lo que hacemos cuando nos negamos a aceptar a **Jesús** como nuestro *"rescatador"*. Nos negamos a aceptar el plan de Dios y después tenemos la desfachatez de culpar a Dios por nuestras desgracias y fracasos.

El costo de nuestra salvación es simple y llanamente permitir que **Jesús** nos rescate. Y una vez nos asimos a él, permitir que él nos guie y no volver a desobedecerle. Ese es el precio de la salvación. **¿Estás dispuesto a aceptar ese precio?**—Tú eres el único o la única que tiene la respuesta a esa pregunta, pero recuerda que al final, lo único que cuenta, es la decisión que tomes para cambiar el futuro de tu vida y de tu existencia.

CAPÍTULO 25

JESUCRISTO EL REFORMADOR

"NO penséis que he venido a quebrantar lo que fue dado a Moisés ni a los profetas o emisarios divinos después de Moisés, más bien he venido a cumplir los mandatos de mi padre el Creador del Universo" *(Mateo 5:17)*. **Jesús** comenzó su ministerio aclarando y enfatizando que sus enseñanzas no iban a quebrantar la ley, ni los **"profetas"** (*hombres que servían de emisarios o mensajeros de Dios para doctrinar al pueblo*) más bien, para enseñar correctamente y corregir a los líderes religiosos de las tergiversaciones que ellos cometían, interpretando erróneamente a los profetas, a los estatutos y mandamientos de Dios dados a Moisés en el Monte Sinaí.

La Biblia nos relata que desde que **Jesús** era un niño en su natal Galilea, ya acudía a las Sinagogas o como se les llama en nuestros días: *"Templos"* donde se leían los escritos proféticos, para aclarar ciertos mandatos y reglas dada a Moisés en el desierto. Los que escuchaban su voz se quedaban perplejos y atónitos ante los conocimientos de este niño sobre la ley y los enunciados de los Profetas. Porque **Jesús** desde antes de ser concebido humano, desde las huestes celestiales, ya él veía el camino herrado que su pueblo había tomado y en el fango espiritual en que los líderes religiosos habían encaminado a su pueblo, debido a la mala interpretación de la palabra profetizada. Recordemos que los Escribas o doctores en leyes y los Fariseos eran hombres de alta alcurnia en el pueblo judío, hombres letrados que manipulaban los escritos a su gusto ya que la mayoría del pueblo eran analfabetos (*no sabían de letra*) por lo tanto, estos líderes farsantes le imponían demandas al pueblo e interpretaban la leyes dada a Moisés y las de los Profetas a su antojo, imponiendo a los creyentes normas y reglas muy severas, al igual que demandando sacrificios difíciles de seguir si querían agradar a Dios. Más sin embargo, ellos estaban exentos a seguir esos sacrificios, ni tampoco practicaban lo que predicaban. **Jesús** al ver tanta tergiversación, se refirió a los Fariseos diciendo: **"Un ciego no puede guiar a otro ciego"** *(Lucas 6:39).*

Cuando **Jesús** comenzó su ministerio, esos mismos líderes religiosos se vieron acorralados y amenazados porque alguien vino finalmente a aclarar y a poner en descubierto las atrocidades que ellos hacían y por tanto a poner de manifiesto que ellos habían estado engañando al pueblo. Desde luego que estos señores tenían que impedir esto a toda costa, por eso lo calificaron de agitador y en varias ocasiones lo acusaron ante el imperio como alguien que vino a revolucionar el estado de cosas en que vivían los judíos bajo las leyes romanas. En palabras más simples, los Fariseos acusaban a **Jesús**, (*sin tener fundamento alguno*) de ser el patrocinador, cabecilla o auspiciador de una revuelta armada o movimiento judío en contra del opresor romano; pero esa astucia satánica no funcionó debido a que no existían pruebas para demostrar fehacientemente esas acusaciones. No cabe la menor duda de que ante acusaciones de esa índole, **Jesús** era observado y espiado día y noche. Ya te puedes imaginar el aparato de vigilancia y los innumerables reportes recibidos por los líderes de esa época relatando con lujos de detalles los movimientos que realizaba **Jesús** y sus discípulos.

La primera vez que **Jesús** habló a una gran multitud que se conglomeró a escucharlo, dejó a todos perplejos y atónitos. Era la primera vez que escuchaban palabras de buenaventura, era la primera vez que alguien se dirigía a los pobres de la manera que él hablaba, era la primera vez que escuchaban palabras de tanto amor y dulzura; pero **Jesús,** sabiendo que por allí se encontraban emisarios de los líderes judíos y los llamados doctores de las leyes Mosaicas, inmediatamente hizo el aclarando con el cual empecé este tema. **"No piensen que he venido a abolir la ley dada a Moisés ni a los profetas"** y señaló: **"Yo no he venido a abolir, sino más bien a** cumplir la ley dada a Moisés". No obstante les dijo: "Porque os digo que si vuestra justicia no fuere mayor que la de los escribas y fariseos, no entrareis en el reino de los cielos." *(Mateo 5:20)*. Imagínense ustedes como se sintieron esos señores de la alta jerarquía eclesiástica los cuales también estaban escuchando confundidos entre la gran multitud debido a las miradas que recibían de la gente que los podía identificar por sus elegantes atuendos y postura de alta alcurnia. Estos señores se sintieron avergonzados por las palabras de **Jesús**. Supongo que salieron corriendo hacia los líderes judíos a contarles las atrocidades que este nuevo maestro estaba hablando, lanzando vituperios sin temor a ser censurado por dirigirse a ellos del modo en que él lo hacia no respetando sus atavíos eclesiásticos. Porque, figuro el orgullo que sentían estos emisarios eclesiásticos al estar ataviados con esta investidura, que les daba cierta envergadura de distinción y reconocimiento; investidura que hacia que la población le rindiera pleitesía y respeto; al ser ellos, representantes de la Iglesia.

Jesús habló a la multitud sobre diversos temas incluyendo la condición económica de ser pobres; pero les dio esperanza, sobre sus sentimientos de padecer tristeza; pero les dio consuelo, sobre su condición de ser humildes; pero les dio riqueza espiritual, sobre su condición de ser tratados injustamente; pero les prometió justicia, por su condición de ser nobles; pero les auguró ser hijos de Dios. También vino a darles apoyo moral cuando dijo que ellos eran parte esencial del plan de Dios. Aunque **Jesús** se refería al plano espiritual, no nos puede extrañar que para mucho de los oyentes que formaban parte de la gran multitud, también estaban aquellos que interpretaban ese mensaje como de aquel gran líder que vino a liberarlos de los romanos. *¡El gran revolucionario ya había aparecido!*, Aquel que iba a tomar las riendas del pueblo Judío, **"El Mesías prometido"**. Por tanto, para algunos el significado del mensaje de **Jesús** podía referirse al sistema que el imperio romano había impuesto a la fuerza. Al decir **Jesús**: **"Vosotros sois la sal de la tierra"** *(Marcos 5:13)*. **"Vosotros sois la luz del mundo"** *(Marcos 5:14)*. Pudieron ser palabras interpretadas con matices revolucionarios, especialmente para ese grupo de la población que buscaba un cambio a la forma de vida impuesta por los agresores romanos. Como sabemos a través del estudio bíblico, el verdadero significado de las palabras del **divino maestro** era la importancia de la humanidad ante Dios. El vino a esta Tierra como enviado especial para: **"Servir de puente entre una relación rota desde la creación del hombre"**

Jesús también habló a la multitud acerca del trato social que ellos, los judíos debían tener con sus semejantes cuando se refirió a la ira, al adulterio, al divorcio, la venganza, el juramento y sobre todo al amor que ellos deberían sentir por sus enemigos, pero las palabras de **Jesús**, desconcertó también, aún a los Escribas y Fariseos que hacían acto de presencia. Este Maestro viene a hablar sobre cosas que podían influenciar al pueblo para que se revele en contra de los romanos, pero al mismo tiempo está hablando sobre leyes que Moisés había escrito sobre la venganza y que ellos enseñaban como retórica. **"Ojo Por Ojo y Diente por Diente"**. Sin embargo, él decía lo contrario, que olvidaran esa ley dada por Moisés y adoptaran otra nueva: **"No resistas al que es malo, más aquel que te hiera en la mejilla derecha, vira la cara y permite que te hiera en la izquierda"**, **"Aquel que quiera buscar pleito contigo y te quita tu vestidura de lana, déjale también la capa"**, **"Cualquiera que te obligue a llevar carga por una milla, ve con él dos millas"**, **"Al que te pida, dale"; "Y al que quiera tomar de ti prestado, no se lo niegues"** *(Mateo 5:38-42)*. **¿Qué es esto?**… La multitud perpleja ante los enunciados de **Jesús**, se miraban unos a otros, murmurando y platicando entre ellos. *¡Esto que está diciendo este nuevo Maestro, no tiene sentido! Esto no es lo que hemos oído de generación en generación en los templos y sinagogas. Él está hablando de cosas que son imposibles de hacer. ¡No puede ser cierto lo que escuchamos!*

El *Divino Maestro* continúo diciendo: **"Oísteis que fue dicho: Amarás a tu prójimo y odiarás a tu enemigo; pero yo digo: Ama a vuestros enemigos, bendice a los que te maldicen, haz bien a los que te odian y ora por los te ultrajan y te persiguen, para que seas hijos de vuestro Padre que está en los cielos, que hace salir su sol sobre malos y buenos y llover sobre justos e injustos"**. *(Mateo 5:43-45)*. Definitivamente fue tremenda decepción la que sufrieron los que estaban allí presentes; sobre todo aquellos que pensaban que el *"gran Maestro"* era un revolucionario que tuvo el valor para desafiar y denunciar las atrocidades de los imperialistas romanos y de los vasallos religiosos incluyendo a los Escribas o Doctores de la ley y los **"Publicanos"** *(hombres al servicio del imperio romano cuya función era cobrar los impuestos del Emperador romano)*, ya que ellos interpretaban erróneamente que **Jesús** se refería al imperio romano y sus legisladores. Un Judío pidiéndole a otro Judío que amara a quienes los humillaban constantemente y que los trataran como si fueran sus hermanos era una idea descabellada y a la vez iba en contra de todas las doctrinas recibidas hasta ese entonces; aunque debemos tener en cuenta que a los sacerdotes no les importaba esa situación porque no les convenía, ya que gozaban de una posición muy privilegiada con todo tipo de comodidades materiales con el apoyo de los gobernadores y generales del imperio. El asunto no termina ahí, el *gran Maestro* sigue diciendo: **"Porque si amáis a los que os aman, ¿qué recompensa tendréis? ¿No hacen también lo mismo los Publicanos?"** *(Mateo 5:46).*

Recordemos que Roma imponía grandes impuestos a los pueblos que estaban bajo su dominio y que esos cobradores de impuestos o Publicanos eran despiadados, inhumanos e infames especialmente cuando cobraban los impuestos para el Cesar, por tanto el Maestro les dice: que si los Publicanos siendo gente despiadada, insensible y egoísta podían sentir afecto por su propia familia, entonces eso era fácil de hacer. Ahora bien, lo difícil según **Jesús,** era amar a otra persona sin que haya ningún vínculo familiar. **"Y si saludáis a vuestros hermanos solamente, ¿Qué hacéis de más? ¿No hacen también así los gentiles?"** *(Mateo 5:47).* *(Gentiles, se les llamaba a personas que creían en otros dioses).* Esto debido a que el pueblo judío se mantenía al menos de saludar a otro grupo que no practicara su creencia religiosa, porque los consideran inmundos. **Jesús** terminó esta parte del sermón diciendo: **"Sed, pues, vosotros perfectos, como vuestro Padre que está en los cielos es perfecto"** *(Mateo 5:48).* Fíjense que **Jesús** los llamo: *"Hijos de Dios".*

Jesús se dirigió severamente a los Doctores de la ley y a los aristócratas fariseos sobre sus acciones y les aconsejó a la multitud allí presente que se cuidaran y abstuvieran de las cosas que estos señores hacían. Les puso como ejemplo, la actitud de los fariseos cuando daban limosna a los pobres, ellos no lo hacían para saciar las necesidades económicas de la persona en necesidad, sino más bien por hipocresía, para vanagloriarse de que ayudaron a alguien en necesidad y luego cuando necesitaban un favor de esas personas que ya habían ayudado le tiraban en cara lo que hicieron por ellos. Les habló sobre la comunicación con Dios y la forma de orar. Criticó a los doctores de la ley, los cuales hacían alarde por ser buenos oradores *(esto debido al grado de educación que ellos tenían)* ya que a estos señores les encantaba que todo el pueblo escucharan sus oraciones con frases rebuscadas y filosofía barata para así llamar la atención en las calles y sinagogas con la creencia absurda de que Dios iba a tener preferencia con ellos debido a sus palabrerías. También les habló sobre el **"ayuno"** *(una forma de mortificar la carne, para buscar pureza espiritual absteniéndose de alimentos ya sea por un día o más)* y la costumbre de aquellos Fariseos que ponían sus caras tristes cuando ayunaban para que todo el mundo viera que estaban sufriendo y martirizando sus cuerpos para ser más puros y más espirituales. Les exhortó a que buscaran primero el reino de Dios y su justicia antes que el afán desmedido de acumular riquezas materiales y finalmente, les habló para que dejaran a un lado las acusaciones y murmuraciones; ya que era costumbre entre los Judíos juzgar a sus hermanos sin misericordia, mientras que ellos mismos también cometían acciones más graves y más crueles.

¡Jesús vino a enseñarnos a ser distintos, a apreciar y querer a los demás!, vino como mediador para que el hombre se reconciliara con Dios y con sus semejantes, vino a reformarnos y a sacarnos de las tinieblas, vino a decirnos que estábamos siguiendo prácticas erradas y sin sentido. **Jesús** vino a decirnos que Él representaba la vida misma, cuando dijo: **"Yo soy el Camino, la verdad y la vida, nadie viene al padre sino es por mí"** *(Juan 14:6)*. Estas palabras tienen un significado muy profundo, él vino a darnos normas a seguir, ya que los líderes judíos de ese entonces, interpretaban la ley a su modo y estaban llevando al pueblo judío a caminos errados y llenos de tinieblas. Estos líderes Judíos estaban alejando al pueblo de Dios cada día más, por lo tanto, **Jesús** dijo: **"Y conoceréis la verdad y la verdad te libertará"** *(Juan 8:32)*. Él conocía la verdad, veía que estaban descarriados, y él era el camino para llegar al Padre.

No es necesario tener una inteligencia muy aguda para entender que **Jesús** era una amenaza, tanto para los propósitos de Satanás, como para sus secuaces vestidos de lino y con títulos de Doctores en leyes. **Jesús** se declaró públicamente en contra de esos que se llamaban: **"representante del Dios Altísimo en la Tierra"**; gente poderosa que tenían la autoridad y el poder para tentar en contra de su vida, pero a **Jesús** no le importó, porque vino con una misión específica. **¡Vino a Salvar y rescatar lo que se había perdido!** *(Mateo 18:11)*.

Lo que Satanás había manipulado a su antojo por tantos siglos, **Jesús** vino a reformar ese estado de cosas y a decirle a sus dirigentes que estaban equivocados y que las leyes Mosaicas dadas por Moisés en el desierto ya no tenían efecto. En cambio, las leyes de Dios se quedaban en vigencia. Esas leyes eran intocables, e imborrables y por tanto, Él vino a cumplirlas como también para enseñarnos como hacerlo correctamente. **"10 mandamientos ya fueron dados a vosotros"**, dijo: **Jesús**, *"más esos mandamientos se reducen a dos grandes mandamientos"*, **1—Amarás a Dios sobre todas las Cosas, 2—Amarás a tu prójimo como a ti mismo"** *(Mateo 22:37-40)*.

Estos dos grandes mandamientos mencionados por **Jesús**, no derogan o cambian las leyes divinas dadas a Moisés en el Decálogo. Fueron los mismos mandamientos dados por Dios en el Monte Sinaí. Estos mandamientos según las Sagradas Escrituras, permanecerán mientras exista un ser humano en la faz de la Tierra. Entonces, podemos preguntar. **¿Por qué Jesús sólo mencionó dos?**… Porque si leemos los 10 mandamientos dado a **Moisés**, ellos se reducen a dos.

LOS 10 MANDAMIENTOS.

1. *No tendrás dioses ajenos delante de mí, ni te harás imagen ni ninguna semejanza de lo que esté arriba en el cielo, ni abajo en la tierra, ni en las aguas debajo de la tierra.*
2. *No te inclinarás a ellas ni las honraras, porque yo soy Jehová, tu Dios, fuerte, celoso, que visito la maldad de los padres sobre los hijos hasta la tercera y cuarta generación de los que me aborrecen y hago misericordia por millares a los que me aman y guardan mis mandamientos.*
3. *No tomarás el nombre de Jehová, tu Dios en vano, porque no dará por inocente Jehová al que tome su nombre en vano.*
4. *Acuérdate del Sábado o día de reposo para santificarlo. Seis días trabajaras y harás todas tus obras, pero el Séptimo día es de reposo para Jehová, tu Dios; no hagas en él obra alguna, tú, ni tu hijo, ni tu hija, ni tu siervo, ni tu criada, ni tu bestia, ni el extranjero que está dentro de tus puertas. Porque en seis días hizo Jehová los cielos y la tierra, el mar, y todas las cosas que en ellos hay, y reposó en el séptimo día; por tanto, Jehová bendijo el Sábado y lo Santificó.*

Hasta ahora, con esos 4 mandamientos podemos tener noción de quien creó todas las cosas que existen en el universo, nos enseña el deber que tenemos para con Dios, de no buscar a otro dios, o adorarlo, porque él es único y después de él, no existe otro. También nos recuerda en el 4 mandamiento**,** la razón por la que no debemos buscar a otros dioses: **"Él fue quien formó el universo y todo lo que existe en él, incluyéndote a ti y a mí"**; por lo que podemos juntar todos estos 4 mandatos y resumirlo en uno solo. **1—"Amarás a Dios sobre todas las cosas"**.

Prosiguiendo con el resto de los mandamientos.

5. *Honra a tu padre y a tu madre, para que tus días se alarguen en la tierra que Jehová, tu Dios, te da.*
6. *No matarás*
7. *No cometerás adulterio*
8. *No hurtarás*
9. *No dirás contra tu prójimo falso testimonio*
10. *No codiciarás la casa de tu prójimo, no codiciarás la mujer de tu prójimo, ni su siervo, ni su criada, ni su buey, ni su asno, ni cosa alguna de tu prójimo.*

Como podemos observar, estos 6 mandamientos no nos mencionan a Dios, más bien a otra persona, como tú y como yo; mencionan a **"nuestros semejantes"**, que hablan, que caminan, que sienten, que respiran al igual que nosotros. En palabras más simples la famosa regla de **oro: "NO le hagas a nadie, lo que no te gustaría que te hagan a ti"**. Dios sabía de antemano que estas leyes eran la única forma que el hombre podía convivir armoniosamente en sociedad y por tanto, son leyes para el hombre. Por consiguiente, **Jesús** las llamó: ***"El segundo gran mandamiento"***. 2—**"Ama a tu prójimo como a ti mismo"**. Es muy claro, si a ti no te gustaría que te roben, no robes; si no te gustaría que te alguien te acuse de algo, no acuses; ya me entiendes, ¿Verdad?

Jesús no vino a tomar las armas para liberar al pueblo judío del yugo del imperio romano, él no vino a liberar unos cuantos escogidos; más en cambio, vino a liberarnos del pecado y de las manos de Satanás, vino a salvar a toda la humanidad sin distinción de raza, color de piel o lengua de la muerte eterna. **Jesús** es nuestro refugio y nuestra última esperanza, él es el ***"reformador"*** de nuestras almas contaminadas debido a la desobediencia de las leyes de Dios. ¡Hoy por hoy, después de 2,000 años de su ministerio, **Jesús** quiere seguir reformando nuestras vidas, démosle la oportunidad!

CAPÍTULO 26

EL RADAR INFALIBLE EN TIEMPOS DE TEMPESTAD

M E IMAGINO QUE has oído más de una vez la palabra: **"Radar"** término derivado del acrónimo Ingles (**Ra**dio **D**etection **A**nd **R**anking) y no sé si te has puesto a pensar el significado de la misma. Pues bien, si buscamos el significado, un radar no es más que un instrumento que se utiliza para la detección de altitudes, direcciones y velocidades de objetos estáticos o móviles como: Barcos, vehículos motorizados, formaciones meteorológicas y el propio terreno. Su funcionamiento se basa en emitir un impulso de ondas de radio (*frecuencias entre 3 Hz-110 GHz*), que se refleja en el objetivo y se recibe típicamente en la misma posición del emisor. En palabras simples: las **Ondas Electromagnéticas** (*forma de energía oscilatoria o en movimiento que se propaga a través de un medio*) que se envían, regresan a la unida que le dio origen. Como consecuencia de este **"eco"**, se puede extraer gran cantidad de información, como por *Ejemplo: ¡La velocidad en la que va el objeto o su distancia!* Por lo que este aparato, es utilizado por barcos, aviones, submarinos para evitar choque o colisión entre ellos; especialmente cuando es de noche o no se pueden divisar a simple vista. Pero, este equipo es falible; se puede equivocar o puede fallar debido a circunstancias externas o internas. Ya sea por el mal funcionamiento del mismo (*falla técnica*), condiciones atmosféricas o de superficie, *ya que para el buen funcionamiento de un radar, debe existir un medio "isotrópico" (de igual espacio dimensional) y "homogéneo" (la misma uniformidad en ese espacio).* Sin olvidarnos del error humano que juega un papel sumamente importante; incluso, es sabido que grandes desastres en la industria naviera y aérea se han debido a varios elementos de los ya mencionados. Ponemos toda la confianza en esos aparatos y en las personas encargadas de vigilarlos para proveer información adecuada a los que conducen o controlan las naves aéreas o marítimas. Ver algunos *ejemplos:*

Ejemplo de **Error Humano**.

El hundimiento del barreminas "Valiente" de la Armada uruguaya, acaecido en la madrugada del sábado, 6-8-2000 en el Atlántico Sur tras colisionar con el carguero panameño Skyros, dejó un saldo de ocho de sus tripulantes muertos y otros tres desaparecidos, todos de nacionalidad uruguaya.

La tragedia naval, sobre cuyas causas no se informó oficialmente, ocurrió en el Océano Atlántico a las 4.35 horas local (07H35 GMT), a 11 millas al sur de Cabo Polonio (departamento de Rocha, unos 300 kilómetros al este de Montevideo). Esta información fue divulgada por el capitán de fragata Luis Chabaneau, segundo jefe de relaciones publicas del organismo castrense a la AFP (Prensa Asociada).

Razón de la colisión o causas del Accidente: "**Error Humano**". Pruebas fehacientes determinaron que el origen del desastre fue debido al deficientemente monitoreo de los equipos de radar existentes y al descuido del personal militar a mando.

Ejemplo de **Falla Mecánica /o de Error Humano**.

*El ministerio británico de Defensa confirmó hoy 16 de Febrero de 2009 que el submarino nuclear de su flota HMS **Vanguard** con capacidad para 135 tripulantes y portador de misiles balísticos "Trident", con capacidad de llevar 48 cabezas nucleares, chocó a principios de febrero en medio del océano Atlántico con* el submarino nuclear francés **Le Triomphant**. *Accidente que no causó heridos pero sí importantes daños en ambos buques.*

El almirante Jonathan Band informó de un "contacto" entre ambos submarinos y aseguró que ocurrió a poca velocidad, pero no explicó por qué fallaron los sistemas de sonar (Radar) que portan ambas naves y que debían haber advertido a las tripulaciones del peligro de colisión. Según declaraciones de un alto oficial de la Armada no identificado, las consecuencias de este tipo de choques son "inimaginables". ***"Es muy poco probable que se hubiera podido producir una explosión nuclear, pero sí existe la posibilidad de una fuga radiactiva. Peor aún, podríamos haber perdido la tripulación y las cabezas nucleares".*** *El ministerio de Defensa pidió explicación de que cómo es posible que:* ***"un submarino que lleva armas de destrucción masiva colisione con otro submarino equipado con un armamento similar en medio del segundo océano más grande del mundo".*** *La Organización* ***"Campaña por el Desarme Nuclear"*** *describió el incidente: "como una pesadilla nuclear de primer orden". Su compañera Kate Hudson advirtió:* ***"La colisión de dos submarinos, ambos con reactores nucleares y armas nucleares a bordo, podría haber emitido grandes cantidades de radiación y haber esparcido numerosas cabezas nucleares por todo el fondo marino".***

Esta última colisión de estas dos naves con misiles nucleares pudo ser una catástrofe de grandes implicaciones a nivel mundial. De ahí que no podemos estar completamente seguros de la efectividad de un radar inventado por el hombre. En cambio, existe un radar que es infalible, que es eterno, que no se descompone o tiene defectos, ese radar al cual me refiero es: **"La Oración"**: **E**l medio que utilizamos para comunicarnos con nuestro Creador; medio que nunca falla porque es: **"Infalible"**.

La **oración,** es el acto de comunicarse con Dios, ya sea para ofrecer alabanza, hacer una petición o simplemente expresar los pensamientos y las emociones personales. Puedes orar de varias formas:

- Una simple devoción o práctica piadosa. Aquí el orante puede hacer esa comunicación en forma privada o públicamente, individual o colectivamente, en una circunstancia especial o no.
- Una parte de un rito que puede recitar el oficiante o toda la comunidad; como la misa cristiana.

Muchas veces, la oración es una expresión oral; es decir, que debe expresarse de viva voz. Pero la llamada **"oración mental"**, que sólo se emite como un pensamiento es tan efectiva como la hablada.

En la tradición protestante es **Jesús** quien entrega las enseñanzas sobre cómo se debe orar. Él dice: **"Cuando oren, no sean como los hipócritas; porque a ellos aman el orar de pie en las sinagogas y en las esquinas de las plazas, para que la gente los vea; les aseguro que ya han obtenido toda su recompensa. Más tú, cuando ores, entra en tu aposento, y cerrada la puerta, ora a tu Padre que está en secreto; y tu Padre que ve en lo secreto te recompensará en público. Y orando, no uséis vanas repeticiones, como los gentiles, que piensan que por su palabrería serán escuchados. No sean como ellos, porque vuestro Padre sabe de qué cosas tenéis necesidad, antes que vosotros le pidáis"** (*Mateo 6:5-8*).

Es por esto que, la oración del **"Padre nuestro"** es más bien un esquema temático, y no una oración para recitar repetitivamente. En la oración, todo se trata de creer. **Jesús** le dice a los cristianos: **"Pidan, y se les dará; busquen, y encontrarán; llamen, y se les abrirá. Porque todo el que pide, recibe; el que busca, encuentra; y al que llama, se le abre"** (*Mateo 7:7-8*). Y luego continúa diciendo: **"Si ustedes creen, recibirán todo lo que pidan en oración"** (*Mateo 21:22*).

Según las Sagradas Escrituras, **Jesús** es el único redentor e intercesor entre Dios y los hombres. **"Yo soy el camino, la verdad y la vida; nadie llega al Padre sino por mí"** (*Juan 14:6*). Él mismo le dice a sus **discípulos:** **"Ciertamente les aseguro que mi Padre les dará todo lo que le pidan en mi nombre"** (*Juan 16:23*).

Pensemos en Dios como nuestro aliado, nuestro compañero de todos los días, nuestro guardián y protector, nuestro amigo invisible. El cual siempre está a nuestro lado para protegernos y librarnos de todo cuanto represente peligro a nuestra integridad y como amigo fiel, siempre está en la mejor disposición de escucharnos, de ayudarnos y socorrernos en todos los tiempos.

¡Ora a cada momento, en cada ocasión y en todo lugar, con la certeza de que siempre el Ser Supremo que existe en el universo te estará escuchando y te responderá debidamente cuando Él que es: Infinito, "Omnipotente" (todo lo puede), "Omnisciente" (todo lo sabe) y "Omnipresente" (está en todas partes

a la misma vez) considere el tiempo apropiado! Dios es fiel a sus promesas, y sus promesas no son vanas. ¡Lo que Dios promete lo cumple, porque es leal a sus promesas y su palabra es verdad! **¿Cuál es el hombre que sale victorioso?** *¡Aquel que confía en Dios!* Por lo que debemos creer fielmente en sus promesas y hacer uso de la fe.

Existen 3 pasos necesarios para tener éxito al orar: **1—Pide, 2—Cree, 3—Recibe.** No debemos olvidar que, *creer envuelve actuar, hablar y pensar como si ya recibiste aquello que pediste.* Cuando emites esa frecuencia de haber recibido algo a través de la fe, Dios hace posible el movimiento de personas, de eventos y de circunstancias para que recibas aquello que pediste. Pero recuerda, tienes que tener una idea clara de las cosas que deseas y que pides. *Recibir implica, sentirte de la misma forma como te sentirías cuando esto que pides se manifieste.* Sentirte bien ahora, es estar dispuesto a disfrutar lo que pides y lo que quieres. Dios conoce nuestras necesidades antes de que nosotros intentemos quejarnos y siempre contesta nuestras señales o pedidos. No siempre cuando pidamos vamos a conseguir un **¡Sí!**, porque Él como Ser Omnisciente, sabe que es mejor para nosotros en un momento dado; aunque no lo entendamos en ese instante. Muchas veces pedimos cosas sin sentido, nos comportamos como niños malcriados y exigimos cosas que para Dios no tienen sentido. Demandamos y exigimos porque somos soberbios por naturaleza y nos enfadamos cuando no recibimos respuesta. Dios conoce lo que nos hace falta y nos suplirá en el momento propicio. Él sabe que lo que pedimos en ese momento, es necedad y que nos hará daño, ya sea en el presente o en un futuro. Es como cuando un niño se encapricha por tener un juguete o cuando se enoja porque no lo dejas hacer algo. Tú como padre responsable que quiere el bienestar de ese niño, sabes que si accedes a lo que te pide, tarde o temprano te vas a arrepentir, porque le causarás daño y por tanto, te ves en la obligación de decir: ¡No! Aunque te duela en tu interior. Porque, *¿Qué padre no le da lo mejor a sus hijos?* Más entonces, pensemos que somos hijos de Dios el todopoderoso y él también quiere darnos todo lo mejor.

Existe un relato muy cómico que me gustaría contarte. Se trata de dos hermanitas que se encontraban jugando en una de las habitaciones de la casa donde vivían. La hermana más pequeña empieza a llorar, e inmediatamente la madre grita desde otra parte de la casa, ¿Qué le pasa a la pequeña? ¡Dale lo que ella pide! Hubo un minuto de silencio, y después se escuchó un llanto y unos gritos alarmantes. La madre desesperada corre hacia la habitación donde se encontraban las niñas y demanda de la mayor una explicación de lo que había acontecido. La pobre niña sollozando dijo: "Ella me pidió que le dejara tocar la avispa que estaba en la ventana, y como me negué comenzó a llorar, pero al usted decirme que le diera lo que me pedía, yo le permití que la tocara y la avispa le picó". ¿Parece una historia de fábula, verdad? Pero es un buen relato que nos enseña: que no siempre es bueno que Dios nos dé todo lo que pedimos, porque quizás, lo que pedimos en ese momento, sea necedad.

CAPÍTULO 27

DESAFIANDO AL DESTINO CON ACCIÓN Y ACTOS DE FE

D URANTE EL TRANSCURSO de nuestras vidas y en más de una ocasión nos encontraremos con situaciones adversas, con situaciones riesgosas y desafiantes. Algo muy importante y que vale la pena mencionar, es el hecho de que en la mayoría de esas situaciones, ya sean adversas o desafiantes en las que nos encontraremos, no serán debido a la casualidad del destino, sino más bien, debido a otras personas; ya sea en el aspecto profesional, social o emocional. Muchas veces ocurre en los lugares de trabajo, en los clubes donde practicas deportes, en las escuelas o centro donde se imparte docencia o en los lugares donde tienes que interactuar con otras personas en el entramado o espectro social. En el campo laboral, te encontrarás con personas que debido a que ocupan un cargo o posición administrativa privilegiada se sienten con suficiente autoridad para emitir un juicio a prioridad hacia tu persona. Muchas veces, esa predisposición es sólo para vanagloriarse de ciertos conocimientos, los cuales según ellos, les da el derecho para criticar severamente o vaticinar el futuro sin temor a equivocarse.

Cuando esos juicios o hipótesis negativas se formulan respecto a nuestra capacidad de ejecutar o superar ciertos límites o barreras, tendremos dos alternativas: *Dejarnos persuadir por la crítica emitida, y dar por terminado o abandonar nuestros sueños y aspiraciones* o por el contrario, *adoptar una actitud positiva, luchar y trabajar intensamente con empeño, tenacidad y devoción.* Es posible que después de un juicio o crítica negativa, tú también dudes de tu capacidad para ejercer o realizar aquello que te habías propuesto; especialmente si tratas de incursionar en una actividad que no conoces bien o que demande de ciertos requerimientos y experiencia. Tal vez pienses: *"¡Jamás voy a poder lograrlo!" ¡Sí lo lograrás!* Siempre y cuando superes tus incertidumbres y alejes de ti los pensamientos negativos. Y al mismo tiempo, tomar la decisión de trabajar con **entereza, disciplina, dedicación y esfuerzo.**

Despide de tus pensamientos las ideas negativas; toma una nueva iniciativa y una actitud positiva frente a las adversidades y retos. Sobre todo, pide dirección de aquel que todo lo sabe; a la fuente inagotable de conocimiento, aquel que te puede proveer todo tipo de sabiduría y capacidad para ejecutar cualquier tipo de acción. Me refiero a **"Jehová"** Dios de los ejércitos. Porque como dice el sabio Salomón: **"Solo el inepto y el insensato desprecia la sabiduría y la enseñanza de Dios"** (*Proverbios 1:7*). Recuerda que, *¡Cuantas más habilidades adquieras, menos vacilaciones tendrás!* No te obsesiones con tus deficiencias, ni permitas que te paralicen y te disuadan de esforzarte por mejorar.

Cuando el apóstol Pablo fue blanco de críticas, replicó: **"Aunque yo sea inexperto en el habla, ciertamente no lo soy en conocimiento"** (*2 Corintios 10:10*). De igual modo, crecerá la confianza en ti mismo si reconoces tus puntos fuertes y le pides a Dios que te ayude a superar los débiles. Él de veras puede apoyarte, como hizo con sus siervos en generaciones pasadas. Recordemos que el que critica, más que aumentar su estatura moral, se empequeñece, revela incapacidad mental y mezquindad de espíritu. En palabras de Juan Ruskin: *"El que critica es uno que no sabe pintar"*.

Un consejo muy acertado es el siguiente: *"La crítica nunca hiere a nadie; si no tiene base no podrá herirnos a menos que carezcamos de carácter varonil; si es bien fundada le muestra al hombre sus puntos débiles y lo previene del fracaso."*

Se cuenta de una mujer que hacía frutas artificiales tan perfectas que al mirarlas era casi imposible diferenciarlas de la fruta natural. Pero, tampoco a ella le faltaban críticos. Un día, uno de éstos se detuvo frente a la mesa sobre la cual una fuente contenía diferentes clases de frutas, y comenzó a criticar particularmente una manzana. Muy ufano y seguro de sí mismo señaló varios defectos que, a su juicio, no había corregido la mujer que, según él suponía, había hecho aquella manzana. Cuando concluyó el comedido y poco reflexivo crítico, se acercó a la manzana, la tomó en sus manos, y, para su vergüenza, comprobó que era verdadera. ¡Cuántos proceden de la misma manera al criticar a los demás! Por lo tanto, no desvanes en tu objetivo ante este tipo de piedra que tratará de obstaculizar tu camino.

Nosotros con nuestra mente finita nos creamos barreras, nos limitamos y muchas veces nos rendimos antes de lograr nuestros objetivos debido al desánimo que entra en nuestra mente y corroe nuestros pensamientos. Ese desánimo, muchas veces viene como resultado de no ver rápidamente los resultados deseados o por la cantidad de elementos conflictivos y dificultades o piedras que se interponen en nuestro camino, ya sean situaciones externas como: la pobreza, defectos físicos, intolerancia, perjuicios raciales, crítica e inclusive, cuando comenzamos a compararnos con otras personas. Recordemos que no podemos ser como un juez implacable al compararnos con los demás. El Apóstol Pablo da un excelente consejo cuando dice: **"Cada uno pruebe lo que su propia obra es, y entonces tendrá causa para alborozarse respecto de sí mismo solo, y no en comparación con la otra persona".** (*Gálatas 6:4*).

¡Todo ser humano está constituido para poder realizar las proezas más extraordinarias que nuestra mente finita puede imaginar, tenemos la capacidad de mover montañas, siempre y cuando nos lo propongamos! Todo es posible cuando aprendemos a utilizar los recursos o energía que poseemos internamente. La historia está llena de relatos de hombres cuyas hazañas superaron los estándares establecidos hasta entonces. Hombres que según el criterio que se tenía de ellos, eran incapaces de realizar incluso misiones insignificantes, sin embargo, demostraron sin lugar a dudas que sus incapacidades físicas no fueron obstáculos para superar lo que se suponía era inalcanzable para ellos. Esos hombres lograron descubrir, *"el secreto"* oculto dentro de su interior,

capacitándolos para realizar acciones en el mundo exterior. Somos grandes imanes que atraemos hacia nosotros todo lo que queremos y deseamos. La Biblia dice: **"Pide y se te dará, busca y encontrarás"** (*Mateo 7:7*). Busca la fuente inagotable de energía y ella se manifestará en ti como espejo cuando refleja una imagen.

Ese *"secreto"*, esa fuente de energía, ese recurso interno al cual estoy haciendo referencia se llama: *"Fe"* (*certeza de lo que se espera y convicción de lo que no se ve*). Es ¡Creer a ciencia cierta que vas a tener, a conseguir **lo que deseas!** Es tener la certeza y la convicción inquebrantable de que podemos lograr todo lo que nos propongamos. Cuando logramos enfocar nuestra mente en los resultados que deseamos, todo alrededor nuestro, comienza a **"concatenarse"** (*Unirse una cosa con la otra*) para hacer realidad lo que deseamos. Es una energía misteriosa que se manifiesta para nuestro beneficio, ya que dentro de nosotros, existe un poder ilimitado que no conocemos y ni tenemos idea de su potencial.

La Biblia nos relata un nutrido número de historias sobre hombres de fe. Todos ellos, guiados por la intuición de que el Ser Supremo les había prometido o dado una promesa y ellos actuaron confiados a esa promesa. Fue mediante a un acto de fe, que *Abraham* obedeció a Dios para sacrificar a su hijo; fue a través de un acto de fe, que *Moisés* se atrevió a desafiar al Faraón egipcio, hombre más poderoso de la Tierra en ese entonces; fue a través de un acto de fe, que el mismo *Moisés* permaneció firme obedeciendo los mandatos de Dios por 40 años en el desierto; fue a través de fe, que *Jesucristo* devolvió vista a los ciegos, audición a los sordos, movilidad a los paralíticos, alimento a multitudes y resucito a los muertos; fue a través de un acto de fe, que *Pedro* pudo ser capaz de realizar la proeza de caminar sobre el mar. Es a través de un acto de fe, que nosotros conseguiremos todo lo que queramos en este mundo y finalmente, por medio de la fe, nosotros obtendremos la vida eterna que nos ha prometido nuestro padre celestial. *¡Una vida eterna sin dolor, ni clamor, sin penurias, sin quebrantamientos; solo de paz, amor y armonía con el Creador!*

Jesucristo durante su estancia en este planeta se refirió a la fe diciendo: **"Si tuvieses fe del tamaño de un granito de mostaza, dirías a esa montaña muévete y se moverá obedeciendo tu orden"**. Pero existe una condición, **"Acción"** debemos de actuar, trabajar y aprender. Porque bien lo dijo el

Apóstol Santiago: *"¡Fe sin acción es Fe muerta!"* (*Santiago 2:20*). Tienes que creer en ti, y confiar plenamente a la fuente inagotable de energía *"Dios"*.

Pequeños pasos hacen posibles grandes logros cuando tienes la dedicación, la tenacidad y la perseverancia. Cuando crees muy dentro de ti que es posible lograr el objetivo que deseas, cuando tus pensamientos no están limitados sino afines a un objetivo. El apóstol Pablo escribió: **"Todo lo puedo en Cristo que me da fortaleza".** (*Filipenses 4:13*). Pablo utilizó a **Jesús,** como baluarte para realizar y llevar a cabo las misiones más difíciles y riesgosas de su carrera como mensajero del evangelio. Tomó la vida de **Jesús,** como *ejemplo* a seguir para demostrar que todo cuanto quería lograr era posible. Nosotros también podemos tomar a **Jesús,** como nuestro baluarte y estandarte y decir: *"¡Sí puedo!, ¡Sí es posible!"* Después de decir: *¡Sí puedo.* Entonces propongámonos estar activamente superando obstáculos y trabaja con empeño y pasión hasta lograr el objetivo deseado. Por consiguiente necesitamos un plan de acción y luego actuar conscientemente teniendo una visión clara.

No podemos esperar que todo llegue a nuestras manos como por arte de magia, ni tampoco podemos dejarlo a la casualidad. Recordemos que para lograr nuestros objetivos, debemos estar definidos en lo que queremos. Se necesita dinámica, movimiento. No podemos esperar hasta que las cosas pasen de un plano invisible a lo físico visible. *¡En el momento en que empecemos a desarrollar un plan; las ideas, las circunstancias comenzaran a trabajar a nuestro favor!* No olvidemos que **"trabajo"**: *Es la capacidad de producir un cambio en la materia **a través de una dinámica o movimiento.** Como dije anteriormente, "todo es* posible cuando concentramos nuestros sentidos en una sola dirección y cuando pedimos dirección del altísimo o dicho de otra manera, cuando canalizamos esa energía interna (*pensamiento*) en una sola dirección y confiamos en el Creador de todas las cosas". Leer: *"EL HOMBRE TRANSMISOR DE ENERGIA MEDIANTE LA PALABRA".*

¿Quieres que tus sueños se conviertan en realidad?... Entonces, debes seguir los 5 pasos esenciales para lograr y conseguir todo lo que deseas.

1. Definir claramente lo que deseas y quieres; *teniendo una Actitud Mental Positiva.*
2. Comunicar a Dios lo que quieres a través de la oración; *somos grandes transmisores de energía.*

3. Tener fe de que eso que has pedido ya es tuyo, aunque no lo veas; *sin fe no existe esperanza.*
4. Actuar elaborando un plan de acción donde el objetivo principal, esté enfocado en eso que quieres, canalizando energía y vibrar en la frecuencia de las cosas que deseas atraer; *los logros y éxitos requieren de nuestro esfuerzo y nuestra actividad.*
5. Dar gracias a Dios por anticipado; *¡porque no veamos lo que pedimos, no significa que no existe!*

Recordemos que muchas veces encontraremos obstáculos y dificultades durante la travesía, pero debemos perseverar y no dudar ni por un instante de la capacidad que tenemos para obtener y lograr el objetivo o meta deseada. *¡No podemos olvidar que Dios conoce nuestros pensamientos y antes de que le pidamos, Él ya tiene conocimiento de eso que necesitamos!* Por lo que debemos ser sensatos y al final de cuentas, *¡Dios sabe lo que es conveniente para nosotros en un momento dado, porque conoce el futuro!* ¡No permitas que nadie te ponga limitaciones! Todo es posible debajo del Sol, y lo que se ve imposible, sólo toma más tiempo en realizar, siempre y cuando tengas fe, disciplina y la disposición de hacerlo posible. *"Cada adversidad trae consigo la semilla de un mayor beneficio y esta es sólo la antesala hacia el éxito si aprendes de ella".*

¡Nada es imposible para el hombre cuando tiene una mentalidad y una actitud positiva y sobre todo cuando está en armonía y en frecuencia con Dios! Todo lo que nos propongamos y aceptemos como un hecho se logrará siempre y cuando no demos lugar a la *"duda".* La duda siembra el temor y una vez le damos posada en nuestros pensamientos, contrarresta lo que deseamos lograr. Tenemos que confiar fielmente y plenamente en que recibiremos lo que pedimos. Tenemos que estar convencidos en que aquello que no está en un plano visible, pasará a ser realidad; y que por consiguiente, podremos palparlo con nuestros sentidos. *"Todo lo que la mente del hombre se dispone a concebir y creer, el hombre puede realizar y lograr".*

Si buscamos en los anales de la historia, encontraremos relatos como el de *Thomas Alba Edison* cuando inventó la bombilla eléctrica. Una vez inventada, un joven reportero le cuestionó diciendo: ¿Señor Edison, cuál fue la razón de insistir en finalizar ese invento si para lograrlo fracasó 2,000 veces?… Thomas, le corrigió diciendo: *"¡No fracasé, ni una sola vez! Este invento tenía un proceso de 2,000 pasos."* Esto demuestra determinación, tenacidad y empeño. Nunca te des por vencido, no veas como fracaso lo que no puedes lograr inmediatamente, más bien, considera que son lecciones que tienes que aprender para lograr tu cometido.

Hagamos nuestra esta promesa: **"No temas, porque yo estoy contigo; no desmayes, porque yo soy tu Dios que te esfuerzo; siempre te ayudaré, siempre te sustentaré con la diestra de mi justicia"**. *(Isaías 41:10)*. Tomemos estas palabras seriamente, y confiemos plenamente, no sólo en nosotros, sino en aquel que nos puede dar sostén y fuerza en la debilidad, aquel que todo lo puede; y si *¡Él es con nosotros!, ¿Quién contra nosotros?(Romanos 8:31)*.

Tomemos la iniciativa y empecemos a trabajar arduamente en lo que queremos lograr, teniendo la fuerza o energía interior **"fe"**, tomando como baluarte lo siguiente: **¡Todo lo podemos en Jesús que nos da fortaleza! confiando en el Ser Supremo que no nos dejará caer bajo ninguna** circunstancia, aunque parezca imposible. Esperemos las cosas que queremos y deseamos; y nunca las cosas que no queremos. Dando gracias de antemano por las cosas que nuestros ojos no han visto todavía. Visualizando en nuestras mentes los logros y teniendo imagen de los triunfos y las barreras que vamos a vencer. Cuando visualizamos, estamos generando pensamientos poderosos y nuestro estado de ánimo cambiará positivamente en la expectativa de lo que no es visible. Sintámonos triunfantes, con dinero, con salud, gozosos a todo momento como dijo el apóstol Pablo a los Tesalonicenses. Visualicémonos ser triunfadores y seremos triunfadores. Tratémonos con respeto y amor y veremos que por consiguiente todo el que nos rodea nos tratará igual. Enfoquémonos en las cualidades que poseemos y Dios nos hará descubrir muchas más.

Vivimos en un mundo convulsionado con muchos problemas sociales y por ende, nos veremos en situaciones difíciles y poco amenas, pero lo importante es mantener nuestros pensamientos y nuestras palabras en el plano positivo confiando en el Creador del universo. No podremos ayudar al mundo enfocándonos en las cosas negativas que existen, porque cuando lo hacemos traeremos por consiguiente más cosas negativas a nuestra persona. El Apóstol Pablo dice: **"En la esperanza seamos gozosos"** *(Romanos 12:12)*. En estas palabras, existe una conexión entre esperanza y gozo; si no tenemos esperanza no podremos tener gozo. El creyente está llamado a ser gozoso. El gozo es la fuente de salud física, de salud mental y de vitalidad. La palabra de Dios dice: **"El gozo del Señor es nuestra fortaleza"** *(Nehemías 8:10)*, pero en el mundo en que vivimos, miraremos a nuestro alrededor y lamentablemente, encontraremos muchas razones para no tener gozo; por lo tanto, lo mejor, es poner atención y concentrar nuestras energías a nuestra relación con el Creador, a la verdad, al amor, a la abundancia, a la educación y a la paz, y como dice la famosa oración del fraile Francisco de Asís: *"Señor, dame la serenidad para aceptar las cosas que no puedo cambiar, coraje y valor para cambiar las que puedo y sabiduría para poder discernir entre estas dos"*.

"LA FÍSICA MODERNA DICE: "TÚ SÍ PUEDES"

Durante décadas, los poderes de la mente han sido cuestiones asociadas al mundo *"Esotérico" o "difícil de entender"*. La mayor parte de la gente desconoce que la mecánica cuántica, o el modelo teórico y práctico dominante hoy día en el ámbito de la ciencia, ha demostrado la interrelación entre *el pensamiento y la realidad. Que cuando creemos que podemos, en realidad, ¡podemos!* Sorprendentes experimentos en los laboratorios más adelantados del mundo corroboran esta creencia y las tomografías computarizadas han venido a ser una herramienta esencial para estudiar las actividades del cerebro conectando electrodos a este órgano para determinar donde se produce cada una de las actividades de la mente. La fórmula es bien sencilla: Se mide la actividad eléctrica mientras se produce una actividad mental, ya sea racional, emocional, espiritual o sentimental y así se sabe a qué área corresponde esa facultad. Estos experimentos en neurología han comprobado algo aparentemente descabellado: Cuando vemos un determinado objeto, aparece actividad en ciertas partes de nuestro cerebro, pero cuando se exhorta al sujeto a que cierre los ojos y lo imagine, la actividad cerebral es ¡idéntica! Entonces, si el cerebro refleja la misma actividad cuando *Ve* que cuando *Siente,* la gran pregunta es*: ¿Cuál es la Realidad?* Según el Bioquímico y Doctor en medicina Joe Dispenza: *"El cerebro no hace diferencias entre lo que ve y lo que imagina porque las mismas redes neuronales están implicadas. Para el cerebro, es tan real lo que ve como lo que siente".* Nosotros fabricamos nuestra realidad desde la forma en que procesamos nuestras experiencias, o mediante nuestras emociones.

Somos nosotros quienes nos ocupamos, con nuestras elecciones y, sobre todo, con nuestros pensamientos: *"¡Yo sí puedo!"* (*En la consecución de aquellas cosas que soñamos*), *"¡Yo no puedo!"* (*Encerrarnos en una realidad limitada y negativa).* La física moderna solamente viene a recalcar algo que ya estaba escrito en las Sagradas Escrituras hace más de 2,000 años.

En realidad, los descubrimientos de la física cuántica, vienen siendo experimentados por seres humanos desde hace milenios; precisamente en el ámbito de la espiritualidad. Según el investigador de los manuscritos del Mar Muerto, Greg Braden, *los **"antiguos Esenios"** (Comunidad espiritual a la que, dicen, perteneció Jesucristo)*, tenían una manera de orar muy diferente a la actual. Según el señor Braden**,** cuando ***ellos*** oraban a Dios**,** *¡visualizaban que aquello que habían pedido, ya se había cumplido! Sin ir más lejos, la sicología deportiva utiliza esa técnica en deportes de alta competición con resultados sorprendentes.* Seguramente, muchos de ustedes han visto como en los campeonatos de atletismo los saltadores de altura o pértiga realizan ejercicios de simulación del salto: interiormente se visualizan a sí mismos, ni más ni menos que realizando la proeza antes de ejecutarlas.

CAPÍTULO 28

SODOMA Y GOMORRA- "LASCIVIA QUE SE REPITE"

ESTE tema implica tanto la homosexualidad como lo relacionado a la exposición de la Pornografía.

Empezaré con el tema de la "**homosexualidad**" y la historia de "**Sodoma y Gomorra**"; dos ciudades que se narra primordialmente en "**Génesis 19 del Antiguo Testamento**". Moisés relata que Dios sentenció a la destrucción a estas dos ciudades por la perversión de sus habitantes. Dios decide arrebatarles el soplo de vida que les dio, pero no sin antes de enviar a dos ángeles a la ciudad de Sodoma con la misión de rescatar a las únicas personas que eran temerosas de Dios y sus preceptos, "Lot y su familia". En esta parte de las escrituras, "**Gomorra**" no es mencionada como parte de las visitas de los ángeles ni que **Lot** haya tenido alguna relación con esta ciudad vecina a la de "**Sodoma**". Esa noche, mientras los mensajeros divinos se alistan a dormir en el hogar de **Lot**, toda la población masculina de la ciudad rodea la casa de éste, y lo acusan de refugiar extranjeros sin haber sido aprobados por los líderes del pueblo.

Los hombres del lugar demandan que **Lot** les entregue los mensajeros para que los **conozcan** (*"Yada" en hebreo*). Hay discusión entre los expertos sobre la interpretación de la palabra **"Yada"** pero si buscamos desde el **Génesis** (*Viejo Testamento*) hasta el **"Nuevo Testamento"**, la palabra: **"Yada"** es traducida en la Biblia como: ***"Unión sexual entre pareja"***. La Biblia narra sobre la primera familia del huerto en la siguiente forma: **"Conoció Adán a su mujer Eva, la cual concibió y dio a luz a Caín"** (*Génesis 4:1*); y si seguimos buscando, encontramos otra cita donde nos narra: **"Conoció Caín a su mujer, la cual concibió y dio a luz a Enoc"** (*Génesis 4:17*). Esta palabra, evidentemente está relacionada a la relación sexual entre pareja.

Según continúa el relato bíblico, **Lot** salió de la casa y se dirigió hacia ellos, cerrando la puerta detrás de sí, y les dijo: **"Les ruego, hermanos míos, que no cometan semejante maldad. He aquí ahora yo tengo dos hijas que no han conocido varón; se las traeré, y haced con ellas como bien os pareciere; solamente que a estos varones no hagáis nada, pues han confiado en mi hospitalidad. Pero ellos le respondieron: "Quítate del medio". Eres un forastero, ¿y ya quieres actuar como juez? Ahora te trataremos a ti peor que a ellos. Lo empujaron violentamente y se disponían a romper la puerta".** (*Génesis 19: 6-9*).

La referencia a la abominación de las prácticas homosexuales parece quedar clara en este relato bíblico, por lo que se puede concluir categóricamente que **Jehová** destruyó estas ciudades tanto por esa razón, como también por la iniquidad de ellos al apartarse de los preceptos divinos. Otros dos pasajes de la Biblia que nos permiten determinar la connotación de **Génesis 19:5** son los libros de Judas y Pedro, en el Nuevo Testamento: **"Como Sodoma y Gomorra y las ciudades vecinas, las cuales de la misma manera que aquéllos, habiendo fornicado e ido en pos de vicios contra la naturaleza, fueron puestas por ejemplo, sufriendo el castigo del fuego eterno"** (*Judas 1:7*), **"Y si condenó por destrucción a las ciudades de Sodoma y de Gomorra, reduciéndolas a ceniza y poniéndolas de ejemplo a los que habían de vivir impíamente".** (*2Pedro 2:6*). Como podemos observar, ambos libros hacen referencia a la **"perversión sexual"** de **"Sodoma"**. Ya el profeta Ezequiel había dejado claro el motivo de la cólera divina cuando dice en su libro: **"He aquí que esta fue la maldad de Sodoma tu hermana: soberbia, saciedad de pan** (*en el Hebreo esta frase literalmente significa comer hasta vomitar*)**, y abundancia de ociosidad tuvieron ella y sus hijas; y no tendió la mano al afligido y al mendigo. Y se llenaron de soberbia y**

abominaron de mi Ley" *(Ezequiel 16:49-50)*. Ezequiel apunta claramente a la abominación de la Ley de Dios, que prohíbe claramente la perversión sexual. Además hace referencia al orgullo y soberbia con el que se cometen dichos pecados.

Es importante aclarar que el acto sexual no es pecado por sí mismo, pero sí lo es, siempre y cuando su ejercicio sea desenfrenado y en contra de los preceptos dados desde el principio. ¡El sexo es la unión entre dos cuerpos! *(dos cuerpos con naturaleza distintas)*. Dios creó al hombre y luego a la mujer para formar una sola carne *(una relación sexual saludable)*. El apóstol Pablo condena las relaciones entre hombres; indicando que es un pecado: **"Que va en contra de la doctrina sana"** *(1 Timoteo 1:9)*. Esta exhortación en sus cartas a diferentes ciudades de ese entonces, intentan que el pueblo cristiano se mantenga libre de las prácticas culturales de otros pueblos.

A continuación varias hipótesis o teorías sostenidas por geólogos y científicos de este tiempo.

DESTRUCCIÓN DE SODOMA Y GOMORRA—TEORÍA DEL METEORITO

Nuevas evidencias encontradas recientemente han ayudado a los Paleontólogos ha afirmar que las ciudades de **"Sodoma y Gomorra"** existieron en la margen del Mar Muerto. Su población se estima entre 600 a 1,200 habitantes, pero según otros científicos su población pudo llegar a 1.5 millones de habitantes debido a pruebas fehacientes encontradas de restos humanos, en lo que se considera fue un cementerio de esa época. Según la **"Paleobotánica"** *(rama de la Paleontología que estudia la vida vegetal)* en esa zona existía una gran diversidad de granos incluyendo: Cebada, Trigo, Uvas, Higo, Lentejas, Lino, Garbanzos, Guisantes, Habas, Dátil y Aceitunas por lo que favorece la hipótesis de una mayor población donde existía comercio.

Según el Profesor de Aeronáutica de la Universidad de Bristol, Mark Hempshell, existen evidencias que podrían explicar la historia bíblica de la destrucción de las ciudades de **Sodoma y Gomorra.** El descubrimiento se ha producido después de que se descifró una tabla de arcilla que se encuentra en el "Museo Británico", la cual tiene inscripciones cuneiformes que datan del año 700 Antes del nacimiento de **Jesús.** El Profesor Hempshell indicó que el desciframiento del mensaje de la tabla de arcilla permite explicar algunos acontecimientos ocurridos en la primera etapa de la "Edad de Bronce", donde un escriba copió las observaciones que realizó un astrónomo del Sur de Irán el 29 de Junio del año 3,123 AC, y donde trazó la trayectoria de un asteroide antes de impactar con la Tierra. Pero, *¿Cómo un meteorito pudo destruir Sodoma y Gomorra en Oriente Medio, provocar un deslizamiento de tierra de cinco kilómetros en Austria y esfumarse sin dejar un cráter?* Mark Hempshell, descubrió las respuestas a esas preguntas después de descifrar la "arcilla Sumeria" con la ayuda de potentes programas de computadoras capaces de simular el cielo de hace miles de años. Según los cálculos y la conclusión de Hempshell y su colaborador Alan Bond (*Director de una empresa de aeronáutica*): El meteorito colisionó con una montaña antes de llegar a Köfels (*Austria*). Este impacto, hizo que explotara y se convirtiera en una bola de fuego durante su viaje valle abajo, lo que explicaría el corrimiento de tierras y la razón de que no exista ningún cráter; ya que al producirse la colisión en Köfel, el material del meteorito no era sólido. La explosión del asteroide originó una nube con gases y materiales en suspensión a temperaturas elevadas que viajó hasta el Este del Mediterráneo, alcanzando *Egipto*, y que pudo causar la muerte y la destrucción de poblaciones enteras.

DESTRUCCIÓN DE SODOMA Y GOMORRA—TEORÍA DEL TERREMOTO

Graham Harris y Tony Beardow argumentaron en el diario de Ingeniería Geóloga, que las tierras situadas en la cercanía del Mar Muerto, fueron arrastradas por un fenómeno natural o un terremoto de gran magnitud (*posiblemente mayor de 8.0 grados de intensidad en la escala Richter*), combinado con erupción volcánica, deslizamiento de lava y depósitos de petróleo localizados en esa zona, haciendo posible que debido a la expansión de los gases, se crearan intensas bolas de fuego debido a la licuefacción de ese material; arropando esas ciudades por completo. Según ellos, una situación similar aconteció en China en 1920 donde 30,000 millas cuadradas de tierra sucumbió antes iguales circunstancias.

FRANK ZORRILLA

La realidad de todo esto es, que existen multitud de pruebas científicas que confirman la autenticidad de la destrucción de **"Sodoma y Gomorra"**. Ya sea a través de un meteorito, como lo explica la versión de Mark Hempshell o por un potente terremoto, según la versión de los geólogos Grahan Harris y Tony Beardow. Estas pruebas están dadas desde una perspectiva histórica, física y geográfica.

Las pruebas históricas y geográficas, son dadas por los relatos bíblicos, y las pruebas científicas físicas, son dadas por los hombres de ciencias que han explorado el suelo en donde ocurrió dicha destrucción. La Biblia muestra una precisión impresionante de los lugares de los hechos que coinciden exactamente con cualquier otro relato histórico. El tiempo que se dio la destrucción, el lugar exacto de la ubicación y la forma como fue destruido; todo esto es fácilmente comprobable científicamente.

Datos geográficos señalan que la ubicación de las reliquias de esas dos ciudades, están en la parte occidental del Mar Muerto; una al pie del **"Monte Mázala"** y la otra al pie del **"Monte Sodoma"**. Esto se comprobó durante una exploración arqueológica en el año 1989 liderada por el arqueólogo, Ron Wyatt, cuando descubrió los vestigios y estructuras de lo que pudo ser ciudades antiguas. En su exploración, el señor Ron, encontró vestigios de edificios, como estructuras antiguas cubiertas totalmente por cenizas. Incluso, encontró pequeñas edificaciones con habitaciones donde uno puede entrar hoy, al igual que calles interconectadas, encontró **"Zigurats"** (*edificaciones en forma de torre escalonada y en forma espiral que son característica de edificaciones Asiria y Caldea*) y una **"Esfinge"** (*estatua de monstruo con cabeza, cuello y pecho humanos y cuerpo y pies de león*). Todo dentro de una muralla tradicional de una ciudad antigua, completa y con contrafuerte.

Al realizar sus investigaciones físicas con excavaciones, este arqueólogo encontró varias puntas de lanzas de bronce oxidadas, un esqueleto que se había convertido totalmente en cenizas. Además encontró **"sales de oro"** (*el sub-producto del oro vaporizado*). Al sacar muestras científicas y analizarla en los laboratorios, se comprobó que las muestras tomadas estaban convertidas en ceniza pura.

De aquí surge una pregunta: ***¿Si las ciudades fueron destruidas hace 3,900 años, Cómo es que las cenizas no se han erosionado totalmente?*** La investigación demostró que los objetos quemados con sulfuro, dejan un residuo de cenizas más pesada que el material original. Pero lo más impresionante de estas investigaciones es que, dentro de estas cenizas se encontró **"sulfuro puro, o bolas de azufre"** que son únicas en el mundo. Según los laboratorios de *Galbraith, Knoxville Tennesee, (USA)*, estas bolas de azufre, contienen un 96 y un 98% de sulfuro puro, cuando generalmente, en los residuos volcánicos, sólo se obtienen concentraciones de un 30 y un 48% de sulfuro. Es importante mencionar, que el sulfuro, generalmente es encontrado solamente en los volcanes, en venas minerales o del mineral del sulfuro, en rocas de sedimentaría asociadas a yeso, a piedra caliza, y cúpula de sal. Pero, *¿Cómo llegó este sulfuro puro a este lugar que relata la Biblia?* La respuesta es: *¡Dios mandó del cielo azufre candente y fuego para destruir estas dos ciudades, por desobediencia a su palabra!*

En realidad, la destrucción de estas dos ciudades de la antigüedad tiene características únicas; esto debido a que según la historia, otras ciudades que han sido destruidas por el fuego o por volcanes, como: **"Pompeya"** están cubiertas por una capa de ceniza, pero debajo de esta capa se encuentra el material original de la construcción. Sin embargo, estas dos ciudades de *"Sodoma y Gomorra"* son convertidas totalmente a cenizas, exactamente como la Biblia lo describe, por lo tanto, reafirmamos como dice el apóstol Pedro: **"Dios condenó por destrucción a las ciudades de Sodoma y Gomorra, reduciéndolas a cenizas y poniéndolas de ejemplo a los que habían de vivir impíamente"** *(2 Pedro 2-6).*

LA PORNOGRAFÍA FLAGELO MODERNO

Ahora bien, *¿Qué podemos decir de otro tipo de flagelo, como lo es la Pornografía?* Desde tiempos inmemorables, la convivencia en sociedad ha tenido mucho que ver en la forma que nos comportamos sexualmente o con nuestra propensión al placer carnal. Dicho de otro modo, y usando un lenguaje más moderno: con nuestra **"sexualidad"**. Hoy en día, la tecnología ha sido utilizada como vehículo o medio para bombardearnos constantemente, ya sea a través de la radio, en la vía pública, en las revistas, en la TV, en el cine o en las redes sociales (*Internet*) con anuncios o programas alegóricos al sexo. La explotación de nuestra sexualidad, es un lucrativo negocio que genera grandes divisas a la industria cinematográfica y revistas publicitarias que se dedican a la publicación del acto sexual explícito. Me refiero a la: **"Pornografía"**.

¿Es la pornografía algo de nuestros días o ya se tenía conocimiento de la misma en el pasado? La palabra **"Pornografía"** viene directamente de la palabra griega, **"pornographous"** (***prone***-*"ramera"* y **graphos**-*"escritos"*), manifestación o exposición artística de carácter sexual obsceno llevado a cabo por rameras o mujeres dedicadas a la relación carnal con hombres. Los griegos tenían pleno conocimiento de este fenómeno. Un *ejemplo* de ello, es el hallazgo de una figura hecha en piedra que data, *según algunos expertos o eruditos en la materia*, en algunos 24,000 años atrás, la famosa: **"Venus de Willendorf"** considerada como material pornográfico. Fue encontrada en el 1908 por el arqueólogo Josef Szombathy cerca de la ciudad de Willendorf en Austria. Por lo tanto, esto demuestra que el problema de pornografía ha estado entre nosotros desde hace mucho tiempo.

Hoy por hoy, la palabra: **"Pornografía"**, a llegado a tener una definición más amplia, incluyendo todos los escritos, fotografías, obras de arte representativas de actividad sexual, particularmente actos ilícitos o perversiones relacionadas con la relación carnal entre parejas, ya sea una relación heterosexual o de diferentes sexos, u homosexual o del mismo sexo.

En Estados Unidos de América, por los años de 1970, una comisión llamada: *"La Comisión Presidencial sobre Obscenidad y Pornografía"*, declaró la pornografía como de carácter **"terapéutica"** y recomendó la anulación de leyes existentes que condenaban la publicación o este tipo de material por considerarlo obsceno o de carácter inmoral. Según algunos psicólogos expertos en la materia, esta decisión fue una decisión errada y consideraron que este grupo de personas que formaban parte de esa comisión fueron manipulados o influenciados por el cabildeo de la industria pornográfica. Existieron de por medio, intereses económicos bien poderosos para ellos llegar a esa decisión tan errónea. Pero, después de un minucioso análisis realizado por el Departamento de Justicia de los Estados Unidos donde encontró que el abuso infantil se había elevado en un 175% entre el 1981-1985 lo que representaba un aumento de más de un 700% en comparación con el año 1933, el Presidente Ronald Reagan, ordenó que el Procurador General de los Estados Unidos, Edwin Meese, designara una comisión con el propósito de investigar todo lo concerniente a la pornografía. La comisión estaba bajo ordenes de: *1-Determinar el género, el alcance e impacto sobre la sociedad de la pornografía en los Estados Unidos, 2-Hacer recomendaciones específicas al Procurador General acerca de las maneras más eficaces de contener el esparcimiento de la pornografía bajo los Derechos Constitucionales o bajo* la Constitución. **¿Qué descubrió esta nueva comisión?** Descubrieron que la pornografía tenía enlace con el crimen organizado, tenía vínculo con la violencia sexual a menores y la degradación de la mujer como objeto sexual, injusticia civil, y otros daños a la sociedad. La comisión recomendó fuertemente que las leyes contra la pornografía y obscenidad se fortalecieran y se cumplieran.

¿Es la pornografía un negocio lucrativo? Según estadísticas publicadas por el **B**uró **F**ederal de **I**nvestigaciones de los Estados Unidos de América (**FBI**), la pornografía constituye una industria que genera billones de dólares al año. Solo en el año 2009 esta industria generó más de 6 billones de dólares. Leer: **"ESTADISTICAS DE LA PORNOGRAFIA EN LA RED DE INTERNET"**.

¿Qué dicen los expertos sobre el tema de la pornografía? El Dr. Victor B. Cline psicólogo de la Universidad de Utah y autor del folleto: **"Efectos de la Pornografía en los niños y adultos"**, persona con basta experiencia en temas referente a problemas relacionados a la adicción de carácter o índole sexual, señala lo siguiente: *Como psicólogo clínico, a través de muchos años he tratado aproximadamente 300 adictos al sexo, delincuentes sexuales, y a otros individuos (96% del sexo masculino) con males concernientes al comportamiento sexual compulsivo. Como por ejemplo: "la pedofilia" (atracción sexual de un adulto hacia niños o adolescentes), "el voyerismo" (observar a una persona teniendo acto sexual o espiando a una persona desnuda), "sado-masoquismo" (Sentir placer sexual o tener excitación sexual causando dolor a otro), "fetichismo" (Desviación sexual en la que una persona se excita o logra el orgasmo utilizando parte de su cuerpo como objeto), "masoquismo" (Desviación sexual en la que la persona se excita cuando siente dolor) y por último, los "actos de violación". Y mi experiencia en este campo me permite asegurar, con solo pocas excepciones, que la "pornografía" ha sido contribuyente o ha facilitado la adquisición de esas desviaciones o adicciones sexuales citadas".*

Es tanta la interacción de la pornografía en las desviaciones sexuales, que estudios realizados por el científico social Dr. W.L. Marshall, han arrojado la alarmante estadística de que: *casi la mitad de los violadores sexuales usaron pornografía teniendo sexo o relaciones sexuales de común acuerdo, con el fin de estimularse, preparativo a la búsqueda de una victima para violar.* Ese estudio fue divulgado en un reportaje sobre: **"El uso de la Pornografía** *por transgresores sexuales" y fue auspiciado por el Departamento* de Justicia de Ottawa, Canadá, en 1983.

Según un estudio realizado por Psicólogo clínico Silver M.H. sobre: **"el uso de la Pornografía por agresores sexuales"**, los violadores y los que acosan a los niños, usan la pornografía inmediatamente, previo y durante los asaltos.

Experimentos realizados por dos facultativos expertos en enfermedades adictivas arrojaron como resultado: *"que cuando exponían a hombres a ver presentaciones repetidas de películas pornográficas explícitas o de sexo fuerte, no violento por un tiempo de seis semanas, estos hombres desarrollaban la siguiente actitud: aumento de insensibilidad sexual hacia las mujeres, tendencia a trivializar la violación como ofensa criminal y algunos no lo consideran crimen, y la relación no monógama, la consideran como un comportamiento normal y natural."*

Ahora bien, *¿Qué dice la Biblia respecto a la pornografía?* La palabra de Dios condena todo acto que sea o que valla en detrimento del hombre y de la sociedad. El apóstol Pablo sugiere a los habitantes de Gálatas lo siguiente: **"Ahora bien, las obras de la carne son evidentes, las cuales son: inmoralidad, impureza, sensualidad, idolatría, hechicería, enemistades, pleitos, celos, enojos, rivalidades, disensiones, sectarismos, envidias, borracheras, orgías y cosas semejantes, contra las cuales os advierto, como ya os lo he dicho antes, que los que practican tales cosas no heredarán el reino de Dios".** (*Gálatas 5:19-21*).

En el Nuevo Testamento Griego, encontramos que se menciona la palabra: **"PORNEIA"** (*fornicación, inmoralidad, vicio sexual*) para expresar todo tipo de impureza sexual. Originalmente, el significado de impureza sexual era: *"comportarse como ramera"* o *"entregarse a pasiones ilícitas"*.

Podemos encontrar en el **"Nuevo Testamento"**, cuatro significados sobre la impureza sexual.

- *TENER SEXO ANTES DEL MATRIMONIO.* **"Más a causa de las fornicaciones, cada uno tenga su mujer, y cada una tenga su marido".** (*1 Corintios 7:2*).
- *SINONIMO DE ADULTERIO.* **"Y yo os digo que cualquiera que repudiare a su mujer, si no fuere por causa de fornicación,**

y se casare con otra, adultera: y el que se casare con la repudiada, adultera". *(Mateo 19:9)*

- *SINONIMO DE LASCIVIA O PROPENSION A LOS DELEITES CARNALES.* "Más el cuerpo no es para la fornicación, sino para el Señor; y el Señor para el cuerpo: Y Dios que levantó al Señor, también a nosotros nos levantará con su poder. ¿No sabéis que vuestros cuerpos son miembros de Cristo? ¿Quitaré pues los miembros de Cristo, y los haré miembros de una ramera? Lejos sea. ¿O no sabéis que el que se junta con una ramera, es hecho con ella un cuerpo? Porque serán, dice, los dos en una carne. Empero el que se junta con el Señor, un espíritu es. Huid la fornicación. Cualquier otro pecado que el hombre hiciere, fuera del cuerpo es; más el que fornica, contra su propio cuerpo peca. ¿O ignoráis que vuestro cuerpo es templo del Espíritu Santo, el cual está en vosotros, el cual tenéis de Dios, y que no sois vuestros?" *(1 Corintios 6:13-18)*.

- *SINONIMO DE INMORALIDAD Y PROSTITUCION.* "Más tengo unas pocas cosas contra ti: porque permites aquella mujer Jezabel (que se dice profetisa) enseñar, y engañar a mis siervos, a fornicar, y a comer cosas ofrecidas a los ídolos. Y le he dado tiempo para que se arrepienta de la fornicación; y no se ha arrepentido". *(Apocalipsis 2:20-21)*.

La idea en general es que esta palabra describe una conducta desvergonzada, exhibida por aquéllos sin refrenamiento moral, quienes tienen indiferencia completa a lo de la opinión pública sobre el comportamiento aceptable y ciertamente, se puede utilizar esta palabra para describir lo que comúnmente hoy día, se le llama: **"Pornografía"**.

Jesús demanda pureza de mente para sus discípulos. Este concepto prevalece tan fuertemente en las enseñanzas de **Cristo,** que él lleva la impureza más allá del acto; también incluye al corazón codicioso cuando dice: **"Pero yo os digo que todo el que mire a una mujer para codiciarla ya cometió adulterio con ella en su corazón"** *(Mateo 5:28)*. Y el apóstol Pablo exhorta: **"Por tanto, no reine el pecado en vuestro cuerpo mortal para que no obedezcáis sus lujurias; ni presentéis los miembros de vuestro cuerpo al pecado como instrumentos de iniquidad, sino presentaos vosotros mismos a Dios como vivos de entre los muertos, y vuestros miembros a Dios como instrumentos de justicia. Porque el pecado no tendrá**

dominio sobre vosotros, pues no estáis bajo la ley sino bajo la gracia" (*Romanos 6:12-14*).

En otra cita el apóstol aconseja: **"Por tanto, considerad los miembros de vuestro cuerpo terrenal como muertos a la fornicación, la impureza, las pasiones, los malos deseos y la avaricia, que es idolatría"** (*Colosenses 3:5*).

Por otra parte, el apóstol Juan declara: **"Porque todo lo que hay en el mundo, la pasión de la carne, la pasión de los ojos y la arrogancia de la vida, no proviene del Padre, sino del mundo. Y el mundo pasa, y también sus pasiones, pero el que hace la voluntad de Dios permanece para siempre"**. (*1 Juan 2:16-17*).

No hay persona de mente sana que pueda ignorar la devastación causada por el deseo carnal de la codicia producida por quienes se entregan a la **"Pornografía"** y el apóstol advierte al joven Timoteo lo siguiente: **"Huye, pues, de las pasiones juveniles y sigue la justicia, la fe, el amor y la paz, con los que invocan al Señor con un corazón puro"** (*2 Timoteo 2:22*).

ESTADÍSTICAS DE LA PORNOGRAFÍA EN LA RED INTERNET

Según un informe del **National Research Council** (**NRC**) publicado en el 2002, la pornografía en el Internet generó aproximadamente $1 billón de dólares. Este mismo informe proyectó un crecimiento entre los $5-7 billones de dólares en los próximos 5 años. Esas proyecciones quedaron rezagadas con las estadísticas que se presentaron en años posteriores al 2006, ya que el crecimiento de redes sociales en el Internet en los últimos años ha crecido de manera alarmante y es de seria consideración para todos los gobiernos del mundo.

Existen un sin número de datos estadísticos muy curiosos, a continuación algunos de estos datos.

- El 12% de las páginas WEB son pornográficas.
- El 25% de las búsquedas en Internet son pornográficas.
- El 35% de las descargas en Internet son pornográficas.
- Cada segundo 28,258 usuarios de Internet están viendo pornografía.

- Cada segundo se gastan 89 dólares en comprar pornografía a través de Internet.
- Cada día nacen aproximadamente 300 nuevos sitios pornográficos en Internet.
- La palabra "sexo" es la más buscada en Internet.
- Los ingresos derivados de la pornografía en Estados Unidos fueron de 2.84 billones de dólares (*2.10 billones de euros*) en 2006.
- El 72% de los consumidores de pornografía en Internet son hombres.
- El 28% restante son mujeres.
- El 70% del tráfico de porno en Internet se produce entre las 9 de la mañana y las 5 de la tarde.
- Se estima que existen 372 millones de páginas WEB dedicadas a la pornografía: el 3% son británicas, el 4% alemanas, el 89% estadounidenses y el 4% en el resto del mundo-.
- Anualmente se distribuyen 200 millones de ejemplares de revistas pornográficas como: Hustler, Penthouse y Playboy en los hogares de Estados Unidos.
- La policía de Cincinnati (*ciudad Norteamericana*) encontró una disminución del 83% en crímenes mayores tales como la violación, la ratería y el robo entre 1974 y 1979 en un área de la ciudad donde las tiendas de sexo fueron cerradas.
- Varios estudios han demostrado que todas las personas, normales o desajustadas, que ven pornografía, desarrollan el deseo de ver material pornográfico cada vez más perverso, así como los adictos a las drogas desean drogas cada vez más fuertes.

- Países que prohíben la pornografía actualmente son: Arabia Saudí, Irán, Reino de Bahrain, Egipto, Emiratos Árabes Unidos, Kuwait, Malasia, Indonesia, Singapur, Kenia, India, Cuba y China.

- Diariamente se realizan 116.000 búsquedas relacionadas con pornografía infantil.

- La edad media a la que un niño ve por primera vez porno en la red está en los 11 años.

En resumen, todos nosotros incluyendo a niños, hemos estado expuestos de una manera u otra a la pornografía en un momento dado; y tanto mujeres, como los más vulnerables, ***"nuestros hijos pequeños"***, ya sean del sexo masculino o femenino, pueden ser las victimas o corren el peligro de serlo por un degenerado sexual adicto a este tipo de material pornográfico. La realidad es, que según un artículo publicado por Edwin Feulner en: **"La verdad al Desnudo"** indica que, *"hoy día, la pornografía que se expone a través del internet es la causa probable del creciente porcentaje de divorcios en el mundo"*.

Un enemigo reside en nuestros hogares, ese enemigo puede ser la fuente para dañar la mente de nuestros hijos usando la fácil difusión de material pornográfico explicito y la fácil comunicación de pedófilos que siempre están en búsqueda de una presa. Ese enemigo es, **¡Tu computador!**

Estudios realizados por el **"Centro Nacional para Menores Desaparecidos y Explotados"** (**NCMEC**) demostró que 1 de cada 5 jóvenes que hicieron uso de los chat sociales, recibió solicitación sexual durante el año 2000.

Datos adquiridos de un estudio realizado por **"El Movimiento de Jesús Despertar para América"** (**JAMA**) **arrojó que** en el 2001, el 89% de las solicitudes *sexuales hacia varones, fueron hechas en los Chat o por medio de los servicios de mensajes electrónicos.*

Según datos suministrados por la **"NOP Research Group"** (*Compañía encuestadora de opinión con sede en Seattle, USA*), una encuesta realizada en el año 2002 arrojó el alarmante y preocupante informe: *"de 4 millones de niños entre las edades comprendidas de 7-17 años de edad que recorren la red del internet, el 29 % darían fácilmente información de su domicilio y el 14% darían su correo electrónico si se lo piden"*.

En el 2009, la **"Unión Internacional de Telecomunicaciones"** (**UIT**) en la celebración del Día Internacional de las Telecomunicaciones y la Sociedad de la Información afirmó que: *"Uno de cada cinco niños en el ciberespacio es blanco de un predador o pedófilo cada año"*. Eso no es todo. Agregó que, *"tres de cada cuatro menores están dispuestos a compartir información personal y de su familia a cambio de bienes y servicios, lo cual los convierte en presas fáciles"*. Así, el organismo dejó en claro que es urgente crear una red más protegida.

Para acabar con esta amenaza, Hamadoun I. Touré, Secretario General de la **UIT** abogó por: *"Crear una red mundial que proteja a nuestros* *niños en internet, aplicando legislaciones nacionales, aumentando la sensibilización del público y mejorando la capacidad de reacción de los países en materia de informática".*

Por su parte, el Secretario General de la **ONU**, Ban Ki-moon, declaró: *"El mundo virtual ofrece excitantes posibilidades para educar a la infancia y ayudar a los niños a convertirse en seres adultos creativos y productivos. Pero tenemos que estar atentos a los peligros que podrían dejar cicatrices indelebles en sus vidas".*

En este sentido, el máximo representante de la **ONU** recordó que: *"Los niños y los jóvenes figuran entre los usuarios más prolíficos de internet y los aparatos móviles".*

"Sin la debida protección, sus valiosas vidas corren graves riesgos en el perverso mundo de los ciberdelincuentes y los pedófilos, que siempre están a la búsqueda de presas fáciles", añadió Ban Ki-moon.

Por tanto, cuidemos nuestros hijos de este tipo de material, observando en todo momento el tipo de programas que ven en la televisión y sobre todo, los sitios sociales que visitan haciendo uso de las computadoras.

Es nuestro deber como padres conscientes que somos, proteger a nuestros hijos/as de esos depredadores sexuales, proveyéndoles información para que ellos estén apercibidos del daño que genera la pornografía cuando se exponen a ella, como también, alertándolos de cualquier tipo de seducción sexual; tanto de personas conocidas, como de personas que no conocen o extraños.

En vista de todos estos datos expuestos, debemos ser vigilantes y diligentes; eduquemos a nuestros hijos desde temprana edad para evitar caer en las redes de este mal social.

FRANK ZORRILLA

CAPÍTULO 29

UN APOCALIPSIS ANUNCIADO

S IN LUGAR A dudas el final de los tiempos está cerca. Las profecías se están cumpliendo al pie de la letra, y la venida de **Cristo** con todo su esplendor y gloria es un secreto a voces. **"Pero el día y la hora, nadie lo sabe, ni aún los Ángeles celestiales".** Según nos declara las Sagradas Escrituras.

Este tema es ventilado por uno de los libros de la Biblia más polémicos y abierto a la especulación. El libro al que me refiero fue escrito por uno de los discípulos de **Jesús** llamado: *Juan* y lleva el nombre de: *"El libro de Apocalipsis de Juan". Es importante saber que existen o existieron otros apocalipsis cristianos, como el "Apocalipsis de Pedro" y el "Apocalipsis del pastor Hermas", pero sólo el de Juan se incorporó al Nuevo Testamento por creerse que su autor, era el mismo que escribió el cuarto evangelio.*

Desde el descubrimiento e incorporación de este libro, han existido especulaciones teológicas sobre la venida de **Jesús** en gloria; todo como producto de erróneas interpretaciones de las visiones o profecías del apóstol, como también del orden cronológico y análisis de los acontecimientos que se describen en el mismo. Estas interpretaciones han dado lugar a desastres a niveles garrafales como han sido los grupos religiosos y sectas que han surgido a través de la historia creyendo erróneamente que ellos habían descifrado las visiones y su significado. En nuestro tiempo, uno de estos grupos, **"El apocalíptico"**, formado por **David Koresh** de la **"rama Davidiana"** o descendiente del rey David, consideraba que vivíamos en un momento en donde las profecías cristianas del juicio final, estaban por llegar. Koresh, apoyaba sus creencias con interpretación bíblica detallada, interpretando todo el contenido de la Biblia a través del Apocalipsis. Vernon Howell, nombre real de David Koresh se autoproclamó como la rencarnación de **Cristo** en la Tierra, y como tal, tenía acceso a placeres insólitos que sólo él tenía derecho; como por *ejemplo,* las jóvenes adolescentes y la buena comida.

El 28 de febrero de 1993, el **"Departamento de Alcohol, Tabaco y Armas de Fuego"** de Estados Unidos **(BATF)** organizó una redada en el rancho de los "Davidianos" en una zona rural cerca de Waco, Texas. La redada fue llevada a cabo debido a la supuesta presencia ilegal de armas en la propiedad. Este operativo originó el enfrentamiento a tiros entre los agentes federales y miembros del grupo religioso y como resultado la muerte de cuatro agentes federales y cinco Davidianos. Los siguientes 51 días de cerco terminaron el 19 de abril cuando el recinto fue consumido completamente por el incendio provocado por los miembros de la organización, matando entre 72 y 86 hombres, mujeres y niños, incluyendo a Koresh**.**

Otro caso fue el asesinato-suicidio en masa de la llamada: *"Tragedia de Jonestown"*, en Guyana Inglesa (*Sur América*), en donde una congregación del *"Templo del Pueblo"* de más de 914 (*638 adultos y 276 niños*) feligreses bajo la dirección del reverendo **James Warren Jones**, se quitaron la vida el 18 de noviembre de 1978 debido a una interpretación errónea del libro de apocalipsis. Según la creencia de este líder religioso, como el fin de los tiempos era inminente, ellos tenían que morir para trasladarse a otro planeta y vivir una vida llena de abundancia y bendiciones.

Muy recientemente, un grupo liderado por **Harold Camping**, ingeniero de la Universidad de Berkeley y estudioso de la Biblia, pronosticó que el Día del Juicio Final sería el 21 de Mayo de 2011 y el fin del mundo, el 21 de Octubre de 2011.

Camping llegó a está profecía después de un análisis matemático de la Biblia donde según sus cálculos data exactamente con el calendario bíblico.

Miles de sus seguidores vendieron sus propiedades e invirtieron todo su dinero en propaganda para anunciar: **"El final de los Tiempos"**. Pero desafortunadamente para ellos, nada pasó y ahora tienen el amargo sabor del desengaño por confiar en un falso profeta.

Siguiendo esta misma línea de interpretación errónea del libro de Apocalipsis, encontramos que al principio de la era cristiana, las creencias *"Milenaristas"* estaban muy difundidas entre los primeros cristianos y no sólo a nivel popular, sino también entre los intelectuales. Autores muy prestigiosos como: Ireneo de Lyon, Justino, Tertuliano, Metodio de Olimpo, Lactancio, o Agustín, sostenían e interpretaban literalmente el contenido del Apocalipsis de Juan y predicaban que **Cristo** iba a volver antes del juicio final para implantar sobre la tierra un reino material que duraría mil años, en el que reinaría el mismo **Jesús** con los justos resucitados. Según el criterio e interpretación de estos teólogos, se esperaba que ese reino se instalara en la Jerusalén reconstruida, donde iba a gozarse de todo género de fecundidad y abundancia de bienes terrenales. *Esta creencia es heredada de los judíos y la esperanza nacionalista judía en el reino mesiánico, que se encuentra expresada de forma difusa en algunos libros del Antiguo Testamento y que se manifiesta con toda su fuerza en la literatura llamada: "Inter-testamental", sobre todo en el "4to. Libro de Esdras" y en el "2do. de Baruch" (los cuales hacen mención de la reconstrucción del templo y de la ciudad de Jerusalén durante el "reinado de Artajerjes").*

La concepción del **"reino mesiánico"** entre los judíos era diferente entre unos grupos y otros, y también variaba el tipo de expectativas **"escatológicas"** (*se refiere, sobre todo, al destino del hombre y del mundo después de la muerte, o al más allá"*) entre los diversos grupos cristianos.

Lo cierto es, que en cristianismo antiguo, no existía una idea única del **"Milenio"** o **"del fin de los tiempos"**, porque no se sabía, o no existía un acuerdo común respecto al momento en que iba a producirse; ni cuánto sería su duración; ni el carácter del reino escatológico. Y por supuesto, habían quienes no creían en el "milenio" o lo interpretaban en **"sentido espiritual"**.

¿Cómo afectaron las interpretaciones del apocalipsis de Juan a los primeros cristianos y, qué consecuencias tuvieron en sus vidas? Aunque

las ideas *"escatológicas"* de **Jesús** son difíciles de precisar, las primeras generaciones de cristianos, entusiasmados por la promesa de un reino de Dios inminente donde podría experimentarse la divinidad al completo, se preparaban para ese momento y rechazaban los valores de la sociedad. En las primeras comunidades las expectativas escatológicas eran muy pronunciadas, pero no se encontraba en los evangelios, una doctrina coherente respecto a cómo y cuándo se produciría el final. Algunos cristianos de la segunda o la tercera generación, desesperanzados, habían empezado a dudar de un fin inminente, ellos decían: ***"Hemos oído estas cosas ya en los días de nuestros padres y nos hemos hecho viejos y ninguna cosa ha sucedido"***

El Apóstol Pablo, se muestra muy cauto al respecto. Aunque algunas de sus cartas expresan la creencia en un retorno inminente de **Cristo**, la nueva Jerusalén era para él, algo **"celestial"** y la resurrección que menciona en sus escritos, era sobre todo: ***el paso espiritual a la vida de los resucitados que proporciona el bautismo.*** Nada que ver con el establecimiento del reino de Dios en la Tierra. Pero algunas comunidades siguieron creyendo en un reino de Dios de carácter más terrenal y convulso. El Apocalipsis de **Juan**, escrito a finales del **siglo I** en el contexto de las iglesias de la costa Occidental de Asia Menor, ofrecía por primera vez en los medios cristianos, una descripción de cómo sería el Milenio: "Un acontecimiento que iba a suceder enseguida, como se afirma en las primeras líneas del **libro del Apocalipsis**". Según el contexto del libro de Apocalipsis: el fin del mundo estaría precedido de grandes desastres; *guerras, hambruna, pestilencias.* Todo descrito con una rica imaginería y gran convicción: **"Vi a los que habían sido degollados por dar testimonio de Jesús y por la palabra de Dios, los que no habían adorado a la bestia ni su estatua y no habían recibido la marca ni en sus frentes ni en sus manos. Estos vivieron y reinaron con Cristo mil años. Esta es la primera resurrección. Dichoso y santo el que tiene parte en la primera resurrección: sobre éstos no tiene poder la segunda muerte, sino que serán sacerdotes de Dios y de Cristo, con el que reinarán mil años"** (*Apocalipsis. 20:4*).

Nada de lo que había revelado Juan, y que debía suceder en torno al año 100 después de **Cristo** se cumplió; pero no obstante, sus profecías sobrevivieron, a veces interpretadas en sentido alegórico, a veces en sentido literal, adaptándolas a los nuevos tiempos. Pero, ***¿Por qué la gente se precipitaba a creer que esos eventos iban a suceder inmediatamente si el apóstol no precisó el momento exacto?***—El mismo apóstol dio una ilustración figurada de la venida de **Jesús** en ese mismo libro cuando dijo: **"He aquí, yo vengo como ladrón en la noche. Bienaventurado el que vela, y guarda sus ropas, para que no ande desnudo, y vean su vergüenza"** (*Apocalipsis 16:15*). Esta misma comparación hizo el Señor **Jesucristo** cuando dijo: **"Velad, pues, porque no sabéis a qué hora ha de venir vuestro Señor. Pero sabed esto, que si el padre de familia supiese a qué hora el ladrón habría de venir, velaría, y no dejaría minar su casa. Por tanto, también vosotros estad preparados; porque el Hijo del Hombre vendrá a la hora que no pensáis"** (*Mateo 24:42-44*). Inclusive el mismo **Jesús** ya había dejado claro: que nadie sabía el día ni la hora precisa del advenimiento de Dios en gloria. **"Pero del día y la hora nadie sabe, ni aun los ángeles de los cielos, sino sólo mi Padre. Más como en los días de Noé, así será la venida del Hijo del Hombre"** (*Mateo 24:36-37*).

Los últimos años del siglo **II,** fue cuando los efectos de la creencia en el milenio se manifestaron de forma más aguda, tanto en la literatura, como la vida de las comunidades cristianas. **"El Milenarismo",** se conservó como ideal escatológico de una manera particularmente intensa en Asia Menor. Aquí, donde surgió el **Apocalipsis de Juan,** las esperanzas mesiánicas encontraron un ambiente y una difusión muy favorable. Entre los representantes más prestigiosos de esta tradición se cuentan **Papías** (*Obispo de Hierápolis de Frigia, que vivió hacia el 110 DC.*), **Justino** (*quien murió mártir en Roma en el año 167 de nuestra era cristiana y conoció las ideas del cristianismo Asiático en Éfeso*), e **Ireneo** (*Obispo de Lyon, y considerado como el más importante adversario del Gnosticismo del siglo II, también procedente de Asia Menor y muerto en el año 200 de nuestra era*). Todos ellos son considerados **"Ortodoxos"** (*que seguían los principios de la doctrina de la iglesia católica*), utilizando un término moderno de fácil comprensión, aunque no muy apropiado para el panorama del cristianismo de los primeros siglos.

En su diversidad, estos autores mencionados arriba compartían una concepción antropológica y escatológica centrada en un punto crucial: **"La salvación del cuerpo humano";** es decir, ¡la resurrección de la carne! La verdad es, que la esperanza en el milenio, refleja un gran inconformismo social y un anhelo de justicia en donde: los justos que han sufrido en su cuerpo en este mundo, y no sólo los mártires, recibirán una compensación en un reino material en términos proporcionales a su sufrimiento. Es la *"esperanza utópica"* en un mundo vuelto del revés, que se imagina con todo género de fantasías que dan lugar a una concepción completamente carnal. En este tipo de filosofía reposan las llamadas: **"Alegrías del milenio"**, en donde se consideraba o se imaginaba el milenio como un tiempo de extraordinaria fecundidad, que invita a veces a una ascesis del placer y el disfrute en una reconciliación plena con el imperio de los sentidos.

Entre los creyentes y fieles líderes de este tipo de filosofía escolástica milenarista radical de la primera generación del siglo **I** al **II**, se encuentra **Cerinto** (*Líder de una secta cristiana que predicaba el libertinaje total*). Es tanto así, que el historiador eclesiástico "Eusebio de Cesárea," sintetiza la vida de Cerinto de la siguiente manera: *Esta es la doctrina que enseñaba Cerinto: «**El reino de Cristo será terrenal. Allí se encontrará todo tipo de satisfacción carnal, las del vientre y las del bajo vientre; en palabras simples, comer, beber y practicar el sexo**».* Cerinto, fue declarado hereje por este tipo de pronunciaciones.

Mientras tanto, **Papías**, quien fue uno de los primeros líderes de la iglesia cristiana, y cuyo pensamiento sería luego muy influyente en el modo de construir la fantasía del milenio, lo describe como: un tiempo de prosperidad material desconocida. *"**Las vides tendrán cada una diez mil vástagos, y cada brote mil ramitas, y cada ramita diez mil tallos, y cada tallo diez mil racimos, y cada racimo diez mil uvas, etc.**"*… *¿Recuerda los fractales que mencioné anteriormente en el tema: «**Energía Mental**»?*… De forma semejante, **Ireneo** pensaba: *«**el cuerpo humano resucitado va a ser emplazado en un entorno ideal, muy fértil, en el que los justos disfrutarían de placeres sensuales**»*

En este ambiente del cristianismo Asiático del siglo **II** se desarrolló el movimiento «**Montanista**» (*Movimiento herético que se produjo en el interior de las comunidades cristianas primitivas, como un esfuerzo para revalidar las realidades neumáticas o referente al soplo de vida y escatológicas referente a la vida después de la muerte*). Se trataba de un «***movimiento re avivador***», con un carácter carismático, con éxtasis profético, con predisposición al martirio y con oráculos respecto al final de los tiempos que incluían incluso la creencia del descenso de la Nueva Jerusalén en «**Pepuza**» (*Antigua ciudad griega ocupada hoy en día por Turquía. Centro de operaciones del movimiento Montanista*).

Según historiadores, existieron rumores que este grupo montanista se reunió en **Pepuza** a la espera de un inminente fin de los tiempos y que esta espera, explique el comportamiento **"ascético"** (*práctica y ejercicio de la perfección espiritual*) del grupo. Sin embargo, los documentos que existen, no arrojan suficiente evidencia para afirmar esos rumores. Ahora bien, es posible pensar, que **Montano** (*fundador del movimiento*) y sus profetisas, quienes defendían la libre profecía y que habían construido una comunidad cristiana al margen del control de la jerarquía eclesiástica, catalizaran en torno a sí sentimientos de fervor religioso alentados por situaciones de descontento social, tal vez de protesta étnica o "nacionalista" de corte anti romano y que ello pudiera traducirse en actitudes de **"paroxismo"** o **"apasionamiento escatológico"**, puesto que situaciones de esta naturaleza, se dieron en Asia Menor y en la región de Siria por la misma época.

Por cierto, a principio del siglo **III**, **Hipólito de Roma** (*nacido en la segunda mitad del siglo II y prolífero escritor de la iglesia cristiana primitiva y defensor de las ideas milenarista*), escribió un comentario sobre el libro de Daniel y un tratado sobre: *"El Anticristo"* que decía lo siguiente: *"Pero se dirá: ¿Cuándo sucederá todo esto?, ¿En qué momento y en qué tiempo se revelará el anticristo? Los discípulos, también ellos, intentaron que se lo dijera el Señor, pero se les ocultó el día para mantenerlos en vigilia, a ellos y a todos, con respecto al futuro, en una espera ansiosa y de cada día del Esposo Celestial y para que la duración de esta espera no les llevara a descuidar los mandamientos"*. Hipólito trató de calmar a sus lectores proclamando que el fin de los tiempos no era inminente y no obstante, hizo un cálculo cronológico basado en la semana conmemorativa de los siete días de la creación considerando que cada día equivalía a 1.000 años (*según el Salmo 89:4*) y por lo tanto, el séptimo correspondía al **"Milenio"**. De acuerdo a los cálculos hechos por Hipólito, el Milenio debía comenzar en el año 500 (*teniendo en cuenta la fecha la creación de Adán y el nacimiento de Cristo, entre los que, según él, mediaban 5500 años*), por tanto para él, era un tiempo todavía muy lejano a su época.

En este contexto de inquietudes milenaristas, Hipólito narra lo siguiente: *"No hace mucho tiempo, se suscitaron dos eventos, uno de ellos sucedió en Siria. En donde el obispo de una iglesia en una zona apartada, persuadió a un gran número de cristianos a retirarse con sus mujeres y sus hijos a encontrar a Cristo en el desierto. Muchos le siguieron y anduvieron errantes por las montañas, a la aventura, hasta el punto que fueron confundidos con bandidos y estuvieron a punto de ser apresados; sólo la intervención de la mujer del gobernador, quien era cristiana, los libró de este destino evitando una persecución general".* La otra historia que narró Hipólito, sucedió en Asia Menor: *"Un Obispo de la iglesia del Ponto con dotes proféticas. Predicó, y así se lo comunicó a sus fieles, que el juicio tendría lugar en el plazo de un año. Esta noticia, les produjo un gran temor y los impulsaba a orar día y noche, con lágrimas y lamentos. Abandonaron sus campos y casi todos vendieron sus bienes. El obispo les decía: "Si las cosas no pasan como os he dicho, no creáis más en las Sagradas Escrituras y haced lo que os plazca". Esperaron los acontecimientos anunciados, pero cuando pasó el año y no sucedió nada de lo que había predicho, entonces se produjo una gran decepción y desorden: las vírgenes se casaron, los hombres volvieron a los campos, y los que habían sido tan temerarios como para vender sus bienes tuvieron que dedicarse a la mendicidad".*

Estos episodios que narra Hipólito, son relatos de eventos surgidos al amparo de las esperanzas escatológicas y liderados por las figuras carismáticas de Obispos, que según ellos, estaban dotados de capacidad profética, y presentan rasgos muy semejantes a lo que Sociólogos y Antropólogos catalogan como: **"Grupos Milenaristas".** Por cierto, ***Peter Worsley*** (*Profesor de Sociología y Catedrático de la Universidad de Manchester*) en su libro titulado: ***"AL SON DE LA TROMPETA FINAL"*** nos narra sobre el estudio de los "***Cultos Cargo"*** de Melanesia,(*conjunto de movimientos religiosos poco ortodoxos que aparecieron entre varias tribus de Australia y Melanesia)* y la extraordinaria afinidad de estos movimientos religiosos en tiempos, culturas y geografías tan lejanas entre ellos. También analiza la aparición de un gran número de movimientos religiosos de corte milenarista en el Pacífico Sur durante las últimas décadas. Según Worsley, todos presentan características similares; profetas anunciando la inminencia del fin del mundo por un cataclismo que lo destruirá todo y luego regresan los antepasados y Dios aparece trayendo todos los bienes que la gente desee y marcando el comienzo de un reinado de bienaventuranza eterna. Mientras tanto, gente que creían a estos llamados **"Profetas",** se preparan para el final fundando organizaciones de culto, construyendo almacenes, amontonando provisiones y a menudo, dice Worsley, abandonaron sus huertos, sacrificaron su ganado, comieron toda su comida, malgastaron su dinero y al final se vieron desposeídos y chasqueados.

El gran privilegio de los **"Antropólogos"** (*estudiosos del aspecto biológico y social del hombre*), es que pueden visitar los lugares y hablar con los protagonistas de los acontecimientos que estudian. Esa ventaja no la tienen los **"Historiadores"**, que buscan la historia de la antigüedad; los cuales basan su argumento en documentos fragmentarios, de noticias esporádicas. Noticias que estos historiadores tienen que interpretar con cierto nivel de sentimiento e incluso, con un comportamiento impulsado por una mentalidad, que es ajena a los hechos reales y en gran medida inaprensible, ya que la narración de una historia tiene diversos ángulos, porque depende quien la cuenta o la narre. *Por ejemplo*, en el caso de "Hipólito de roma", los historiadores no pueden situar con precisión, el momento y el lugar donde se produjeron los acontecimientos que él narra en sus escritos, si es que son ciertos en su totalidad. Además, no se sabe con exactitud si Hipólito está inventando algunos detalles.

Nosotros, a través de los escritos que narran los acontecimientos antiguos podemos imaginar o recrear el ambiente espiritual, el clima de esperanza, tensión y miedo que generaban las expectativas milenaristas en los primeros cristianos. Pero no sabremos con exactitud, cuáles eran las circunstancias que hacían, que esas esperanzas se tradujeran en acciones. Solo podemos hacer conjeturas de las causas que motivaron a esos cristianos primitivos a creer en esos líderes religiosos, como *por ejemplo*: Situaciones de particular pobreza, miedo a desastres naturales, movimientos anti romanos o quizás para disfrazar las calamidades existentes en ese entonces a través de la esperanza de un nuevo sistema que ofreciera un mejor estado de vida. La verdad es, que nunca sabremos con exactitud.

De todo lo expuesto anteriormente, solo podemos preguntarnos: *¿Qué acontecerá al final de los tiempos?* Según la fe cristiana, la historia de la humanidad tiene un sólo fin: **¡La Salvación!** En efecto, el objeto propio de la escatología, significa: **"Vida después de la muerte"** y pone de manifiesto que: **"La muerte pone fin a la vida del hombre como tiempo abierto a la aceptación o rechazo de la gracia divina manifestada en Cristo"**. La muerte significa, la incapacidad de acciones benévolas que puedan llevar al hombre a la salvación o a la condenación eterna; ya en ese estado, nadie puede hacer nada por su propia salvación porque dejó de existir. Una vez muerto, el hombre pierde la posibilidad definitiva de aceptar o rechazar a **Cristo**.

Según las Sagradas Escrituras, existe un **"juicio particular"** que ocurrirá para cada quien en el momento de su muerte, y un **"juicio final"**—o **"escatológico"**—que ocurrirá al final de los tiempos. **"No os maravilléis de esto; porque vendrá hora cuando todos los que están en los sepulcros** oirán su voz; y los que hicieron lo bueno, saldrán a resurrección de vida; más los que hicieron lo malo, a resurrección de condenación" (*Juan 5:28-29*).

¡Aquellos que mueren en la amistad de Dios viven para siempre con Él! Los que no, *¡se condenan!* Las almas amigas de Dios se vuelven imagen del Padre, porque todo lo ven *tal y cual es,* entienden toda la revelación y han de contemplar eternamente a Dios. *¡El juicio escatológico de Dios será entonces, el triunfo definitivo de Dios sobre el pecado y la muerte!*

¿Debemos preocuparnos por el advenimiento de los tiempos finales? Es Cierto que, a lo largo de los siglos, la idea de justicia empezó a verse algo así como una rendición de cuentas del hombre frente a Dios. Por lo que esto, empezó a generar mucha angustia en toda la población creyente. Sin embargo, si notamos en el Nuevo Testamento, **Jesús** anuncia sólo la salvación. La condenación del hombre sería en el peor de los casos, únicamente una posibilidad para personas individuales. Recordemos que: *¡Existe el pecado, pero también existe el arrepentimiento!* **Dios es infinitamente justo, pero también infinitamente misericordioso.** Por otra parte, en el Antiguo Testamento, existen pasajes bíblicos que encierran a la misericordia divina: **"Dios vio que era bueno todo cuanto había hecho"** *(Génesis 1:31). ¡No fue Dios quien hizo la muerte ni se recrea en la destrucción de los vivientes!* Dios le dio al hombre libre albedrío para que escogiera su camino, y el hombre eligió la muerte al querer ser dios.

El libro de Ezequiel también nos habla de la voluntad de Dios para con nosotros cuando nos dice: **"Dios *no quiere la muerte del pecador, sino que se convierta y viva*"** *(Ezequiel 33:11).* Recordemos que el Nuevo Testamento define a Dios como: **"Amor"** *(1 Juan 4:8)* y quiere que todos los hombres se salven y conozcan la verdad. Sin embargo, existe una condenación definitiva para aquellos que mueren con pecados graves: *"El infierno es una verdadera posibilidad real y, por ello, no es lícito suponer un automatismo de salvación".*

Sin lugar a dudas, los seres humanos, siempre han tenido la preocupación de un inminente fin de todo cuanto existe; ya sea por voluntad divina o por algún fenómeno natural que pueda producir un exterminio de la raza humana, y también, han tenido la preocupación escatológica de como será la vida después de la muerte. Por un lado se encuentran los cristianos, y el advenimiento del **Señor Jesucristo** con su promesa de vida eterna; y por el otro, aquellos que son escépticos a profesar una religión en particular y que sólo se basan en el conocimiento de la ciencia. Este tema ha sido objeto de grandes debates y estudios por siglos. El hombre siempre se ha preocupado por lo que podría acontecer el día de mañana o por los eventos que pueden afectar su supervivencia en este Planeta.

Se han escuchado voces de alerta; especialmente, de la comunidad científica, sobre los posibles efectos o daños que podría causar un meteorito, si su trayectoria coincide con la orbita de nuestro planeta y el impacto desbastador que esto causaría. Por lo que la comunidad científica, se ha dado a la afanada tarea de estudiar el cosmos para estar apercibidos de algún fenómeno que represente peligro a la raza humana; calculando trayectoria de objetos celestes, velocidad de desplazamiento, geografía de posible impacto y por ende análisis de posibles daños.

Este tipo de preocupación ha dado lugar a producciones cinematográficas como: **"Armagedón"** (*cuyo nombre simbólico es representado en la Biblia como batalla final y global*). Película de ciencia ficción que fue producida por Jerry Bruckheimer y protagonizada por el actor Bruce Willis; cuyo drama relata la acción de un grupo de expertos en el manejo de taladros neumáticos los cuales fueron enviados por la **NASA** con el propósito de alterar la trayectoria de un asteroide cuyo, desplazamiento significaba un impacto inminente con nuestro planeta.

Otra producción cinematográfica mucho más reciente fue la que llevó por título: **"2012"** producida por Roland Emmerich, Mark Gordon, Harald Kloser y Larry Franco; y escrita por dos de sus productores Harald Kloser y Roland Emmerich. En esta película los autores visualizan un cataclismo sin precedentes que altera significativamente el planeta y donde millones de personas pierden la vida. Eso sí, con la salvedad de gente muy rica y poderosa, los cuales habían comprado con anticipación un asiento en una de las naves diseñadas en secreto en la espera de un diluvio universal.

Hollywood desde su fundación, se ha hecho eco de diferentes situaciones que envuelven al hombre y todo el entramado social; sirviendo de canal de comunicación de masas y llevando temas o producciones a la pantalla grande con diversos fines, ya sea para informar, entretener, confundir, protestar o dar una visión futurista del hombre y lo concerniente a su futuro.

En cuanto a eventos futurísticos, no sabemos a ciencia cierta si solo se trata de pura ficción, o quizás un mensaje de alerta. De aquí las preguntas que pueden surgir, si comparamos la película de ciencia ficción **"2012"** con el programa **NASA** y los frecuentes viajes del transbordador espacial hacia la Estación Internacional. Programa que se lleva acabo con la participación de los países más poderosos; los cuales trabajan unísonamente, tanto económica, como tecnológicamente, en el desarrollo de un proyecto con fines poco conocido por la mayoría de los que cohabitamos este planeta. *¿Estarán ellos preparando un hogar temporal en el espacio para escapar de algún desastre de gran magnitud; en donde esté en riesgo el exterminio del planeta?, y si es así, ¿Quiénes tienen sus asientos asegurados?—Son preguntas que suenan descabelladas o* disparatadas, pero solo el tiempo será el fiel testigo de los acontecimientos venideros.

Es difícil hablar del fin de los tiempos. Dios no lo ha revelado a plenitud, porque ya leímos que: **"El día y la hora nadie lo sabe"**. Lo que sí podemos estar seguros, es que el reino de Dios llegará a su plenitud luego del juicio final. Pero sólo Dios conoce y sabe cuándo, y en qué lugar se llevará a cabo. *¡Será entonces cuando comprendamos toda su Providencia y Dios triunfará justamente sobre las injusticias mundanas!* Esto último significa, entender la revelación completa de Dios.

Como podemos observar de lo expuesto anteriormente, la escatología encierra los misterios más profundos. La Biblia nos habla de escatología en *el Apocalipsis*, pero de manera metafórica y confusa. *Según algunos, ¡si fin de los tiempos tiene que ver con la muerte, debemos morir para poder ser partícipes de la comunión con Dios en* **Cristo**!, pero según la revelación dada a Juan, una serie de acontecimientos deben de suceder en esta Tierra para que **Cristo** venga en gloria en busca de su pueblo.

Uno de esos acontecimientos es la palabra profética del Salmista David en cuanto a : **"La unificación de las naciones"** cuando escribe: **"Se levantarán los reyes de la tierra y príncipes consultarán unidos, contra Jehová y contra su ungido"** (*Salmos 2:2*).

Existe un plan que se ha estado organizando desde hace años. Ese plan consiste, en la unión de todos los países bajo un *gobierno universal o absoluto*. Tanto los gobernantes de los países más industrializados, como grandes personalidades que representan las grandes corporaciones e instituciones bancarias mundiales han expresado su sentir con respecto a la idea de un **"Nuevo Orden"** donde se contempla un solo gobierno Universal. Según los propulsores de este proyecto, dentro de los objetivos primordiales se encuentran: Palear futuras crisis económicas alrededor del mundo, erradicar las necesidades sociales básicas, combatir eficazmente enfermedades o epidemias sin necesidad de fronteras o zonas limítrofes y limitar el expendio de activos dedicados a la seguridad nacional y armamentos para defender una soberanía.

Lo cierto es, que ese mismo grupo de personas que hicieron posible la *"Unión de los países Europeos"* (*Unión Europea*), está detrás de la posible *"Unión de los países africanos"* (*Unión Africana*), la *"Unión de los países asiáticos"* (*Unión Asiática*) y la *"Unión de los países de Norteamérica"* (*USA, Canadá y México*). Después de esto, la unión absoluta entre uniones de países para de esta forma tener: *¡Un banco universal, un ejército universal y un centro de poder para dirigir a toda la humanidad!*

De la futura unión entre los **Países del Norte** (*USA, Canadá y México*) es muy poco lo que se ha comentado en los medios de prensa, tanto hablado como escrito; pero se ventiló en algunos medios televisivos, que el ex-presidente de los Estados Unidos de América, George Bush, sin previa autorización del congreso, estaba negociando la unión entre los países ya mencionados y así crear una nueva moneda oficial llamada: **"Amero"** para sustituir el dólar americano, al dólar canadiense y al peso mexicano. De ahí la iniciativa de aprobar el tratado de libre comercio entre estos tres países conocido como: **"NAFTA"** como inicio de esta futura relación. Ya lo había dicho James Warburg (*Banquero americano y Consultor financiero del gobierno de Franklin D. Roosevelt*) ante la comisión del senado americano de relaciones exteriores en 1950. Y cito: *"Deberíamos tener un gobierno global, nos guste o no. La única pregunta vigente es: ¿Si este gobierno global se obtendrá por conquista o por consentimiento?"*

¿Qué se puede decir de la revelación de Juan en su libro de Apocalipsis?, **"Y hacia que a todos, pequeños y grandes, ricos y pobres, libres y esclavos, se les pusiese una marca en la mano derecha, o en la frente; y que ninguno pudiese comprar ni vender, sino el que tuviese la marca o el nombre de la bestia, o el número de su nombre".** (*Apocalipsis 13:16,17*).

Vivimos en un mundo de avanzada tecnología en donde el desarrollo de las computadoras, han hecho posible la comunicación en masas a nivel global. Tenemos diseños de redes cibernéticas, que aglomeran casi en su totalidad, a la mayoría de los países alrededor del globo terráqueo y hemos creado bancos de datos informáticos, en donde se depositan todo tipo de información al alcance de un teclado. El conocimiento de las propiedades magnéticas, junto con las propiedades naturales de los materiales semiconductores y el ingenio de la mente creadora del hombre han dado como resultado un nuevo mundo. Un mundo, donde los movimientos mecánicos utilizando al hombre como elemento generador de un impulso dinámico, es cosa del pasado; y por ende, a dado lugar a un desarrollo industrial jamás visto en la historia de la humanidad.

Esa habilidad del hombre de poder crear y manipular combinaciones binarias (1, 0), ligado con el conocimiento del comportamiento de elementos naturales como el "Silicio" y el "Germanio" o materiales superconductores de electricidad, han dado lugar a la creación de poderosos programas computacionales en donde la intervención física del hombre no es necesaria. Entre las innovaciones del hombre se encuentra el uso de los **"microprocesadores"** (*computadoras en miniatura*), las cuales tienen la capacidad de ejercer diversas funciones dependiendo del programa (*Software*) que ejecute. Estos microprocesadores pueden ser controlados o monitoreados remotamente utilizando **"Satélites Artificiales"** (*utilizando las variables de longitud, latitud, velocidad de desplazamiento, código de barras o emblema magnético*) gracias a la existencia de las ondas electromagnéticas que aunque no podemos percibirlas con nuestros sentidos, se encuentran presentes en todo el planeta.

Recientemente salió al mercado un nuevo dispositivo electrónico de un tamaño tan diminuto que puede ser implantado dentro de nuestro cuerpo sin producir ningún efecto colateral. Según sus creadores, este dispositivo fue creado con fines puramente médicos; esto es, para almacenar información médica de personas que sufren de enfermedades que requieren un tratamiento especifico y para personas que sufren de enfermedades relacionadas a pérdida de la memoria; pero ahora, su uso es más generalizado, porque se puede usar en caso de un secuestro o rapto

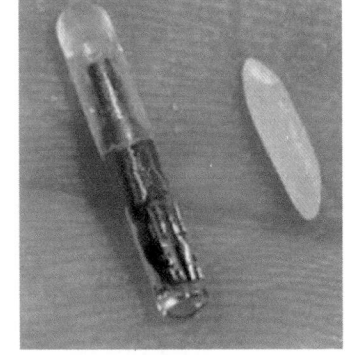

Figura 1

(*computadoras en el centro de control pueden rastrear las señales provenientes del dispositivo que está insertado debajo de la piel y de esta forma saber con exactitud la ubicación de la persona*), al igual que para servir de intermediario o enlace con fuentes externas como *por ejemplo:* Instituciones financieras, de negocios, comerciales, gubernamentales, educacionales, etc. Es decir, se puede usar para cualquier tipo de actividad que tenga que ver con la vida. Este dispositivo se conoce con el nombre de: **"RFID"** (*Identificador de Radio Frecuencia*) el cual mide 11mm de largo y 1 mm de diámetro (*comparativamente del tamaño de un grano de arroz. Ver Fig. 1*) con una capacidad de 32 bits.

* *En informática, una palabra de información consta de 8 bits, lo que significa que con 32 bits se puede re direccionar 232 celdas de memoria lo que equivale a 4,096 MB de memoria. Suficiente espacio de memoria para guardar y procesar todo tipo de información.* Ya las empresas publicitarias se están haciendo eco de este dispositivo y se pueden ver los comerciales en los programas de televisión locales describiendo los beneficios de llevar el micro-computador impregnado debajo de la piel y desde su aprobación por la **FDA** (*La Administración de Drogas y Alimentos de Estados Unidos*) en Octubre de 2002, son muchas las personas alrededor del mundo las que se han implantado este dispositivo como norma de seguridad.

Por el momento, las autoridades federales de los Estados Unidos de América no han legislado para hacer que este dispositivo sea implantado por ley a todos sus ciudadanos y residentes, pero puedo citar algunos casos en los que me parece que esa imposición será obligatoria, ya que grandes personalidades de la comunicación a nivel mundial y líderes políticos, se han pronunciado a favor del uso de este dispositivo tanto para propósitos sociales como gubernamentales.

Andy Rooney (*comunicador de noticias de la cadena **CBS***) dijo lo siguiente el 10 de Febrero del 2002: ***"Algo tiene que cambiar, las autoridades tienen que encontrar la manera más eficiente de identificar a las personas indeseables o el resto de nosotros tendremos que permanecer en nuestros hogares y observar al mundo desde la televisión… Necesitamos un sistema que nos ayude permanentemente a identificar a las personas que no representan un peligro para nosotros… No me importaría que me implantaran permanentemente algún dispositivo en mi brazo para identificarme".***

El 31 de Julio del 2005, en un artículo titulado: **"Dispositivo médico puede ayudar a pacientes en USA"**, la revista **"The Business"** reportó lo siguiente: *"El actuar secretario de estado de salud de la administración Bush, Tommy Thompson está dando los últimos toques a un plan que puede resultar en que los ciudadanos estadounidenses lleven consigo un dispositivo de identificación de radio frecuencia (**RFID**) insertado debajo de su piel"*. La razón primordial en este plan de acuerdo a la revista, es que el dispositivo electrónico estaría sincronizado a un sistema de banco de datos computarizado que está siendo creado por el Departamento de Salud de los Estados Unidos de América para almacenar y manejar los expedientes médicos de la nación americana. Dos meses antes de este artículo, el líder de la mayoría en el Senado Bill Frist (*Republicano de Tennessee*) y la ex-senadora por el Estado de New York, Hillary Clinton habían introducido propuestas legislativas ante la Cámara del Senado (la S.1262), llamada: **"Propuesta de ley sobre la salud tecnológica para mejorar la calidad de servicios de salud del 2005"**. Según las palabras del senador Bill Frist: ***"Es necesario un sistema de información tecnológica interoperable a nivel nacional, y la única forma de tener un sistema de esta naturaleza es a través de un identificador individual para cada persona en el sistema, el cual no se pueda alterar, perder, robar, extraviar o copiar"***.

Es ya una realidad, algunas infraestructuras en los Estados Unidos de América han sido implementadas para incorporar el uso y la aplicación de estos micro computadores. Hoy en día la mayoría de los hospitales en esta nación están implementando la tecnología (**RFID**) y han empezado a implantar estos dispositivos en los pacientes por razones médicas, como es el caso de las personas que sufren de pérdida de memoria (*Alzheimer*). No obstante, el Departamento de Seguridad Nacional (**USDHS**), ha indicado que le gusta el concepto de los dispositivos (**RFID**) para ser implantados debajo de la piel. Así que según **Scott Silverman** (*Director de la compañía Applied Digital Inc., empresa que se especializa en control automatizado a través de computadoras*) es muy probable que millones de personas reciban este microprocesador en los años por venir.

Considero que este dispositivo fue planeado y diseñado con propósitos siniestros y macabros. Con una visión esclavista para manipular, controlar, monitorear y tener un dominio absoluto de toda la humanidad bajo un régimen controlado por un grupo con ansias de poder ilimitado; convirtiéndonos en esclavos de sus más inmundos deseos. Con este dispositivo, la vida de un ser humano estará puesta a la disposición de quien o quienes controlen el sistema. Todo aquel o aquellos que no acaten o que no estén de acuerdo al sistema hegemónico establecido, pueden ser monitoreados, controlados. *¿Qué pasaría si alguien no estuviese de acuerdo al sistema?* Ese grupo, al tener control electrónico absoluto, puede autorizar deshacerse de esa persona, con la rapidez de un simple golpe de un teclado de computadoras. *¡Como si apagases un interruptor eléctrico!*

Ahora bien, si revisamos con atención el pasaje bíblico de *Apocalipsis 16:17-18,* encontramos una similitud en sentido figurado de lo que puede suceder con este nuevo dispositivo. Si nos ponemos a analizar la automatización industrial en que vivimos, apreciaremos de que existe menos intervención humana en la gran mayoría de las actividades comerciales que llevamos a cabo día a día. El supermercado, las estaciones de venta de boletos para la transportación pública o boletos para abordar un avión, el pago de los peajes, transacciones bancarias o comerciales, etc. Es decir, que con una simple tarjeta electrónica, o un dispositivo electrónico, es posible realizar la mayoría de las transacciones; algo que 20 años atrás era imposible realizar.

Esto significa, que esta automatización global, inevitablemente se está apoderando de todo lo que en el pasado se consideraba como una actividad donde existía interacción directa entre activos-productos, por lo que se puede intuir sin temor a equivocarnos, que la imposición de usar un dispositivo para poder realizar cualquier actividad comercial como, lo es comprar o vender un producto, no está muy lejos para convertirse en realidad. Esto Incluye, la limitación al acceso a cualquier lugar; ya sean públicos (*parques, centros de actividades sociales, centros de salud, etc.*), y/o privados (*corporaciones, agencias gubernamentales, centros de trabajo, uso de computadoras, cuentas bancarias, etc.*).

La cruda realidad es que la tecnología existe, y ya se está utilizando. Es sólo cuestión de tiempo para que el gobierno lo imponga a la fuerza a todos los ciudadanos. Estoy plenamente seguro que se está tramando una campaña gigantesca a través de los medios de comunicación para que la gente se motive a implantarse ese dispositivo voluntariamente, luego de esa campaña, comenzará la imposición a la fuerza, las represalias, la segregación y la persecución.

En mi opinión, existe un plan y una agenda muy bien organizada para: "*Unir las naciones bajo un solo gobierno o sistema único y una vez se logre, utilizar un medio para poder controlar y manejar a su antojo a la población global manteniendo una supervisión absoluta y deshacerse de cualquier activismo que represente un peligro o un obstáculo a sus intereses; y que mejor solución para esos planes que la implantación de un controlador (**RFID**)*".

De lo expuesto anteriormente, podemos deducir: que se están dando las condiciones, para que se cumpla una de las profecías de Juan expuestas en el libro de apocalipsis y ciertamente podemos afirmar que vivimos en *"tiempos apocalípticos"*. En resumen, como el día y la hora de la venida del **Señor** por su iglesia es un secreto sellado, tenemos que estar preparados, atentos y vigilantes a los acontecimientos proféticos; trabajando día y noche por ser mejores personas, obedeciendo los dos grandes mandamientos dado por Dios a Moisés y reafirmados por **Jesucristo**; puesto que vendrán tiempos difíciles para los cuales tenemos que estar activos y apercibidos.

CAPÍTULO 30

ACOGIENDONOS A LA GRACIA

D ESPÚES DE HABER leído todos los temas que expuse y teniendo conocimiento de verdades tan extraordinarias, te preguntarás, *¿Qué debo hacer?, ¿Qué decisión debo tomar?* Sin lugar a dudas, la ignorancia o la falta de conocimiento sobre un asunto o ley, nos hace vivir amparados bajo las sombras de nuestra propia razón sin apercibirnos de certidumbre alguna. Ahora bien, una vez obtenemos conocimiento, ese mismo conocimiento se convierte en nuestro juez actuando en nuestra conciencia. **"Y conocerás la verdad y la verdad te hará libre"** *(Juan 8:32)*. Te preguntarás, *¿No es la verdad un asunto relativo?*... La verdad del hombre es verdad a medias y sólo es manipulada por conveniencia, más la verdad de Dios es eterna. Porque podemos leer en la Biblia: *"Que la palabra de Dios es verdad"* *(2Corintios 6:7)* y nos exhorta a santificarnos en la verdad. **Jesús**, el hijo de Dios nos habló sobre la verdad y nos dijo: **"Yo soy el camino, y la verdad, y la vida; nadie viene al Padre, sino por mí. Si me conocieseis, también a mi Padre conoceríais; y desde ahora le conocéis, y le habéis visto"** *(Juan 14:6-7)*. Dios nos reveló su verdad a través de su hijo y los escritos de la Biblia, son testimonios que han permanecido intactos, para que nosotros no permaneciéramos en tinieblas. Dios quiere que toda la humanidad conozca su verdad para que todos estemos conscientes de su amor y salvación. Una vez esa verdad sea conocida por todas las naciones, este sistema de cosas dejará de existir. El mismo Dios nos dice: **"Y será predicado este evangelio del reino en todo el mundo, para testimonio a todas las naciones; y entonces vendrá el fin"**. (*Mateo 24:14*).

Al conocer la verdad de Dios, y al no aceptarla, renegamos la salvación que él nos ofrece y somos excluidos de sus promesas.

Y te preguntarás: *"¿Es Dios real?"*—*¡Absolutamente!,* los resultados de mi investigación arrojan suficientes datos y evidencias para afirmar: que la ciencia, sólo confirma la existencia de Dios en todo cuanto existe en este vasto universo. La razón o las razones que la comunidad científica tenga para no admitirlo o aceptarlo es o son inexplicables, pero tú conociendo que Dios existe y la promesa que te ofrece; tienes la opción de aceptarla o rechazarla. El hombre elige conscientemente cuando tiene conocimiento de causa y su elección proyectará su futuro. Solo recuerda que existen caminos que para el hombre parecen derechos, pero son caminos de perdición.

Ese Dios que los científicos quieren rechazar es un Dios real y a través de su hijo **Jesús** nos exhorta: **"Entrad por la puerta estrecha; porque ancha es la puerta, y espacioso el camino que lleva a la perdición, y muchos son los que entran por ella; porque estrecha es la puerta, y angosto el camino que lleva a la vida, y pocos son los que la hallan"**. (*Mateo 7:13-14*).

En honor a la verdad, cuando admitimos que somos seres creados por Dios, nos estamos llamando: *"hijos de Dios"* y Dios nos dice que hemos violado, hemos roto sus mandamientos; somos seres desobedientes, y al ser desobedientes, hemos pecado. Por lo que nos advierte: **"Porque la paga del pecado es muerte"**. (*Romanos 6:23*), pero como Dios aborrece el pecado, y ama al pecador, es benevolente para con nosotros los seres que vivimos en desobediencia y nos brinda su amor y compasión enviando a su hijo para rescatarnos de la muerte eterna. **"Porque tanto amó Dios al mundo, que dio a su Hijo unigénito, para que todo el que cree en él no se pierda, sino que tenga vida eterna"** *(Juan 3:16)* y no obstante, a través del sacrificio e inmolación de su hijo en la cruz del Calvario, nos libera de la muerte eterna. **"Más la dádiva de Dios es vida eterna en Cristo Jesús Señor nuestro"** (*Romanos 6:23*).

Dios no quiere que nadie se pierda, más por el contrario, que todos seamos salvos: **"Si confesamos nuestros pecados, él es fiel y justo para perdonar nuestros pecados, y limpiarnos de toda maldad"** (*1 Juan 1:9*). *¡Es un amor incondicional!* Él nos dice que nos limpia de nuestros pecados y de toda maldad, y al mismo tiempo se olvida de nuestras transgresiones y de las atrocidades que hemos cometido en el pasado si lo aceptamos como nuestro *Salvador personal* para ser un hombre o una mujer nueva nacido en **Cristo**. Él nos dice: **"He aquí, yo estoy a la puerta y llamo; si alguno oye mi voz y abre la puerta, entraré a él, y cenaré con él, y él conmigo"**. (*Apocalipsis 3:20*). Él nos invita a ser parte de él, a que abramos las puertas de nuestros corazones y permitamos que Él tenga el control de nuestras vidas que están en aflicción. No nos pone condiciones; no importa cual sea la carga que tengamos a cuesta, ya sea un vicio a las drogas o al alcohol, o a los juegos de azar, o quizás un pasado oscuro. Tampoco le importa nuestra condición económica, nuestra raza, color de piel o el idioma que hablemos, porque nos dice: **"Venid a mí todos los que estáis trabajados y cargados, y yo os haré descansar"** (*Mateo 11:28*).

Y te preguntarás, *¿Por qué buscar de Dios?*… Esta pregunta se podría contestar con otras preguntas, *¿Acaso no vivimos en un estrés y agobio constante?, ¿En un mundo donde no existe seguridad para nuestras vidas?, ¿En un mundo lleno de preocupaciones y de situaciones abrumadoras y adversas que forman parte de nuestro diario vivir?… ¿Era éste el plan o el propósito de Dios desde el principio de la creación?… ¡Definitivamente, No!* Esta forma de vida no era la que Dios quería para nosotros; era una vida totalmente distinta. Una vida llena de placer espiritual y abundancia como podemos percibir si leemos el **Libro de Génesis**. *¡Una vida libre de enfermedades, libre de epidemias, libre de hambruna, libre de pestilencias, libre de infelicidades y libre de dolencias!* En cambio, todos los males que nos agobian, son producto de la desobediencia del hombre a los mandamientos de Dios dados desde el principio. Por lo tanto, él nos promete una vida de gozo y de felicidad eterna donde el dolor y el clamor serán cosas del pasado. Son promesas tan grandiosas, que es difícil de imaginar y de concebir por nuestra mente finita. **"Antes bien, como está escrito: Cosas que ojo no vio, ni oído oyó, Ni han subido en corazón de hombre, son las que Dios ha preparado para los que le aman"** (*1 Corintios 2:9*). Las promesas de Dios no son vanas, son promesas llenas de verdad, porque Dios es real y no una fábula.

¿Cuántos de ustedes lectores han pasado por la terrible experiencia de ver morir un ser querido?… Los que hemos pasado por esa experiencia, podemos dar testimonio de lo desgarradora y dolorosa que es esa experiencia. Saber que no vamos a ver a ese ser querido, ni escuchar su voz, ni poder dialogar con él/ella y poderle decir: **"Te quiero"**, porque se ha ido para siempre… Solo nos queda la imagen/imágenes de sus rostros y de momentos vividos en nuestras mentes, o quizás por medio de fotos, videos u objetos que le/les pertenecían. Cuando esos recuerdos son muy intensos, las emociones siguen en aumento, hasta que de repente, las lágrimas comienzan a brotar y a correr por nuestras mejillas. A veces, nos asalta la depresión y la ansiedad solo de pensar que ese ser querido que tanto añorábamos y que era parte de nuestra existencia ya no está presente. No nos queda más que aceptar que ya no existe y conformarnos con sacar un tiempo de nuestra agitada agenda para llevarle/s flores donde descansa o descansan sus restos. La escena es desgarradora y desoladora, pero desafortunadamente, es la realidad de esta vida. *¿No te gustaría tener la oportunidad de ver de nuevo a ese ser querido?, ¿Abrazarlo/a, besarlo y tenerlo para siempre a tu lado?…* Pues bien, esta es otra de las grandes promesas de nuestro Dios; siempre y cuando, y como leímos en el capítulo anterior *"Un Apocalipsis Anunciado"*. Esta promesa es para todos aquellos (*los que yacen en los sepulcros, como para los que todavía viven*) que hayan aceptado a **Jesús** como su *Salvador personal*. Porque él nos ha prometido juntarnos de nuevo con nuestros seres queridos que duermen en las fosas. En un mundo donde la muerte no existirá más y los sufrimientos serán cosas del pasado. **"Enjugará Dios toda lágrima de los ojos de ellos; y ya no habrá muerte, ni habrá más llanto, ni clamor, ni dolor; porque las primeras cosas pasaron"** (*Apocalipsis 21:4*).

Como pudimos apreciar más arriba, las promesas de Dios son grandiosas y la única condición es aceptar a **Cristo** como nuestro *Salvador personal*. Porque sólo **Jesús** puede librarnos de la condenación y de la muerte eterna. **"El que creyere y fuere bautizado, será salvo; más el que no creyere, será condenado"** (*Marcos 16-16*). Y sólo él tiene la potestad y el poder entre la vida y la muerte. **Jesús** nos dice: **"Yo soy la resurrección y la vida; el que cree en mí, aunque esté muerto, vivirá. Y todo aquel que vive y cree en mí, no morirá eternamente. ¿Crees esto?"** (*Juan 11:25-26*).

Ahora bien, *¿Qué pasará con aquellos que han aceptado a Cristo y que yacen en los sepulcros?…* **Jesús** nos asegura que ellos no están muertos; más están dormidos y despertarán cuando él venga en gloria en busca de su pueblo. Muchos tendrán la oportunidad de verlo aparecer entre las nubes al junto con los muertos resucitados. "**Porque el Señor mismo con voz de mando, con voz de arcángel, y con trompeta de Dios, descenderá del cielo; y los muertos en Cristo resucitarán primero. Luego nosotros los que vivimos, los que hayamos quedado, seremos arrebatados juntamente con ellos en las nubes para recibir al Señor en el aire, y así estaremos siempre con el Señor. Por tanto, alentaos los unos a los otros con estas palabras**" (*Tesalonicenses 4:16-18*).

Las promesas de Dios para sus hijos son grandiosas y sería una lastima perdernos de tantas cosas maravillosas que Él está preparando para nosotros. **Jesús** nos dice: "**En la casa de mi Padre muchas moradas hay; si así no fuera, yo os lo hubiera dicho; voy, pues, a preparar lugar para vosotros. Y si me fuere y os preparare lugar, vendré otra vez, y os tomaré a mí mismo, para que donde yo estoy, vosotros también estéis**". (*Juan 14:2-3*).

¿Qué podemos hacer para ser parte de la gracia de Dios y ser salvos? Dios nos da la respuesta en su Santa Palabra.

1. *Aceptar al Señor Jesucristo como nuestro Salvador personal.*

"**Señores, ¿Qué debo hacer para ser salvo? Ellos dijeron:—Cree en el Señor Jesucristo, y serás salvo tú y tu casa**". (*Hechos 16:30*), "**Más a cuantos lo recibieron, a los que creen en su nombre, les dio el derecho de ser hijos de Dios**" (*Juan 1:12*).

2. *Dejar al viejo hombre con todos sus pecados debajo de las aguas a través del bautizo.* El bautismo simboliza el nacimiento de un nuevo hombre en **Cristo.** Una vez bautizado/a, estarás listo/a para recibir el *Espíritu Santo* de Dios; él nos hablará a través de nuestra conciencia y nos dictará el camino a seguir para transformar nuestras vidas a la imagen de **Cristo.**

"**Arrepentíos, y bautícese cada uno de vosotros en el nombre de Jesucristo para perdón de los pecados; y recibiréis el don del Espíritu Santo**" (*Hechos 2:38*).

3. *Instruirnos leyendo las Escrituras para tener conocimiento directo de la verdad que Dios revela en su palabra.*

"Escudriñad las Escrituras; porque a vosotros os parece que en ellas tenéis la vida eterna; y ellas son las que dan testimonio de mí" (*Juan 5:39*).

4. *Congregarnos con otras personas que comparten nuestra Fe; ya sea en el hogar donde vivimos o en una iglesia donde enseñen las verdades de la Biblia.*

"No dejando de congregarnos, como algunos tienen por costumbre, sino exhortándonos; y tanto más, cuanto veis que aquel día se acerca" (*Hebreos 10:25*).

5. *Compartiendo las buenas nuevas y haciendo participe a otros que no conocen de Jesús para acelerar su venida.*

"Y será predicado este evangelio del reino en todo el mundo, para testimonio a todas las naciones; y entonces vendrá el fin" (*Mateo 24:14*).

Dios, al ser un Ser benevolente, quiere que todos los seres humanos seamos parte de su plan de redención. Él nos dice en su Santa Palabra: "**Porque esto es bueno y agradable delante de Dios nuestro Salvador, el cual quiere que todos los hombres sean salvos y vengan al conocimiento de la verdad. Porque hay un solo Dios, y un solo mediador entre Dios y los hombres, Jesucristo hombre, el cual se dio a sí mismo en rescate por todos**" (*1 Timoteo 2:3-6*).

Pero, *¿Cuándo es el momento para ir a los pies de Cristo?*—Hoy es el tiempo propicio. No esperemos que termine el tiempo de gracia; porque vendrán tiempos de incertidumbre, donde los que no aceptaron la salvación de **Jesús** tendrán deseos de escuchar la palabra de Dios y nadie podrá acudir a ellos, porque no estarán en este mundo. Entonces se dirá: "**Pasó la siega, terminó el verano, y nosotros no hemos sido salvos**" (*Jeremías 8:20*).

Existe otra cita bíblica que nos narra en forma alegórica a los tiempos antiguos, cuando Dios destruyó al mundo por la concupiscencia del hombre y luego destruyó a *Sodoma y Gomorra* por la perversidad de sus actos. Por lo tanto, debemos ser cautos en nuestras decisiones. "**Como fue en los días de Noé, así también será en los días del Hijo del Hombre. Comían, bebían, se casaban y se daban al casamiento, hasta el día en que entró Noé en el arca, y vino el diluvio y los destruyó a todos. Asimismo como sucedió** en los días de Lot; comían, bebían, compraban, vendían, plantaban, edificaban; más el día en que Lot salió de Sodoma, llovió del cielo fuego y azufre, y los destruyó a todos. Así será el día en que el Hijo del Hombre se manifieste". (*Lucas 17:26-30*).

En resumen, recibir a **Jesús** consiste en pedirle sinceramente que venga y tome las riendas y el control de nuestras vidas, que perdone nuestros pecados y que Él se convierta en nuestro *Señor y Salvador.* No es un compromiso meramente intelectual, es más bien un acto sincero de fe y un deseo de corazón.

Si quieres recibir a **Jesús** ahora y aceptar su regalo de salvación, el asunto es creer en *él*, arrepentirte de tus pecados y poner el resto de tu vida a su servicio. Si quieres ser un hombre o una mujer nueva en **Cristo**, repite: *"Sí, si quiero"* y da el paso de fe abriendo tu corazón con sinceridad y recita esta pequeña oración.

"Padre, sé que he quebrantado tus leyes y que mis pecados me han separado de ti. Estoy sinceramente arrepentido y ahora quiero apartarme de mi pasado pecaminoso y dirigirme hacia ti. Por favor, perdóname y ayúdame a no pecar de nuevo. Creo que tu hijo Jesucristo murió por mis pecados, resucitó de la muerte, está vivo y escucha mi oración. Invito a Jesús a que se convierta en el Señor de mi vida, a que gobierne y reine en mi corazón de este día en adelante. Por favor, envía tu Espíritu Santo para que me ayude a obedecerte y a hacer tu voluntad por el resto de mi vida. En el nombre de Jesús oro, amén."

Con esta sencilla oración, cree con fe que **Jesús** ya entró en tu corazón, y en este preciso instante, ha tomado el control de tu vida. Bautízate como **él** lo ordenó, lee la palabra divina para que te instruyas y encuentra una iglesia más cercana donde puedas alabar a Dios.

Lucha constantemente en tu consagración y que el *Santo Espíritu* more en ti desde ahora y para siempre.

"REQUIERO yo pues delante de Dios, y del Señor Jesucristo, que ha de juzgar a los vivos y los muertos en su manifestación y en su reino. Que prediques la palabra; que instes a tiempo y fuera de tiempo; redarguye, reprende; exhorta con toda paciencia y doctrina. Porque vendrá tiempo

cuando ni sufrirán la sana doctrina; antes, teniendo comezón de oír, se amontonarán maestros conforme a sus concupiscencias y apartarán de la verdad el oído y se volverán a las fábulas. Pero tú vela en todo, soporta las aflicciones, haz la obra de evangelista, cumple tu ministerio" (*2 Timoteo 4:1-5*).

Sigamos pues los consejos del apóstol y mantengamos nuestras miradas al divino Creador y de esta forma lograr la victoria y decir como dijo el apóstol en sus últimos días en esta Tierra: **"He peleado la buena batalla, he acabado la carrera, he guardado la Fe. Por lo demás, me está guardada la corona de justicia, la cual me dará el Señor, juez justo, en aquel día; y no sólo a mí, sino también a todos los que aman su venida".** (*2Timoteo4:6-8*).

¡Amén! Y que el Señor los bendiga rica y abundantemente. Son mis más sinceros deseos.

BIBLIOGRAFÍA

1. The World Health Report 2001,

2. WHO WHO/UNICEF/WSSCC 2000.

3. WHO/UNICEF/WSSCC 2000; GWP 2000.

4. Vaticano II, Constitución Pastoral sobre la Iglesia en el Mundo Moderno.

5. Pablo VI, Carta Encíclica Humanae Vitae, Julio 25, 1968.

6. The Píll and the IUD: Sorne Facts for an Informed Choice (Cincinnati: The Couple to Couple League) 1980.

7. Theological Studies, 39:2 (Junio 1978), p. 258-312.

8. Conferencia Católica Canadiense, Declaración sobre la Formación de la Conciencia, n. 41, Diciembre 12, 1973.

9. Natural Family Planning, Milwaukee, W1: De Rance, Inc.) 1980, 215-218.

10. Tickell, Crispin Sir. 1977. From Gaia to Noah: Human responsibilities in nature. Journal Zoological, London. 241, 1-12

11. White, Lynn. 1969. The historical roots of our ecological crisis. Science 155, 1203.

12. Reina-Valera 1995 Bible

13. Science Daily edition, Junio 10,2007

14. Wyatt Archeological Reseach.

15. www.histarmar.com.ar/armadasexranjeras/Uruguay/arou-buques /32-valiente.htm

16. American King James Version Bible

17. Biblia Versión Casiodoro de Reina 1569

18. Elaine N. Nicpon Marieb, Katja Hoehn, Katja Hoehn, Human Anatomy & Physiology ISBN: 0805359095

19. Owen S. Parret, M.D., Enfermedades de animales de consumo, p. 7

20. Charles D. Willis, "Moisés y la medicina," en Signs of the Times, abril 17 de 1951, pág. 5,6.

21. Parret, M.D., Enfermedades en Alimentos Animales, ps. 7,8.

22. An Experimental Pharmacological Appreciation of Leviticus XI by Dr. David Matcht Bulletin of the History of Medicine. 27. 444-450

23. Dr. Paul Dudley White Minnessota Medicine, vol. 38, No. 11 (Noviembre, 1955), p. 802,

24. How to heal Health Care (Washington Post.com).

25. Paul Cliteur, Esperanto moral, Claves de razón práctica, ISSN 1130-3689, Nº 190, 2009.

26. Joe Dispenza, "¿y tú qué sabes?"

27. Greg Braden, "El efecto Isaías descodificando la perdida ciencia de la oración y la plegaria"

28. National Center for Chronic Disease Prevention and Health Promotion. Global Tobacco Prevention and Control. Global Youth Tobacco Survey (GYTS).

29. Banco Mundial. Curbing the epidemic: Governments and the Economics of Tobacco control. Washington, 1999.

FRANK ZORRILLA

30. Antonio Dalmasio, Neurobiología de la emoción y los sentimientos.

31. IsraelD.E. Groh, "Utterance and Exegesis: Biblical Interpretation in the Montanist Crisis", en The Living Text (ed. D.E. Groh, R. Jewett), Nueva York, 1985, pp. 80-81.

32. W. Bauer, Chiliasmus, RAC 2 (1954), col. 1073-1078.

33. C. Nardi (a cura di), Il millenarismo. Testi dei secoli I-II, Fiesole, 1995.

34. Nájera, 3-7 Agosto 1998, Instituto de Estudios Riojanos, 1999, pp. 65-86.

35. Vid. M. Goguel, "Eschatologie et apocalyptique dans le christianisme primitif", Revue de l'Histoire des Religions 106 (1993), pp. 381-434, 489-524.

36. Vid. G. Pani, «Il millenarismo: Papia, Giustino e Ireneo», en Il Millenarismo Cristiano (op.cit.), pp. 53 ss.

37. P. Worsley, Al son de la trompeta final. Un estudio de los cultos "cargo" en Melanesia, Madrid, 1980, p. 5 (= The Trumpet shall sound, Londres, 1957).

38. The Scientific American Book of the Brain. New York: Scientific American, 1999: 3.

39. "Eye, human." Encyclopædia Britannica from Encyclopædia Britannica 2006 Ultimate Reference Suite DVD 2009

40. Greinwald, John H. Jr MD; Hartnick, Christopher J. MD, "The Evaluation of Children with Hearing Loss". Archives of Otolaryngology—Head & Neck Surgery. 128(1):84-87, January 2002

41. The Watchman-Examiner Baptist Newspaper (August 15,1915)-Lady Hope Article about the Darwin conversion story

42. www.foresight.org/nanomedicine.

43. The Business Magazine_ "Electronic device can help USA Patient".

44. www.bizjournals.com/southflorida/stories/2008/12/01/story6. html?b=1228107600%255E1739495

45. Bennett, Drake (2007-11-25). "The Amero Conspiracy". International Herald Tribune. http://www.iht.com/articles/2007/11/25/ america/25Amero.php. Retrieved 2007-11-28

46. Herbert G. Grubel (1999). "The Case for the Amero: The Economics and Politics of a North American Monetary Union.

47. Ecology; man's relatioship to his environment by Lawrence J. Pauline, Howard Weishaus.

48. Estrategias de Aprendizaje. John Nisbet y Janet Shucksmith. Santillana. Aula XXI. Madrid, 199

49. Inside The Brain: Revolucionary Discovery of How the Mind works. Ronald Kotulak

50. Freud, Sigmund: La organización genital infantil (Una interpolación de la teoría de la sexualidad)(traducción del alemán por José Luis Etcheverry, título original: Die infantile Genitalorganisation (Eine Einschaltung in die Sexualtheorie), 1923)ISBN 950-518-595-4

51. Education. Helen J White, 1894.

52. Victor B. Cline—"Pornography's Effects on Adults and Children". Morality in Media, 475 Riverside Drive, Suite 239, New York, N.Y. 10115.

53. Frederick S. Lane—"Obscene Profits".The Entrepreneurs of Pornography in the Cyber Age.

54. Richard F. Hixson—"Pornography and the Justices". The Supreme Court and the Intractable Obscenity Problem.

55. Ilene Raymond—"A Parent's Guide to the Internet".

56. Jay A. Gertzman Booklegger and Smuthound—"The Trade in Erotica, 1920-1940".

57. Andrew Careaga, Leonard Sweete Ministry—Connecting with the Net Generation.

58. John Gallagher, Chris Bull Perfect Enemies—The Religious Right, the Gay Movement, and the Politics of the 1990's.

59. A Report on the Use of Pornography by Sexual Offenders, (2. Silber, M.H., y Pines, A.M.—"Pornography and Sexual Abuse of Women," in Sex Roles, Vol. 10, pp. 857-868,1984.

60. Cline, V.B.—Pornography´s Effects on Adults and Children. New York. Morality in Media, 1999 edition p. 8.

61. Edwin Feulner, The Naked Truth. Heritage Commentary 2002, The Heritage Foundation, Washington, D.C.).

62. Sir William M. Ramsey, The Bearing of Recent Discovery on the Trustworthiness of the New Testament, Hodder & Stoughton, 1915.

63. Pat Zukeran, Archaeology and the New Testament, 2000, 4, http://www.probe.org/docs/arch-nt.html. Scripture citation: Lucas 3:1.

64. Eric Lyons, Luke and the Term Politarchas, Apologetic Press, 2002, http://www.apologeticspress.org/rr/rr2002/res0204b.htm. Cita Bíblica: Hechos 17:6.

65. "The Book of Acts," New Testament Introductions. The Blue Letter Bible. 2002-04. http://www.blueletterbible.org/study/intros/acts.html. Scripture citation: Hechos 14:6.

66. Norman Geisler, Baker Encyclopedia of Apologetics, Baker Books, 1999, 47.

67. N. Sherwin-White, Roman Society and Roman Law in the New Testament, Clarendon Press, 1963, 189.

68. E. M. Blaiklock, "Quirinius," The Zondervan Pictorial Encyclopedia of the Bible, vol. 5, Zondervan Publishing House, 1976, 6. Ver también: http://users.rcn.com/tlclcms/census.html#Anchor4.

69. Ronald Marchant, The Census of Quirinius: The Historicity of Luke 2:1-5, Interdisciplinary Biblical Research Institute, Research Report #4, 1980, 4-6, http://www.ibri.org/04census.htm.

70. Ver: http://users.rcn.com/tlclcms/census.html#Anchor4. Citado en Maier, Fullness, 4, quien esta citando de A. H. M. Jones, ed., A History of Rome through the Fifth Century, Harper and Row, 1970, II, 256f.

71. 5 Lucas 1:3-4, New Living Translation, Tyndale House Publishers, 1996.

72. http://www.digbible.org/tour/bethesda.html.

73. http://www.bible-history.com/jerusalem/firstcenturyjerusalem_pool_of_siloam.html.

74. William Albright, The Archaeology of Palestine, Penguin Books, 1960.

75. Price, The Stones Cry Out, 307-308.

76. Tacitus, Annales, Historiae, Chapter 15, paragraphs 54.

77. Peter Stoner, Science Speaks: An Evaluation of Certain Christian Evidences, Moody Press, 1963, 115. http://www.geocities.com/stonerdon/science_speaks.html#c8.

78. Peter Stoner, Science Speaks: Scientific Proof of the Accuracy of Prophecy and the Bible, 1944, 109-10.

79. 2 American Scientific Affiliation, H. Harold Hartzler, Ph.D., Secretary-Treasurer, Goshen College, Ind. (Peter Stoner, Science Speaks: Scientific Proof of the Accuracy of Prophecy and the Bible, 1944, Foreword).

80. Sir Robert Anderson: The Coming Prince, Kregel Classics, 1957 reprint, 127-128, 221.

81. Secrets of the Dead Sea Scrolls, 1996; Eisenman & Wise, The Dead Sea Scrolls Uncovered, 1994; Golb, Who Wrote the Dead Sea Scrolls?, 1995; Wise, Abegg & Cook, The Dead Sea Scrolls, A New Translation, 1999.

82. Tacitus, Annales, Historiae, Capítulo 15, párrafos 54 y 55.

83. Antiquities, Libro 20, capítulo 9, párrafo 1.

84. Antiquities, Libro 18, capítulo 5, párrafo 2.

85. Shlomo Pines, An Arabic Version of the Testamonium Flavianum and its Implications, Jerusalem Academic Press, 1971, 69.

86. Ver también: http://www.blueletterbible.org/Comm/ mark_eastman/ messiah/sfm_ap2.html#note6b.

87. Plinius Secundus, Epistles, X.96.

88. Suetonio: Life of Claudius, 25.4. Ver también: McDowell: New Evidence that Demands a Verdict, 121-122.

89. Suetonio: Lives of the Caesars, 26.2. Ver también: Ibid.

90. British Museum Syriac Manuscript, Addition 14, 658. Ver también: Eastman & Smith, The Search for Messiah, 251-252.

91. Lucian of Samosata: "Death of Pelegrine," The Works of Lucian of Samosata, 4 vols. Trans. By H.W. Fowler and F.G. Fowler, Clarendon Press, 1949, 11-13.

92. http://www.allaboutgod.com/spanish.

93. http://www.adn.es/tecnologia/20090515/NWS-1887-pedofilo-internet-navega-blanco-ninos.html.

94. http://www.fao.org/newsroom/en/news/2006/1000448/index.html.